U0919032

# 家屋与家园：

# 民族旅游社区“家”空间的多维生产

蔡　溢◎著

中国旅游出版社

**项目策划：**段向民
**责任编辑：**沙玲玲
**责任印制：**钱　宬
**装帧设计：**弓　娜

---

**图书在版编目（CIP）数据**

家屋与家园：民族旅游社区“家”空间的多维生产 / 蔡溢著 . -- 北京：中国旅游出版社， 2025. 5. -- ISBN 978-7-5032-7567-8

Ⅰ . F592.3

中国国家版本馆 CIP 数据核字第 2025TT6796 号

---

**书　　名：**家屋与家园：民族旅游社区“家”空间的多维生产

---

**作　　者：**蔡　溢
**出版发行：**中国旅游出版社
（北京静安东里 6 号　邮编：100028）
https://www.cttp.net.cn　E-mail:cttp@mct.gov.cn
营销中心电话：010-57377103，010-57377106
读者服务部电话：010-57377107
**排　　版：**北京数启智云文化科技有限公司
**经　　销：**全国各地新华书店
**印　　刷：**北京工商事务印刷有限公司
**版　　次：**2025 年 5 月第 1 版　2025 年 5 月第 1 次印刷
**开　　本：**720 毫米 ×970 毫米　1/16
**印　　张：**16.75
**字　　数：**258 千
**定　　价：**59.80 元
**I S B N**　978-7-5032-7567-8

---

本书受 2024 年教育部人文社会科学研究青年基金项目“民族旅游社区‘家’生产及情感建构的时空过程与机制研究”（项目编号：24YJCZH007）及国家自然科学基金项目“民族旅游社区居民身体实践的过程与机制——身体地理学的视角”（项目编号：4201154）资助。

# 前　言

2024 年 7 月的一个清晨，笔者到访西江苗寨时，65 岁的李阿姨早已在厨房忙碌起来。她的家是传统与现代交织的典型缩影：墙上未完工的刺绣记录着李阿姨对即将远嫁的女儿的爱和祝福，而一旁的游客与家人的合影表明旅游经济已深刻嵌入了家庭内部。早餐后，李阿姨与家人分工合作，儿媳负责接待民宿客人，儿子则前往景区检票，而她自己则换上苗族传统服饰，和邻居一起前往景区大门参加迎宾仪式，用苗族古歌向游客讲述族群的过去与现在。快到中午，李阿姨便匆忙回家为民宿客人和家人准备午餐，在短暂休息后，又步行至芦笙场参与歌舞表演。当传统音乐在山谷回荡，社区家园的文化记忆得到延续。这一天的繁忙，展现出李阿姨的“家”已成为连接社区家园、主客互动和情感形成的纽带。回忆过去，李阿姨在清晨下山挑水喂猪，然后与丈夫上坡务农，苗歌与舞蹈仅是农闲时和节日的自娱活动。而如今，游客的涌入使得她的“家”发生了从居住空间到商业空间的深刻转变，拥有了新的节奏与可能性。

这一天的故事并非孤例，而是许多民族旅游社区面临的共同情境。自 20 世纪 80 年代以来，旅游业逐渐成为我国西部许多民族社区实现乡村振兴的重要途径，带动了经济转型和文化传承。然而，当旅游经济迅速取代溪峒经济成为社区空间生产的主导力量时，社区家园从“地方空间”转向“流动空间”，导致物质、社会和情感层面发生重构和再生产。此外，旅游经济在重构宏观家园空间的同时，还渗透至更为微观的家屋空间，引发家屋空间形态、结构和功能、社会关系及情感意义等持续变迁，呈现出复杂的人地关系新特征。

因此，如何厘清“家”的空间层次的复杂性与人地关系的动态性交织，成为本书亟须回应的关键问题。

基于上述理论和现实背景，本书提出了“旅游情境下民族社区居民‘家’的多维生产”这一研究议题，认为中国社会文化情境下，“家”是社会的核心单元和日常生活的容器。它承载了家屋、家园等层次丰富的文化内涵，并涉及物质、社会和情感等多个维度。同时，随着旅游的介入，宏观的家园空间与外部旅游经济及文化的互动，正在推动微观的家屋空间的生产与再生产，“家”逐渐转变为参与社会经济活动的纽带。因此，本书通过回溯相关理论与梳理文献，构建了“家”多维生产的理论分析框架，并以贵州西江苗寨为典型案例，采用空间句法、GIS 空间分析法、质性分析法和结构方程模型等多种方法，深入探讨了民族旅游社区居民家屋空间的共时性生产及家园空间的历时性变迁的过程和机制。

通过理论分析与实证研究，本书旨在为探讨旅游发展与人地关系和谐发展的科学问题，提供一个兼顾宏观与微观视角的综合视角。具体而言，本书认为，旅游对民族社区的影响不仅体现在经济增长、社会发展和文化变迁等方面，更深刻地推动了“家”这一社会单元的转型与重塑。因此，本书通过宏观和微观视角的结合，深入分析了“家”作为物质、社会和情感复合体的多重作用，进一步揭示旅游与人地关系之间复杂且深刻的互动机制，从而回应这一科学问题。与此同时，通过跨学科视角的融合，本书提出了有关民族社区社会文化保护、传承与可持续发展的策略建议，希冀为实践提供有效的指导。

本书得到了教育部人文社会科学研究青年基金项目“民族旅游社区‘家’生产及情感建构的时空过程与机制研究”（24YJCZH007）和国家自然科学基金项目“民族旅游社区居民身体实践的过程与机制——身体地理学的视角”（4201154）的资助。本书只是笔者在“旅游与家”研究领域的初步探索成果，由于笔者水平有限，书中难免有不妥之处，恳请广大读者不吝赐教。

蔡　溢

2025 年 1 月

# 目　录

# 第一章　绪论

## 第一节　研究背景及意义

随着中国特色社会主义进入新时代，我国社会主要矛盾已转化为人民日益增长的美好生活需要和不平衡不充分的发展之间的矛盾，其中城乡发展不平衡与乡村发展不充分问题尤为突出。针对这一发展难题，党的十九大首次提出“实施乡村振兴战略”，党的二十大进一步作出“全面推进乡村振兴”的系统部署，并通过《乡村振兴战略规划（2018 — 2022 年）》《中华人民共和国乡村振兴促进法》《乡村全面振兴规划（2024 — 2027 年）》等纲领性文件，将乡村振兴确立为新时代“三农”工作的总抓手。在上述战略框架指引下，乡村旅游专项政策持续完善，2023 年文化和旅游部等 17 部门联合印发的《关于促进乡村旅游高质量发展的意见》，明确提出“培育乡村旅游特色品牌”“促进乡村文化传承发展”等具体要求，进一步推动乡村旅游作为西部边远民族地区赋能乡村全面振兴的重要引擎，其不仅有效带动了农村经济发展，更在保护民族文化、促进民族团结方面发挥了独特作用，为实现城乡协调发展、推动共同富裕、满足人民群众美好生活需要提供了有力支撑。

然而，我国西部少数民族社区多是在传统农耕社会下以血缘、地缘关系为纽带凝结起来的文化遗产地，是村民的物质空间、社会空间和情感空间等多重关联融合的、具有意义和价值的时空体，是居住者的家。当以乡村振兴为要义的旅游经济逐渐甚至急剧取代溪峒经济成为社区空间生产的驱动力“入侵”时，社区空间不可避免地加速流动和重构。这不仅使原住居民的家空间从单体建筑物家屋空间，乃至原本同一化的社区家园空间，因异质旅游文化的嵌入而瓦解为斑块化景观；也使得家空间在当地居民、旅游者以及经营者等多元主体的凝视下，通过想象、权力诉求、身份认同等而生产；更促使家空间在旅游管理者、经营者、规划者的强权、强资注入下，叠加出多元的、有悖“平等”“公正”的权力空间和资本空间。

在旅游发展背景下，微观家屋和社区家园空间的形态、组织关系、结构与功能，以及原住居民与社区关系、情感依恋等原本“家”的根基发生重构，并在原住居民的文化记忆与游客的文化塑造中被赋予新的意义。因此，以“社会与空间”价值耦合为基础，以实现社区文化可持续发展为目标，针对性地探索出有效的旅游管理与干预路径、对策，并对其进行调适，对促进旅游与社区人地关系的协调可持续发展具有重要的现实意义。

## 第二节　问题提出与研究思路

### 一、问题提出

民族社区多为以地缘、血缘为根基构建的居家型村寨。在探索旅游发展背景下社区社会文化变迁过程的研究中，过往研究多从单一的学科体系出发，对文化和社会视角下家的生产给出了一定的解释，但都存在一些不足，主要表现为对空间维度关注的缺场。在旅游业急剧扩张的背景下，社区逐渐由“社会性的社会”转型为“流动性的社会”，社区家突破原有边界，而进入一种跨文化对话语境，其面临着消除贫困、家的内涵和意义流变，以及主体情感割裂和文化认同危机等多重矛盾，呈现出更为复杂的作用关系。因此，仅采用传统研究思维，单一地解读家及其相关议题是远远不够的，更需要关注民族旅游社区人地系统演化背后，家作为“人、时间、空间”耦合时空体的内在逻辑。基于上述，至少目前对下列科学问题还没有找到明确的答案。

（1）中国的社会单元是家庭而不是个人，多数传统民族社区家庭、家族和社区合为一体，个人也从属于相关群体，因此家的概念伸缩性极强，基于此，如何更好地解读中国情境下家空间的尺度间转换，全面反映家空间的生产逻辑及机制？

（2）如何解析旅游发展背景下民族社区家屋和家园的空间生产、演变等生产过程，以及其承载的家的意义和内涵的流变？

（3）在旅游发展过程中，如何抽离出与家空间生产的相关关键影响变量，并围绕变量间影响关系、家空间生产的内在逻辑，综合揭示其作用机制？

## 二、研究思路

本书分析过往研究薄弱环节以及亟待解决的相关问题，基于时空生产的视角，立足民族社区“家”的人地关系属性，按照“家空间的生产过程→家空间的生产机制→社区社会文化可持续发展”的研究逻辑路径，并在此基础上，从“家屋”“家园”两个尺度出发，开展旅游发展背景下家的物质空间、社会空间和情感空间的生产过程及机制研究，提出社区实施针对性旅游管理的有效对策，为实现民族旅游社区社会文化可持续发展的目标提供科学依据。

# 第三节 研究对象界定

## 一、民族社区

在汉语语境中，“民族”一词指在历史上形成的一个有共同语言、共同地域、共同经济生活，以及在文化上有共同心理素质的稳定共同体[1]；“社区”通常被理解为由一群人组成的社会单位，他们共同生活、共享资源，并在地理上有一定的接近性，强调的是物理空间上的共同体感[2]。在中国语境下，“社区”通常指具有较强地域性的“乡村”或“邻里”单位，村落或街区的居民基于血缘、地缘和文化联系紧密[3-4]。

[1] 现代汉语辞海编纂委员会．现代汉语辞海 [M]. 北京：中国书籍出版社，2002.

[2] Giddens, A. Sociology (5th ed.)[M].Cambridge: Polity Press,2006.

[3] 邓小华．社区发展与社会治理 [M]. 北京：北京大学出版社，2015.

[4] 赵春晓．“社区建设的多维思考—中国社区发展路径的探索”[J]. 社会学研究，2009,6:34-45.

首先，民族社区（村寨）是传统农耕文明的产物[1]，其形成时间较早，传统资源丰富，具备一定历史、文化、科学、艺术、社会、经济价值，是应予以保护的村落[2]。民族社区（村寨）在建筑风貌的完整性、村落选址和格局的一致性以及物质及非物质文化遗产活态传承等方面，文化内涵突出[3]。其次，民族社区（村寨）是少数民族村民共同体长期生活、繁衍、边界清楚的固定区域，既是生活的基本功能单位[4]，也是血缘、地缘关系结成的相对自成体系的文化承载基本单元[5]，是一个基于人群共享的文化观念之上的“地域性社会共同体”[6]，呈区域狭小、边界清晰、结构简单、同质性高、人际关系密切等特征[7]。据此，部分学者认为，民族社区指以少数民族村民为居住主体的村寨[8]，是民族文化的原生地，集物质和非物质文化遗产于一体，具有丰富的文化内涵，是展演民族文化的微缩景观[9]。

本书认为，民族社区就是少数民族居民生活的地域性空间，既是居民存在和生活的家园空间，也是地缘、血缘而结成的社会文化空间，是融合了情感、功能和意义的时空体。

## 二、民族社区旅游

“民族旅游”的研究源于史密斯（Smith）《东道主与游客：旅游人类学》一书，他将“民族旅游”定义为以土著及其社会文化习俗作为吸引物的旅游形式[10]。民族社区旅游是指以民族乡村社区为旅游目的地，以人文景观和自然风光为旅游吸引物，以体验异质文化为目的，满足旅游者“求新、求异、求乐、

[1] 王宁，刘丹萍，马凌．旅游社会学[M]. 天津：南开大学出版社，2008.
[2] 百度百科．传统村落[EB/OL]. [2018-01-20]. https://baike.baidu.com/item/传统村落/654113?fr=aladdin.
[3] 孙九霞．传统村落：理论内涵与发展路径[J]. 旅游学刊，2017,32(1):1-3.
[4] 费孝通．乡土中国[M]. 北京：中华书局，2013.
[5] 马翀炜，覃丽赢．回归村落：保护与利用传统村落的出路[J]. 旅游学刊，2017,32(1):9-11.
[6] 范莉娜．民族村寨居民文化适应及其对旅游支持行为意愿的影响——以黔东南侗族村寨为例[D]. 杭州：浙江大学，2016.
[7] 王宁，刘丹萍，马凌．旅游社会学[M]. 天津：南开大学出版社，2008.
[8] 刘孝蓉．文化资本视角下的民族旅游村寨可持续发展研究[D]. 武汉：中国地质大学，2013.
[9] 田敏，邓小艳．近十年国内民族社区旅游开发与民族文化保护和传承研究述评[J]. 中南民族大学学报（人文社会科学版），2012,32(6):36-40.
[10] Smith V. Hosts and guests: The anthropology of tourism[M].Philadelphia:University of Pennsylvania Press, 1977.

求知”的心理需求的旅游活动[1]。民族社区旅游就是一种典型的跨文化形式，在以区域自然环境和独特的民族文化（物质的精神文化）作为吸引物背景下，民族文化是民族社区旅游的核心吸引物[2]。因此，民族社区旅游是乡村旅游与民族文化的结合[3]。从乡村旅游来看，乡村旅游指以乡村地域性空间为依托，以乡村自然环境、生产生活方式、乡村居所以及乡村文化等乡村性核心要素为对象，并对其进行开发、组合与设计，是集观光、游览、娱乐、休闲、度假和购物等全组合功能的一种旅游形式，具有乡土性、参与性、娱乐性等特征[4-5]。而民族文化是民族社区旅游的核心，是当地居民长期生活、繁衍的产物，被村民共同体的大多数成员所普遍接受、共同分享、深层认同并集体维护，主要由物质文化、精神文化和制度文化等构成（刘孝蓉，2013）。

本书认为，作为一种跨文化形式，民族社区旅游是指以少数民族社区的地域性空间为载体，以当地自然环境和民族原生文化等内涵为核心吸引物，以当地居民为旅游参与者，兼顾了当地居民的主体参与和利益，以及游客异文化体验需求的一种旅游形式。民族社区旅游不仅满足了旅游者的文化需求，也具备提供食、住、行、游、购、娱等旅游服务功能[6-7]。而民族旅游村寨是对民族社区功能化定义（范莉娜，2016），是指以少数民族社区的地域性空间为载体，以当地民族物质文化及非物质文化为主要吸引物，以当地居民为旅游参与主体的乡村旅游地。

## 三、家

### （一）家的英文内涵

“Family”（家庭）、“Household”（住户）和“Home”（家）均是英语语境中表达家或家庭的主要概念。在使用过程中，三者的概念有时被交替使用，

[1] 罗永常. 民族社区旅游发展问题与对策研究 [J]. 贵州民族研究 ,2003,23(2):102-107.

[2] 王宁 . 非物质遗产的界定及其价值 [J]. 学术界 ,2003,(04):51-54.

[3] 刘孝蓉 . 文化资本视角下的民族旅游村寨可持续发展研究 [D]. 武汉 : 中国地质大学 , 2013.

[4] 肖佑兴 , 明庆忠 , 李松志 . 论乡村旅游的概念和类型 [J]. 旅游科学 ,2001,(03):8-10.

[5] 何景明 . 国外乡村旅游研究述评 [J]. 旅游学刊 ,2003,18(1):76-80.

[6] 杨军辉，李同昇，徐冬平 . 民族旅游村寨居民文化补偿认知的空间分异及机理——以贵州西江千户苗寨为例 [J]. 地理科学展 ,2015,34(9):1167-1178.

[7] 黄海珠 . 民族旅游村寨建设研究 [D]. 北京 : 中央民族大学 ,2007.

但严格讲，三者既有联系又有区别。

“Family”（家庭）在古代最接近的词是拉丁文中的 familia，familia 是用于中世纪家庭的名称及家庭等级的分类词，可指人或财产[1–2]，与现代意义的 family 有区别也有联系。在现代语境中，家庭被定义为由婚姻、血缘或收养而产生的亲属间的共同生活组织，狭义层面的家庭是指一夫一妻制的个体家庭，而广义层面的家庭是指群婚制出现后的各种家庭形式，包括血缘家庭、亚血缘家庭（普那路亚家庭）、对偶家庭与一夫一妻制个体家庭[3]。

与“Family”（家庭）相比，“Household”（住户）范围更广泛，侧重于家庭的物质空间性质，只有通过人口的组成、经营与感情的投入，“Household”（住户）才有可能成为“Home”（家）。

“Home”（家）源于德语的“Heimat”，中文意思为家乡、故乡、祖国，意指统一、团结、记忆等情感意义[4]，与“Family”（家庭）和“Household”（住户）相比，“Home”（家）的概念更为抽象，被看作个人（individual）、家庭（family）、住户（household）或部落（tribe）中一系列家庭的永久（permanent）或半永久（semi–permanent）的居住场所[5]。同时，家的形式既可以是住宅（house）、公寓（apartment）等固定建筑形式，或蒙古包、游艇、帐篷等移动（流动）的家庭形式，也可以是其他可移动的避难所[6]。

### （二）家的中文内涵

从字体结构来看，“家”（jiā）是会意字，甲骨文字形，从宀从豕；结构上的“宀”（读 mián）是定居之意，这与早期房子是用来祭祀或家族开会有关；字体结构下的“豕”（读 shǐ，即野猪），会有财产及富庶之意，这与古时候野猪是较为难得的祭品有关[7]。从字义来看，中华文明中“家”的意义起源于农业，无论是在游牧或农耕区域，人们建屋饲养牲畜并与之为邻，甚至同处一室，

[1] 俞金尧．欧洲历史上家庭概念的演变及其特征 [J]. 世界历史 ,2004(4):4–22.

[2] Wikipedia.Familia[EB/OL].[2018–01–26]. https://en.wikipedia.org/wiki/Familia.

[3] 舒新城．辞海 ( 第 6 版 )[M]. 上海：上海辞书出版社 ,2009.

[4] Morley D, Robins K. No place like Heimat: images of home (land) in European culture[M].//Carter E, Donald J.Space and place: theories of identity and location. London, UK: Lawrence & Wishart,1993:3–31.

[5] Wikipedia.Home.[EB/OL].[2018–01–25].https://en.wikipedia.org/wiki/Home.

[6] 较大的群体可能生活在养老院、儿童之家、修道院或任何类似的机构。在没有更多安全住所的地方，人们可以住在贫民窟和棚户区的非正式、有时非法的棚户里。

[7] 百度百科．家 [EB/OL]. [2018–01–22]. https://baike.baidu.com/item/%E5%AE%B6/14321442?fr=kg_hanyu.

房子里有猪就成了“家”的标志[1]，正如东汉许慎在《说文解字》中说，“家，居也。从宀，豭，省声”一样[2]，“家”的本义就是屋内或居所。

从“家”的内涵演变过程来看，自《左传·昭公十六年》中“立于朝而祀于家”中将“家”意指为“家庙”开始，“家”的内涵侧重点经历了从宗庙、家族到家庭的动态演变的过程[3]。“家庭”一词最早源于南朝梁诗人梁僧孺《詹事徐府君集序》中关于“事显家庭”的句子，原指某种类型的空间[4]。《论语·颜渊》中的“己所不欲，勿施于人，在邦无怨，在家无怨”等论述表明，“家”与族同义，“家”就指代氏族、家族。明朝邵璨在《香囊记·义释》说，“家荡散，业飘零。携筐还负筥，离家庭。两口无依倚，身如蓬梗”，“家”被看作一个终极的源泉，“家”意为父母、子女等共同居住相处的群体，强调血脉之家、亲情之家、妇女之家等。

### （三）家的构成内涵

本书认为，家的构成内涵涉及三个层面。

#### 1. 家的物质属性

“家”原指某种类型的空间，不仅是屋内或居所，还拥有自身的物理结构特征、空间大小和组织、服务设施，以及美学特征等，可以是社区、村庄、城镇、郊区、城市或国家尺度的一个地理区域[5]。

#### 2. 家的社会属性

“家”是家庭成员共同居住的地方，具有血缘、婚姻法律或亲属等关系[6]，家庭成员之间形成了爱与分享的亲密关系，同时共同分担家庭责任，并分享生活与共同利益。

#### 3. 家的情感属性

“家”作为微观尺度的地方，承载了情感意义、身份认同、记忆等，是一个充满情感的实体空间和“仓库”。

[1] 吴佩如 . 大学生家庭概念知觉之调查研究 [D]. 台湾：国立屏东教育大学 ,2010.
[2] 百度百科 . 家 [EB/OL].[2018-01-22]. https://baike.baidu.com/item/%E5%AE%B6/14321442?fr=kg_hanyu.
[3] 燕连福 . 试论中国古代“家”的内涵、功能与意义 [J]. 贵州社会科学 ,2017,327(3):21-27.
[4] 白凯 , 符国群 .“家”的观念：概念、视角与分析维度 [J]. 思想战线 ,2013,39(1):46-51.
[5] Hornby A S. 牛津高阶英汉双解词典（赵翠莲、邹晓玲译）[M]. 北京：商务印书馆 ,2014.
[6] Gelles R J. Contemporary families: A sociological view[M].CA:Sage,1995.

## 四、空间

空间是地理学研究的核心之一[1-2]。从空间的语源来看，空间包含实在空间、经验空间、概念空间与实践空间。实在空间（或真实空间）是先于人类意识和行为的自然空间，随着人对于空间的不断改造与实践，自然空间与经验空间（或概念空间）边界趋于模糊，纯粹的自然空间逐渐消失，人类对客观实在空间的经验性感知以及对感性空间的概念化建构过程，推动着实践空间的生成。

从对空间的认识来看，空间的概念及其内涵引起了地理学、社会学和哲学等学者的广泛探讨，并逐渐认识到[3-5]：空间不仅仅是科学的对象、空洞的容器、抽象物化的自然空间，更是人文的关怀、权力的媒介、主体的建构及具体情境的社会产物；空间是具有政治性和策略性的，是弥漫着社会关系与权力博弈的空间。空间既是客观的，又是主观的，可以附着于地表（地域空间），也存在于人的思维意识之中（意识空间），即空间是“多重空间的复合体”，并随历史的演变而重新结构和转化[6-7]。社会文化对物质空间进行塑造与生产，使空间深入社会关系的生产与再生产中，逐渐成为一种社会关系的载体，以及一种象征系统、所指系统和意义系统[8]。

## 五、生产

生产（Production）一词并不单纯指物理意义上的生产过程，而是指社会、文化和经济力量如何在不同层面上塑造和重构空间的方式。在列斐伏尔（Lefebvre）的空间生产理论中[9]，其认为“生产”这一概念突出了空间不仅是地理上的存在，更是由社会实践、政治力量和经济结构共同作用下的结果，即空间的生成是通过人类活动、文化表现，以及社会交往的各种形式来完成

[1] 姚华松，许学强，薛德升．人文地理学研究中对空间的再认识 [J]. 人文地理学，2010,25(2):8-12.
[2] Lefebvre H. The production of space[M].Oxford: Blackwell,1991.
[3] Foucault M. Of other space[J].(Translated from the French by Jay Miskowiec). Diacritics,1986,16(1):22-27.
[4] Soja E W. Postmodern geographies: The reassertion of space in critical Social Theory[M].London:Verso,1989.
[5] 陆大道．区位论与区域研究方法 [M]. 北京：科学出版社，1988.
[6] 苗长虹．变革中的西方经济地理学：制度、文化、关系与尺度转向 [J]. 人文地理，2004,19(4):68-76.
[7] 约翰斯顿．哲学与地理学 [M]. 蔡运龙，江涛，译．北京：商务印书局，2000.
[8] 李蕾蕾．海滨旅游空间的符号学与文化研究 [J]. 城市规划学刊，2004,150(2):58-61.
[9] Lefebvre H. The Production of Space[M].Oxford UK &Cambridge USA: Blackwell, 1991.

的。一般而言，地域系统的生产（如乡村重构）包括空间、经济和社会的生产，而空间生产是其重要表现形式[1]。

旅游发展背景下的空间生产，是指空间在发展过程中，因旅游资本、权利等外部力量，以及人地、人与人、人与社会等内部关系的共同作用而导致空间的结构异化或解体，使得空间从根本上转型。这种转型既指包括空间形态、布局和景观等外部转型（即物质空间），又包括居住建筑、群落、社会、情感等空间内部转型（即社会空间和情感空间）。

## 第四节　研究目标、内容与方法

### 一、研究目标

#### （一）理论层面

本书基于“社会—空间”辩证法、中国情境下“家”的基本内涵和尺度转换，以及“家”的物质、社会和情感属性统一等原则，按照“家空间的生产过程→家空间的生产机制→社区文化可持续发展”的研究逻辑路径，将旅游视为社区家生产的媒介，认知旅游对于民族社区家屋/家园物质空间、社会空间和情感空间等生产过程的影响机制，在此基础上，明晰旅游发展与民族社区家空间生产之间的关键影响变量，验证变量间的影响关系、抽取影响关系的主导因子等“家”空间生产内在逻辑，揭示旅游发展与家空间生产的作用机制。

#### （二）实践层面

生产后的社区所折射出新的人与人、人与社会、人与地的新型关系，为社区文化保护、传承与重现提供“基因”，避免民族旅游社区发展同质化，为提升乡村旅游发展质量与效果、遗产保护、构建和谐“家”，以及实现社会文化的可持续发展，提供管理启示及相关对策。

[1] 龙花楼，屠爽爽．论乡村重构[J]. 地理学报，2017, 72(4):563-576.

## 二、研究内容

### （一）旅游发展背景下民族社区家的生产理论体系

基于对国内外相关领域的研究现状和“家”的理论研究的综述，提出本书的研究议题。然后在国内外空间研究转向背景、中国语境下家的再认知的指导下，构建本书所需的理论分析框架，阐释其内涵。

### （二）民族旅游社区家空间的生产过程研究

基于共时性和历时性的统一，研究家屋和家园的物质空间形态、社会功能空间和社会关系、情感空间认知等生产过程；阐释社区家园空间社会的结构功能、居民生活、管理制度以及精神文化等建构特征与旅游发展演进、衔接的关系；揭示社区“家”空间的新内涵。

### （三）民族旅游社区家空间的生产机制研究

基于家园依恋、身份认同、旅游期望、社区参与和社会表征等理论，构建旅游影响与家空间的生产下主体心理的“前因—中介—结果”变量的结构关系机制模型；结合上述研究结论，综合分析“家”空间生产的全局机制。

### （四）民族旅游社区家空间生产背景下管理对策研究

以社会文化的可持续发展为目标，基于旅游发展背景下家空间的生产过程和机制，按照多层次社区获益渠道的建立、社区空间秩序的治理与整合、地方性和生存环境的营造与提质，提出旅游与社区社会文化良性互动发展的优化对策。

## 三、研究方法

### （一）理论研究与实证研究相结合

在详细研究文献资料的前提下，采用综合、归纳和演绎等方法，对国内外相关领域研究现状、理论综述进行理论研究，形成本书理论研究框架；基于《贵州“六山六水”民族调查资料选编》及《百苗图》等关键文献资料，了解并梳理苗寨社区居民居住选址、家居建筑体内部空间组构、家园空间形成、发展的基本内容与特征，为实证研究奠定坚实基础。同时，结合家屋空间的内外部、主体心理数据，以及前期研究中所积累的案例地空间数据库，进行实证分析，对已有理论进行修正和发展，丰富和充实理论体系，通过理论研究和实证研究的相结合，推动旅游发展背景下家空间生产的系统分析。

### （二）静态分析和动态分析相结合

采用静态分析法，对处于同一区域、不同旅游发展阶段的典型家屋案例进行共时性对比研究，明晰不同家屋物质空间的形态和格局、社会空间的功能及关系、情感空间的构成及分布；采用动态分析法，推演家园空间生产的历时性过程，分析各阶段的家园物质空间的扩展维度、趋势、强度及其重心生产态势，明晰社会空间的结构与功能、管理制度、社会生活和旅游空间等生产过程，以及情感空间的构成及分布。通过静态分析和动态分析，获取“家”空间生产过程的特征和动力因子，为家空间生产机制研究奠定基础。

### （三）实地调查法

深入贵州西江苗寨社区群落，结合各社区旅游发展情况，设计并汇总社区家空间生产相关的访谈提纲、调查问卷、矢量图片，根据样区规模特点，采用参与式观察、现场制图、逐户调查、典型代表深度访谈等混合调查方式，收集样区资料，获取旅游发展背景下社区家的空间生产过程及机制研究所需的文本、数据及图片。

### （四）空间分析与多学科方法相结合

运用建筑学空间句法“解码”家屋物质空间的连接值、整合度值和深度值等关键指标，结合不同生命周期的共时性案例，反映家屋空间的生产过程；运用地理学的 GIS 空间分析法对家园物质空间的扩展强度、各向异性，以及社会空间功能转向进行综合分析，推演家园空间的历时性生产过程。同时，运用人类学和社会领域的访谈法、典型案例分析法和文本分析法等多学科方法开展家的社会空间和情感空间的生产过程的研究。运用管理学领域的因果检验模型（结构方程模型）分析旅游发展与“家”空间生产相互影响、制衡演进的动力因素与机制。

## 第五节　研究创新

### 一、从社会文化的空间表征分析转向空间本体视角下家空间的生产过程和机制研究

以往的研究，多将空间作为社会文化现象发展过程中的背景，通常对家的社会文化的空间表征进行分析，或单一地从单维的房屋物理结构和建筑风格、家庭内部关系和角色或个体的经验和角色等出发，整体呈“重要素、轻空间”的特征，鲜有基于家空间本体视角下的研究。本书将社会文化的空间分析转向空间的社会文化研究，在空间研究的“社会转向”和“情感转向”背景下，整合家的物质维度、社会维度和情感维度，将旅游视为社区空间过程的媒介，将历史与现实问题结合起来，厘清旅游发展背景下家空间生产与旅游的内在逻辑，揭示其生产过程及机制。

### 二、从微观“家屋”研究转向微观“家屋”和中观“家园”跨尺度综合研究

中国的社会单元是家庭而不是个人，多数传统民族社区家庭、家族和社区合为一体，个人也从属于相关群体，因此家的概念伸缩性极强。本书研究突破了以往研究，多以独立的村寨社区尺度为样区，或微观家屋空间的研究视角，从家屋微观尺度的共时性研究、家屋中观尺度的历时性研究出发，还原旅游发展背景下社区“家”空间的生产过程及其机制。

### 三、多样研究方法的融合

以往研究一般只运用单一的定性或定量的研究方法，鲜有运用融合研究

法来分析社区家空间的生产过程、效应与机制。本书将利用前期积累的案例地空间数据库，对民族社区不同时段的遥感影像进行研究，结合遥感解译法、GIS 空间分析法、空间句法以及质性分析法等，开展民族旅游社区“家”空间的生产研究数据获取、处理、分析等研究活动，分别从物质、社会、情感等维度揭示“家屋→家园”系统中两个“家”的时空生产过程及机制。

## 第六节　研究区选择及概况

### 一、研究区的选择

我国是多民族的国家，全国 14 亿人口中就包含了 55 个少数民族，2010 年第 6 次全国人口普查显示，少数民族占我国人口的 8.49%，拥有 56 个民族的省份有 11 个，占全国 31 个省份的 35.5%[1]，分布较广。

在民族社区旅游的研究中，Whiteford 和 Lisa（2016）[2] 对 1980 — 2014 年国际主流期刊的 403 篇民族社区旅游文献研究发现，大多数文献（75.5%）集中在澳大利亚（25%）、美国（20%）、加拿大（14%）、新西兰（9%），以及中国大陆和中国台湾（7.5%），而中国大陆的相关文献主要集中在西南地区，云南西双版纳是其中的高频研究区域[3]，其次为贵州省。同时，根据第二章的国内民族社区旅游文献计量分析发现，黔东南、肇兴侗寨、贵州、西江苗寨、武陵山区是国内高频研究区域，尤其是贵州省的黔东南地区是研究热点区域。

基于案例地选取的典型性与代表性的原则，结合民族旅游社区研究典型案例地（见表 1-1）及笔者前期研究基础，本书选择贵州省黔东南苗族侗族自治州的西江苗寨群落为例，进行旅游发展背景下的民族社区家的空间生产研究，选取缘由如下。

[1]　百度百科 . 少数民族 [EB/OL].[2018-01-28].https://baike.baidu.com/item/%E5%B0%91%E6%95%B0%E6%B0%91%E6%97%8F/117663?fr=aladdin.

[2]　Whitford M, Lisa R. Indigenous tourism research, past and present: where to from here ？ [J].Journal of Sustainable Tourism,2016,24(8):1080-1099.

[3]　源自第 2 章文献计量分析。

（1）从理论层面来看，贵州传统民族社区由于受地理嵌入和历史的影响，与外界的文化交流较少，多为地缘、血缘、族缘为纽带的封闭“自组织”系统，形成了独特的、多元文化保存和共生的“文化孤岛”和“文化千岛”现象。多数民族社区的家庭、家族（族群）和社区合为一体，个人也从属于相关群体，家之于个体不仅仅是家庭，也可以是族群、社区等概念，这为形成感知、归属、认同等人地系统特质（即地方性）奠定了重要基础，也为本书研究中国情境下家屋与家园提供了较为理想的案例地。尤其是2008年贵州省旅游产业发展大会在西江召开，西江苗寨迅速融入全球化的时空体系中，无论是居民的家屋空间还是社区尺度的家园空间，均在旅游作为主导驱动力的背景下迅速发生重构，其依附的意义随之发生变化，空间生产化表征显著，案例地具有典型性和代表性。

（2）从实践层面来看，西江苗寨旅游发展的核心区（南贵村、羊排村、平寨村和东引村）外围分布着一系列受旅游影响的不同的过渡区（如干荣村）和边缘区（如麻料村），社区家庭空间、家园空间及其依附的情感意义等文化脉络受旅游影响程度不一，有利于本书在家屋空间案例研究中对不同的旅游发展阶段和影响程度的社区进行共时性对比，以反映山地型民族社区家庭空间的全面生产过程。因此，选择多元时空复合的西江苗寨群落群为研究样地，有利于全面反映旅游作为媒介在不同发展阶段中社区“家”空间的生产过程，为社区家空间生产的机制提供可行性支撑，进而提出科学的实践指导意见。

（3）在前期研究中，本书研究已掌握了西江苗寨社区社会文化空间的一手数据，为本书社区“家”空间的研究奠定了坚实的基础。

表1-1　民族旅游社区研究典型案例地

| 省份 | 典型案例地 | 研究文献 |
| --- | --- | --- |
| 贵州 | 黔东南苗族侗族自治州西江千户苗寨、朗德苗寨、岜沙苗寨及肇兴侗寨等；贵阳市花溪区镇山布依寨；安顺市天龙屯堡等 | 何景明（2010）、李瑞（2016）、蔡溢（2017）、陈志永（2013）等 |

续表

| 省份 | 典型案例地 | 研究文献 |
| --- | --- | --- |
| 云南 | 西双版纳傣族自治州傣族园；迪庆藏族自治州德钦县雨崩村、丽江市大研、束河和白沙古镇；宁蒗县泸沽湖摩梭社区 | 保继刚（2006,2008）、孙九霞（2004,2015）、赵敏（2015）、杨振之（2006）等 |
| 四川 | 阿坝藏族羌族自治州理县桃坪羌寨、甘孜藏族自治州丹巴县甲居藏寨、凉山彝族自治州盐源县泸沽湖摩梭社区等 | 王汝辉（2009）、刘旺（2008）、郭凌（2009）等 |
| 广西 | 龙胜平安寨、龙脊古壮寨等 | 文彤（2002）、吴忠军（2008）等 |

## 二、研究区概况

### （一）基本情况

西江苗寨（西江镇）位于贵州省黔东南苗族侗族自治州雷山县东北部（见图1-1），介于东经108° 4′ 53″ ~ 108° 19′ 53″ 和北纬26° 19′ 19″ ~ 26° 34′ 5″ 之间，平均海拔833米，国土面积为187.8平方千米，耕地面积15858.8亩，人均0.66亩[1]。西江苗寨现辖21个行政村，1个居委会[2]，其中，南贵村、平寨村、羊排村和东引村4个旅游发展的核心区域总面积为38.59平方千米，2010年第6次全国人口普查统计西江苗寨共有农户1432户，人口5515人，苗族人口占99.5%。

[1] 搜狗百科 . 西江镇 [EB/OL].[2018-02-15].https://baike.sogou.com/v64361644.htm;jsessionid=E6961612AED66F7C3BB8F634DD75D864.

[2] 百度百科 . 西江镇 [EB/OL].[2018-02-15].https://baike.baidu.com/item/%E8%A5%BF%E6%B1%9F%E9%95%87/7922847 ? fr=aladdin.

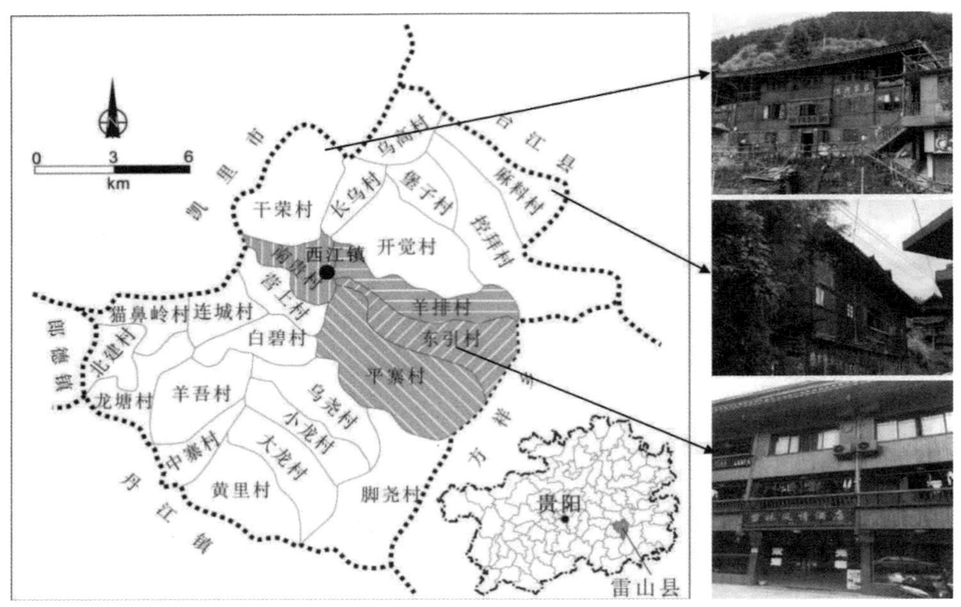


图 1-1　研究区示意

西江苗寨紧靠雷公山国家级自然保护区，距离县城雷山县约 36 千米，州府凯里市约 35 千米，省会贵阳市约 200 千米，处于主要高速公路（凯里到雷山）和高速铁路（沪昆高铁凯里站）连通区域，旅游通达性较强。同时，西江苗寨处于昆明—贵阳—凯里—三江—桂林的国际旅游线上[1]，是贵州东部旅游线的主要目的地。西江千户苗寨周围分布着十余个依山而建的自然村寨，是苗族第五次大迁徙的主要集结区域，组成了中国乃至全世界最大的苗族聚居村落群，被誉为“苗族的大本营”，也有“天下西江”的美誉。在旅游的发展过程中，西江千户苗寨先后获得了“中国历史文化名镇”“全国农业旅游示范点”“国家 4A 级旅游景区”“国家文化产业示范基地”“中国文化旅游新地标”等荣誉称号。

## （二）旅游资源概况

西江苗寨属于民族文化旅游目的地，主要旅游吸引物多以民族文化为主，具体来说，涉及建筑文化、歌舞文化、服饰文化及节日文化等方面。

[1]　雷山县人民政府 . 西江镇 [EB/OL].[2018-02-16].http://www.leishan.gov.cn/wsfw/ztfw/lyfw/jdjs/201703/t20170324169l766.html.

1. 建筑文化

建筑文化是苗寨居民生存文化重要的组成部分，也是西江千户核心旅游资源。西江千户苗寨的建筑为三段式结构的苗族“吊脚楼”，传统吊脚楼建筑底层多为饲养家畜禽类的圈舍，中间层为居民的生活空间，顶层主要作为农作谷物和杂物堆放及客房之用，而且会在中间层明间廊处设置“美人靠”，以为家庭成员活动和休息之用。作为穿斗式结构（立帖式结构）的纯木建筑，吊脚楼的架空、悬挑、掉层、叠落等是其建造的主要处理手法。由于不用一钉一铆，“吊脚楼”的梁、柱、朽、板、椽、擦、禅等都是木材加工而成。从远处观望，1000 多户住宅构成了鳞次栉比、次第升高、高处凌空高耸的群落景观，与四周的山水形成了一种人地和谐之美，充分地表现了贵州山地民族建筑文化特征，这一景观也构成了西江苗寨的旅游核心吸引要素之一。

2. 歌舞文化

苗族是一个能歌善舞的民族，歌舞种类多，内容丰富。苗族歌曲按照内容可分为游方歌（情歌）、酒歌、劳动歌、丧歌、儿歌、古歌等种类，西江苗寨所在区域的飞歌最具代表性，其源于苗族居民劳作间隙时两人相互放声高歌，节奏宽广自由、旋律悠扬起伏，已成为当地旅游演出的必备项目。在旅游业发展的背景下，苗族妇女唱敬酒歌、男子吹芦笙，游客畅饮苗寨米酒已成为景区开发出的餐饮接待的必备项目。苗寨的舞蹈按照活动内容和性质可分为自娱性、习俗性、表演性、祭祀性，以及礼仪性的舞蹈。其中以芦笙舞、反排木鼓舞和锦鸡舞最广为流传，也成为苗寨旅游演出中向游客展示文化的主要项目。

3. 服饰文化

苗族服饰文化主要包括刺绣和银饰两个方面。苗族刺绣和银饰均是苗族服饰装饰的重要组成部分，也是寄托、传承民族传说和情感的重要载体。蝴蝶、龙、鱼、飞鸟等是苗族刺绣的代表图案，且基本上蕴含美好的历史传说。苗族银饰可分为头饰、颈饰、胸饰、手饰、盛装饰等类型[1]，由于苗族对动物和植物等图腾的崇拜，牛角、蝴蝶等图案在银饰的造型都有体现。在制作过程中，

[1] 百度百科 . 苗族银饰 [EB/OL]. [2018-02-20].https://baike.baidu.com/item/%E8%8B%97%E6%97%8F%E9%93%B6%E9%A5%B0.

苗族刺绣多以妇女独自完成，银饰则是以男性在家庭作坊内进行手工打制完成。西江苗寨所在的雷山县苗族刺绣已于2006年被列入首批国家非物质文化遗产名录，而在雷山县的三个银匠村中，就有两个属于西江苗寨，分别是控拜村和麻料村。而在西江苗寨里，无论是景区的展演，还是当地居民的日常需要，刺绣和银饰的制作和销售既是吸引游客的关键旅游吸引物，也是苗族居民创收的重要途径。同时，在主客互动过程中，现代化的文本为苗族服饰文化的创新提供了素材，也加深了苗族居民对本民族的文化认同。

**4. 节日文化**

西江苗寨的苗族居民节日众多，素有“大节三六九，小节天天有”之说。比较有代表的节日有每年农历六月的“吃新节”和十月的“苗年”等，而尤以十三年一次的“鼓藏节”最为隆重,最近一次“鼓藏节”是在2022年11月。节日期间，苗族居民踩铜鼓、吹芦笙、唱苗歌、跳苗舞及家庭聚会，节日不仅成为情感联结的重要纽带，也是展示苗族歌舞、服饰、宗教等文化的展示平台，游客参与其中，深度体验苗族文化。

## 三、旅游发展历程

### （一）旅游发展探索阶段（2000年之前）

旅游活动在西江苗寨的涉入源于20世纪80年代，以美国学者路易莎博士为代表的学者进入西江苗寨进行田野调查，同时期贵州省政府选择了西江苗寨作为首批旅游扶贫的试点之一，并将西江苗寨纳入贵州东线民族风情的乙类旅游景点。接着在1987年，西江苗寨被列为贵州省第一批旅游开发重点项目。到了20世纪90年代，西江苗寨被贵州省划入省级的文物保护单位。在行政管理体制方面，1992年雷山县撤销了西江区，西江千户苗寨在西江镇管辖至今。在旅游接待方面，少数西江居民在政府的引导下提供简单的住宿及餐饮服务。可以看出，旅游发展探索阶段，西江苗寨的旅游活动涉入的主体以学者等探险型旅游者为主，旅游基本接待设施匮乏，旅游可进入性较差，旅游发展较为缓慢，这一情况持续到2000年左右。

### （二）旅游发展的参与阶段（2001 — 2008 年）

旅游发展的参与阶段主要是社区自主参与向政府主导过渡的阶段。此阶段开始有零星的游客进入西江，有经营意识的部分居民开始将自己的房屋进行简单的改造进行旅游接待，社区则自发形成歌舞表演队进行表演。2002 年，村民和社区自发成功举办了“苗年文化周”，开始形成依托节日自主办旅游的意识。2005 年，中国民族博物馆西江千户苗寨民族馆正式挂牌，苗族吊脚楼被列入首批国家级非物质文化遗产名录，西江千户苗寨传统文化得以进一步展示，村寨社区旅游发展继续推进。然而，相关节日活动多为“赚吆喝”和巩固旅游品牌建设的活动，但村民因自身能力以及缺乏政府的合理引导，并未形成有效旅游盈利模式[1]。到了 2006 年和 2007 年，游客逐渐增加，从省到村的各级政府主体均认为西江苗寨旅游有必要做大做强，而政府的有效介入则必不可少。因此，2007 年贵州省政府将西江苗寨作为贵州省第三届旅游产业发展大会的主会场，当地政府据此成立了景区管理委员会，投资了 3 亿多元对西江千户苗寨的基础设施、古街、观景台、水体等进行新建、改造和提升，政府主导型模式全面形成，同时，并依托村党支部委员会和村民委员会、房屋建筑保护委员会与村老年协会等主体，共同承担西江的经营管理工作（李天翼），为西江苗寨旅游的跨越式发展奠定了基础。

### （三）旅游的发展及阶段（2008 — 2020 年）

随着旅游管理体制的理顺、前期的旅游品牌积累，尤其是 2008 年贵州省第三届旅游产业发展大会成功召开，西江苗寨从以往“养在深闺人未识”式的形象迅速升温，旅游形象得以广泛传播，成为贵州省的主要旅游接待景点。据统计，西江千户苗寨 2008 年共接待游客 77.87 万人次，旅游综合收入为 1.37 亿元，较 2007 年 11.5 万人次和 0.58 亿元分别增长了 577.13% 和 136.2%。近 10 年以来，西江苗寨旅游发展迅速（见表 1–2），2013 年，西江苗寨旅游接待人数和旅游综合收入分别为 218.40 万人次和 16.35 亿元，到了 2023 年，分别达到 464.33 万人次和 50.66 亿元，农民人均纯收入中，有 1/3 以上来自直接或间接参与旅游所得，旅游业成为西江千户苗寨的支柱产业，以 2008 年为转

[1]　搜狐 .“西江模式”：西江千户苗寨十年持续跨越发展的经验 [EB/OL]. [2018–03–02].http://www.sohu.com/a/236776832_637502.

折点，西江千户苗寨走上了全民发展旅游的道路，且自2023年以来，西江苗寨旅游接待人数和收入进入新一轮高速增长期，旅游氛围逐渐浓厚，旅游知名度不断提升，其民族旅游发展成为我国民族旅游发展中的典型模式。

### （四）旅游的巩固阶段（2020年以后）

自2020年以来，受外部环境变化与内部管理体制调整的双重影响，西江苗寨旅游呈现出波动式增长态势。与2008年相比，2023年接待游客人数增长了5.96倍，旅游综合收入增长近37倍，成为继黄果树和荔波小七孔之后贵州省内又一重要旅游目的地。随着“创5A”工作的推进，景区基础设施建设进入新一轮快速发展期。总体来看，西江苗寨旅游在经历了前期的高速增长后，正逐步迈入巩固提升阶段。

表1-2 近年西江苗寨旅游发展情况

| 年份 | 指标 | | | |
|---|---|---|---|---|
| | 旅游接待人数（万人次） | 同比增减（%） | 旅游综合收入（亿元） | 同比增减（%） |
| 2007 | 11.5 | — | 0.58 | — |
| 2008 | 77.87 | 147.68 | 1.37 | 42.3 |
| 2009 | 78.35 | 0.80 | 1.79 | 75.50 |
| 2010 | 90.72 | 15.80 | 2.89 | 16.60 |
| 2011 | 240.35 | 164.94 | 9.52 | 229.41 |
| 2012 | 156.22 | −35.3 | 9.06 | −4.83 |
| 2013 | 218.40 | 28.5 | 16.35 | 44.6 |
| 2014 | 272.56 | 24.8 | 21.36 | 30.64 |
| 2015 | 345.64 | 26.81 | 26.62 | 24.63 |
| 2016 | 436.27 | 46.2 | 37.8 | 50.3 |
| 2017 | 606.50 | 71.9 | 49.91 | 75.7 |
| 2018 | 815 | 34.5 | 100.08 | 101.3 |
| 2019 | 827.93 | 1.57 | 74.5 | −25.56 |
| 2020 | 362.49 | −56.22 | 28.24 | −62.09 |
| 2021 | 389.37 | 7.42 | 29.84 | 5.67 |

续表

| 年份 | 指标 | | | |
|---|---|---|---|---|
| | 旅游接待人数（万人次） | 同比增减（%） | 旅游综合收入（亿元） | 同比增减（%） |
| 2022 | 478.58 | 22.91 | 34.83 | 16.72 |
| 2023 | 464.33 | −2.98 | 50.66 | 45.45 |

注：依据西江苗寨景区管委会提供资料整理而得。

## 四、研究调查过程

本书的研究在相关科研项目的支持下，先后共 7 次（见表 1–3）前往样区进行调研，为本书的家空间生产的过程及机制研究提供了较好的实践和数据支持。

表 1–3 研究调查过程

| 调查阶段 | 调查内容 | 调查地点 | 调查时间 |
|---|---|---|---|
| 第一阶段 | 参与式观察 | 西江苗寨 | 2015.7.4—7.9 |
| 第二阶段 | 初步访谈及对现场进行摸底，确定空间数据库录入方式 | 西江苗寨 | 2016.7.5—7.11 |
| 第三阶段 | 深度访谈、家园社会空间问卷发放、空间数据录入 | 西江苗寨 | 2017.25—8.1 |
| 第四阶段 | 现场绘图及深度访谈 | 羊排村、平寨村、南贵村、营山村、麻料村、干荣村 | 2018. 5.31—6.3 |
| 第五阶段 | 主体心理机制问卷发放 | 羊排村、平寨村、南贵村、干荣村 | 2018. 7.12—7.16 |
| 第六阶段 | 家屋空间和家园补调研 | 羊排村、平寨村、南贵村、干荣村 | 2023.7.1—7.10 |
| 第七阶段 | 家屋空间和家园补调研 | 羊排村、平寨村、南贵村、干荣村 | 2024.7.1—7.8 |

# 第七节　章节安排与技术路线

## 一、章节安排

围绕研究目标、内容以及方法等，文章的章节安排如下所示。

第一章对本书的研究背景、研究问题、研究思路、研究对象、研究目标、研究内容、研究方法、研究创新以及研究区概况等进行详细的阐述。

第二章首先对国内外研究议题（民族旅游社区、民族旅游社区“家”、民族旅游社区“空间”）、家的相关理论视角（家的建筑学、家的社会学和家的心理学）进行综述，找出不足并开展研究评述，提出本书的研究议题。最后结合空间研究的“社会转向”和“情感转向”背景，以及中国语境下“家”再认识，构建了包括物质空间、社会空间和情感空间三元一体的家空间的生产框架，并对框架内涵进行了阐释。

第三章基于田野调查获取的质性和量化数据，通过案例分析法、空间句法、文本分析等方法，选取旅游探索期（边缘区）、旅游参与期（过渡区）、旅游发展期（核心区）的典型社区的典型案例，分别从物质空间、社会空间以及情感空间 3 个维度揭示不同旅游发展阶段下社区家屋空间生产的共时性过程。

第四章借助遥感解译法、GIS 空间分析法等方法，从扩展维度、扩展趋势、扩展强度以及空间重心转移等方面揭示旅游影响下社区家园物质空间形态演化规律；借助问卷统计数据等，从社会结构、功能、居民社会生活、管理制度、空间格局与旅游空间格局以及精神文化等方面分析旅游影响下社区家园社会空间转向与演化规律；通过文本分析法开展社区家园空间情感空间生产历时性过程研究。

第五章基于地方依恋、身份认同、旅游期望、社区参与、社会表征等理论，构建基于主体心理层面下的生产机制模型，通过差异性分析、通径分析等揭示关键变量间的动力机制。在此基础上，从时空分离和经济理性、资本与权力、反思性监测等角度出发，综合分析社区旅游发展背景下民族旅游社区“家”空间的生产机制。

第六章在上述研究的基础上，根据多层次社区获益渠道的建立、社区空间秩序的治理与整合、地方性和生存环境的营造与提质，针对性提出民族社区旅游开发、管理、经营等有效措施。

## 二、技术路线

本书将以理论分析为依据，结合质性分析法、空间句法、GIS 空间分析法，以及数理统计方法等混合方法，以贵州西江千户苗寨村落群为例，按照旅游发展背景下“家屋空间生产共时性过程→家园空间生产历时性过程→家的生产机制”的研究逻辑路径来探讨研究主题（见图 1-2）。

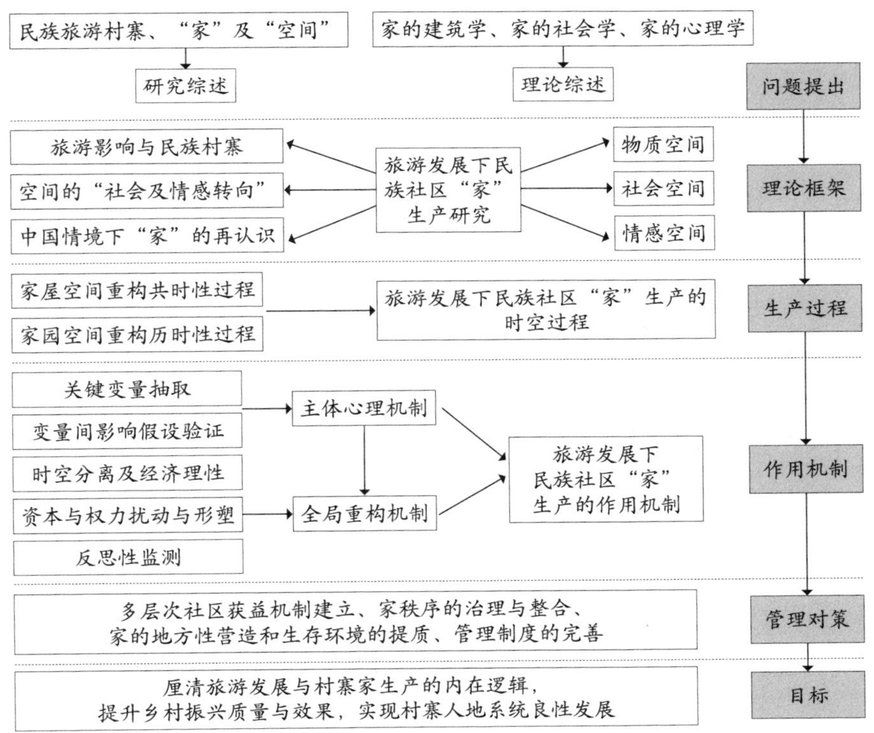

图 1-2　技术路线

# 第二章 旅游发展情境下民族社区“家”空间多维生产的分析框架构建

在本章的研究中，首先对民族旅游社区、民族旅游社区“家”及民族旅游社区“空间”等关键研究领域进行期刊分布、关键词演变、研究内容构成等研究综述，对现有“家”的相关研究视角进行理论综述。其次基于研究综述和理论综述，提出本书研究内容——旅游发展背景下民族社区“家”空间的多维空间生产过程与机制。最后围绕空间研究的转向和中国语境下“家”的再认识，构建出本书的理论分析框架，并对其构成和内涵进行阐释。

## 第一节 研究综述

### 一、综述研究方法

借助 CiteSpace 对国内外民族旅游社区和旅游发展背景下的家的研究动态进行梳理[1]。CiteSpace 是由美国德雷克塞尔大学信息科学与技术学院华人学者陈超美教授基于 Java 计算机编程语言开发的信息可视化分析软件[2]，该软件通过主成分分析、聚类分析等多元数据挖掘分析的手段，对某一学科领域的学

[1] 由于 citespace 的研究过程中需要文献达到一定数量，因此，在文献综述的研究中，仅对文献数量较多的民族旅游村寨（国内和国外）和旅游发展背景下的家进行（国外）进行 citespace 分析，其余研究主题的文献综述均采用传统评述方式进行。

[2] 李伯华，罗琴，刘沛林，等．基于 Citespace 的中国传统村落研究知识图谱分析 [J]. 经济地理，2017,37(9):207-214,232.

术论文或专著在作者、标题、关键词、作者机构等信息进行共引分析[1]，最终形成特定时期内非空间信息的可视化科学知识图谱。因此，作为一种新的文献综述科学计量方法，CiteSpace 不仅能具有知识导航的作用，反映研究领域的内在演化机制、知识基础之间的关系及发展动态[2]，也能帮助研究者迅速了解目标领域的现状及进展（李伯华等，2017）。CiteSpace 已被 60 个国家上万次使用[3]，是当前科学知识图谱分析的主流软件。

在旅游学领域的研究中，关晶等（2017）[4]对国外遗产旅游近 15 年的脉络、议题和前沿等知识图谱进行了研究；邓爱民等（2018）对西方旅游本真性研究的知识图谱进行了计量分析；余构雄等（2018）[5]基于 CiteSpace 梳理计量分析，梳理了中英文事件研究史，以此构建了中文事件研究的知识体系。但目前尚未有利用 Citespace 针对民族旅游社区和“家”而开展的研究。

### （一）数据来源及采集

本书数据来源分为中文和英文两类，中文数据来源为中国知网（CNKI）和中文社会科学引文索引（CSSCI）[6]。中国知网是涵盖了期刊、硕博论文等海量文献资源的中文知识信息数据库，而中文社会科学引文索引（CSSCI）是汇聚了中国人文社会科学各领域中学术水平较高、影响较大的中文知识信息数据库。英文数据来源于 Web of Science（WoS），Web of Science（WoS）是世界范围内最具权威影响力的综合性学术资源数据库，该数据库收录了全世界 8700 多种高影响期刊，期刊收录的论文质量较高，学术价值较强，具有较好的权威性和代表性[7]。

数据采集涉及旅游发展背景下的“民族社区（或村寨）”及“家或家庭”两方面。于 2021 年 1 月 5 日对中国知网（包括核心数据库和硕博数据库）及中文社会科学引文索引数据进行采集，时间跨度为 1998—2017 年。于

[1] 候剑华 . 工商管理学科演进与前沿热点的可视化分析 [D]. 大连 : 大连理工大学 ,2009.

[2] 邓爱民 , 张馨方 . 西方旅游本真性研究的知识图谱——基于 CiteSpace Ⅲ 的计量分析 [J]. 旅游学刊 ,2018,33(1):95-104.

[3] 陈悦 , 陈超美 , 胡志刚 , 王贤文 . 引文空间分析原理与应用 [M]. 北京 : 科学出版社 ,2015.

[4] 关晶 , 张朝枝 . 遗产旅游研究知识图谱——基于 CiteSpace 的分析 [J]. 旅游论坛 ,2017,10(5):56-68.

[5] 余构雄 , 戴光全 . 基于旅游视角的中英文事件研究知识体系建构 [J]. 旅游学刊 , 2018, 33(2):90-104.

[6] 由于 CNKI 的引文数据不完整，需要结合 CSSCI 数据库的引文数据进行进一步分析。

[7] 魏晓萍 , 陈恒 . 本体研究热点及演进过程的可视化分析 [J]. 图书馆杂志 ,2013,32(2):65-72.

2021 年 2 月 1 日对 WoS 的核心数据库进行采集（包含 SCI-Expanded、SSCI、A&HCI、CPCI-S、CPCI-SS&H 五大引文数据库），时间跨度为 1900 年至今，文献类型选择为“Article、Proceeding paper、Review”。

在“民族社区”的数据采集中，中文以“民族社区 + 旅游”或“民族社区 + 旅游”为检索主题，初步检索 2133 篇文献，经筛选后确定了 2091 篇符合本书研究的文献，其中，CSSCI 占 21.37%，硕博论文占 26.63%；英文以“Indigenous Tourism”“Aboriginal Tourism”“Ethic Tourism”为检索主题，初步检索 775 篇文献，为了保证进行分析的文献具有较强的解释性和权威性，对初步检索到的文献进行了精练和筛选，最终确定 701 篇文献。

在“家或家庭”的数据采集中，中文以“家 + 旅游”或“家庭 + 旅游”为主题进行综合检索，初步检索 166 篇文献，筛选和精练后确定 125 篇文献，其中，CSSCI 占 35.2%，硕博论文占 36%;英文以“Home and Tourism”、“Family and Tourism”及“House and Tourism”为检索主题，初步检索 237 篇文献，筛选和精练后确定 182 篇符合本书研究文献。

### （二）研究分析步骤

#### 1. 期刊的共被引分析（Cited Journal）

作为科学论文的承载主体，通过对研究领域的期刊的共被引分布排名分析，基本可以初步认识研究领域的学科分布状况。此项通过 Citespace 界面中的 Node Types 选择“Cited Journal”进行期刊的共被引分析。

#### 2. 关键词的共被引分析（Keywords）

作为最能反映研究文献中心内容的表达词组，关键词的共被引分析能准确地反映研究领域新旧热点内在联系及发展动态，其分析结果为关键词的共现网络。一般来说，关键词共被引频次越多，中心性大（超过 0.1），说明该领域较多研究是从此词切入展开研究的，该关键词具有重要的意义其影响力越大。具体在的发展动态分析过程中，在 Citespace 界面中的 Node Types 选择“Keywords”进行关键词的共被引分析。

3. 参考文献的共被引分析（Cited Reference）[1]

参考文献的共被引是指两篇参考文献被同一篇文献引用的现象，不仅可以揭示研究领域的基本知识结构图谱，也能获取知识结构中的研究前沿发展进展和关键文献，其分析结果为参考文献的共被引网络中聚类及关键节点，此项通过 Citespace 界面中的 Node Types 选择“Cited Reference”进行参考文献的共被引分析。

## 二、民族旅游社区研究综述

### （一）文献期刊分布情况

在中文期刊的研究中，选取共被引频次排名前 15 的期刊（共被引≥ 9）作为研究对象，结果显示（见表 2–1）中文期刊学科结构多为旅游类、民族类、地理类以及综合性人文社会科学期刊，例如，《旅游学刊》(111)、《贵州民族研究》(61)、《思想战线》(37)、《人文地理》(31)、《旅游科学》(31)，其中，《旅游学刊》共被引为 111 次，为中文期刊共被引数量最多的期刊，显示该期刊在民族社区旅游研究领域具有较强影响力。

对英文期刊的研究中，选取共被引频次排名前 15 的期刊（共被引≥ 9）作为研究对象，结果显示（见表 2–2）英文期刊多为 SSCI 源刊（TIP、TRR、JE、IT），前 5 位期刊分别为 ATR（96）、TM（79）、JST（58）、TIP（42）、JTR（42），其中，除了后 3 位属于民族学（AE,12）、人类学（AA,11）、遗产学（IJHS,11）等其他人文社会科学学科之外，入选期刊多为旅游类学科期刊。

表 2–1　民族旅游社区研究共被引主要中文期刊

| 序号 | 中文期刊名称 | 共被引频次 |
| --- | --- | --- |
| 1 | 旅游学刊 | 111 |
| 2 | 贵州民族研究 | 61 |
| 3 | 思想战线 | 37 |
| 4 | 人文地理 | 37 |
| 5 | 旅游科学 | 31 |

[1]　此部分研究内容作为附录形式呈现，详见附录 3、附录 4。

续表

| 序号 | 中文期刊名称 | 共被引频次 |
|---|---|---|
| 6 | 地理学报 | 24 |
| 7 | 广西民族研究 | 24 |
| 8 | 旅游论坛◎ | 27 |
| 9 | 民族研究 | 22 |
| 10 | 地理研究 | 14 |
| 11 | 经济地理 | 13 |
| 12 | 云南社会科学 | 12 |
| 13 | 西南民族大学学报（人文社会科学版） | 9 |
| 14 | 黑龙江民族丛刊 | 9 |
| 15 | 广西民族大学学报（社会科学版） | 9 |

注：◎在计量分析中，将《桂林旅游高等专科学校学报》的共被引次数计入改名后的《旅游论坛》。

表 2-2　民族旅游社区研究共被引主要英文期刊

| 序号 | 英文期刊名称 | 共被引频次 |
|---|---|---|
| 1 | Annals of Tourism Research(ATR) * | 96 |
| 2 | Tourism Management(TM) * | 79 |
| 3 | Journal of Sustainable Tourism(JST) * | 58 |
| 4 | Tourism and Indigenous Peoples(TIP) | 42 |
| 5 | Journal of Travel Research(JTR) * | 42 |
| 6 | Current Issues in Tourism(CIT) * | 40 |
| 7 | Tourism Geographies(TG) * | 27 |
| 8 | International Journal of Tourism Research(IJHS) * | 24 |
| 9 | Tourism Recreation Research(TRR) | 22 |
| 10 | Journal of Ecotourism(JE) | 20 |
| 11 | Tourist Studies(TS) * | 15 |
| 12 | Indigenous Tourism（IT） | 12 |
| 13 | American Ethnologist(AE) * | 12 |
| 14 | American Anthropologist（AA）* | 11 |
| 15 | International Journal of Heritage Studies(IJHS) | 11 |

注：* 为 SSCI 源刊。

## （二）发展动态分析

### 1. 国内研究

结合民族社区旅游研究共被引高频词的可视化图谱分析结果（见图 2-1）看，国内民族社区旅游研究主要集中在“社区参与”“旅游开发”“旅游扶贫”“旅游发展”“民族文化”等高频词，民族社区居民参与旅游发展，以及民族文化保护等核心内容是研究的核心议题。在可视化图谱分析的基础上，结合文献分布和排名前 20 的国内民族社区旅游研究共被引高频词（见表 2-3），对近 20 年国内民族社区旅游研究主题和内容的发展动态进行分析。

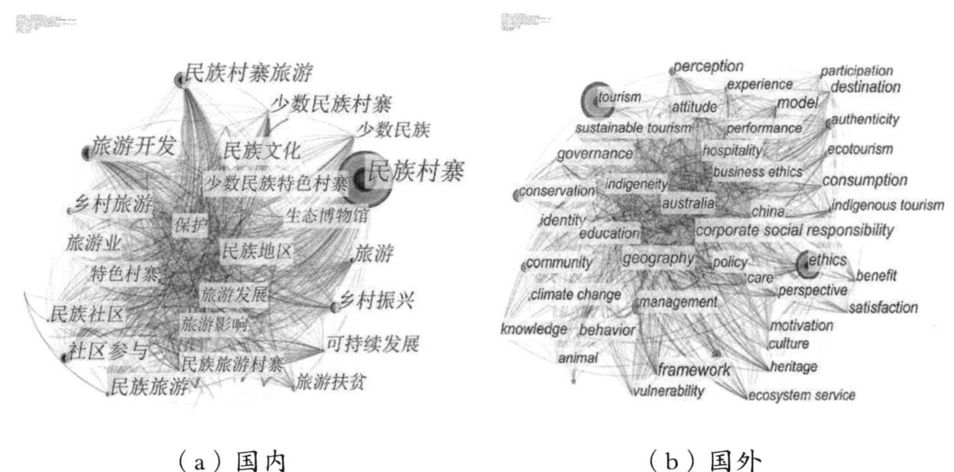


（a）国内　　　　（b）国外

图 2-1　民族社区旅游研究共被引高频词的可视化图谱

表 2-3　国内民族社区旅游研究共被引高频词

| 国内高频词 | | | | |
|---|---|---|---|---|
| 序号 | 被引频次 | 中心性 | 年份 | 关键词 |
| 1 | 42 | 0.91 | 2010 | 民族村寨 |
| 2 | 23 | 0.25 | 2004 | 社区参与 |

续表

| 国内高频词 | | | | |
|---|---|---|---|---|
| 序号 | 被引频次 | 中心性 | 年份 | 关键词 |
| 3 | 18 | 0.04 | 2009 | 旅游开发 |
| 4 | 14 | 0.35 | 2013 | 民族社区旅游 |
| 5 | 14 | 0.21 | 2007 | 民族旅游 |
| 6 | 13 | 0.27 | 2011 | 民族社区 |
| 7 | 11 | 0.12 | 2014 | 旅游扶贫 |
| 8 | 8 | 0.01 | 2006 | 旅游发展 |
| 9 | 7 | 0.07 | 2004 | 民族文化 |
| 10 | 7 | 0.14 | 2015 | 文化旅游 |
| 11 | 6 | 0.00 | 2007 | 旅游 |
| 12 | 5 | 0.04 | 2016 | 民族旅游村寨 |
| 13 | 5 | 0.12 | 2013 | 可持续发展 |
| 14 | 5 | 0.04 | 2014 | 乡村旅游 |
| 15 | 4 | 0.15 | 2014 | 黔东南 |
| 16 | 4 | 0.02 | 2015 | 肇兴侗寨 |
| 17 | 4 | 0.05 | 2010 | 开发 |
| 18 | 4 | 0.05 | 2014 | 少数民族村寨 |
| 19 | 4 | 0.00 | 2012 | 对策 |
| 20 | 3 | 0.00 | 2016 | 影响 |

（1）起步阶段（2004 年之前）

此阶段为研究的初期，其研究高频词数量较少，仅有“民族文化”一项，其中心性为 0.07，且影响力不足[1]，研究理论基础较为薄弱。此阶段研究多以产品、对策以及文化调查等现状研究为主，如对民族社区社会文化的旅游正负效应探讨[2]，以及从产品要素角度对民族文化村寨的开发探讨[3]。

（2）快速发展阶段（2004—2010 年）

此阶段高频词数量快速增加，出现了“社区参与”“旅游开发”“民族旅游”“旅游发展”等影响力较大的高频词，以“社区参与”参与为例，该词共被引达 23 次，中心性为 0.25，不仅影响力大，而且成为国内民族社区旅游研究领域的知识结构基础，代表研究如保继刚（2006）[4]及孙九霞（2006）[5]等文章。此外，此阶段出现了“民族旅游”“旅游发展”“旅游开发”等高频词汇[6]，研究内容主要集中旅游开发、发展与民族文化保护[7]、社区权益[8]、产权[9]、真实性[10]、利益相关者[11]等方面。

（3）稳定发展阶段（2010—2020 年）

在前面阶段研究基础上，本阶段研究视角呈多样化的趋势，出现了“旅游扶贫”“文化旅游”“可持续发展”“乡村旅游”“黔东南”“对策”“影响”等次高频词汇。其中，“旅游扶贫”“可持续发展”成为共被引较多且影响较大

[1]　一般来说，中心性大于 0.1 表示此高频词的影响力较大。

[2]　田敏．民族社区社会文化变迁的旅游效应再认识 [J]. 中南民族大学学报（人文社会科学版）,2003,23(5):40-44.

[3]　金颖若．试论贵州民族文化村寨旅游 [J]. 贵州民族研究 ,2002,22(1):61-65.

[4]　保继刚，孙九霞．社区参与旅游发展的中西差异 [J]. 地理学报 ,2006,61(4):401-413.

[5]　孙九霞，保继刚．从缺失到凸显：社区参与旅游发展研究脉络 [J]. 旅游学刊 ,2006,21(7):63-68.

[6]　由于“民族旅游”与本书检索词一致，故不作分析。

[7]　何明．当下民族文化保护与开发的复调逻辑——基于少数民族社区旅游与艺术展演实践的分析 [J]. 云南师范大学学报（哲学社会科学版）,2008,40(1):58-64.

[8]　彭建．旅游发展与农村社区权益受损刍议 [J]. 贵州社会科学 ,2009,239(11):68-72.

[9]　王汝辉．巴泽尔产权模型在少数民族村寨资源开发中的应用研究——以四川理县桃坪羌寨为例 [J]. 旅游学刊 ,2009,24(5):31-35.

[10]　卢天玲．社区居民对九寨沟民族歌舞表演的真实性认知 [J]. 旅游学刊 ,2007,22(10):89-94.

[11]　韦复生．旅游社区居民与利益相关者博弈关系分析——以大型桂林山水实景学出“印象刘三姐”为例 [J]. 广西民族研究 ,2007,89(3):197-205.

的高频词，研究涉及财产制度[1]、社区压力应对[2]、旅游扶贫机制[3]等方面。而作为稳定发展阶段的重要研究关键词，“文化旅游”的共被引为7次，中心性达0.14，成为此阶段影响力较大的关键词，相关代表研究[4-5]深化了旅游发展背景下民族文化的传承与保护以及社会文化变迁等内容，整体影响力较大。

2. 国外研究

结合图2-1、表2-4发现，“Authenticity”“China”“Ecotourism”“Ethnic tourism”“Culture”等是国外民族社区旅游研究核心高频词，形成了民族社区可持续发展[6]和民族社区文化研究的核心议题，以此分析近年来国外民族社区旅游研究主题和内容的发展动态。

表2-4 国外民族社区旅游研究共被引高频词

| 国外高频词 | | | | |
|---|---|---|---|---|
| 序号 | 被引频次 | 中心性 | 年份 | 关键词 |
| 1 | 19 | 0.06 | 2010 | Indigenous tourism |
| 2 | 19 | 0.02 | 2009 | Tourism |
| 3 | 18 | 0.10 | 2010 | Community |
| 4 | 17 | 0.40 | 2009 | Authenticity |
| 5 | 13 | 0.04 | 2009 | China |

[1] 卢丽娟，曹务坤，辛纪元．民族村寨社区参与旅游扶贫开发的财产制度瓶颈与破解[J]. 贵州民族研究，2014,35(5):116-119.

[2] 李燕琴．旅游扶贫村寨社区压力应对的ABCD-X模式——以中俄边境村落室韦为例[J]. 旅游学刊，2015,30(11):40-50.

[3] 杨阿莉，把多勋．民族地区社区参与式旅游扶贫机制的构建——以甘肃省甘南藏族自治州为例[J]. 内蒙古社会科学（汉文版），2012,33(5):131-136.

[4] 刘晖．民族旅游开发与非物质文化遗产的保护和传承——以青海互助土族自治县小庄村为例[J]. 中南民族大学学报（人文社会科学版），2013,33(4):50-53.

[5] 孙九霞．旅游发展中族群文化的“再地方化”与“去地方化”——以丽江纳西族义尚社区为例[J]. 旅游学刊，2012,34(4):60-67.

[6] 尽管可视化图谱和高频词表中可持续发展相关的关键词排名不高，但旅游和社区的可持续发展一直是西方民族社区旅游研究的核心议题，Whitford指出，当旅游业被决策者当作解决社区居民社会经济发展的重要路径时，相关研究都会不同程度地讨论社区可持续旅游发展的必要性。

续表

| 国外高频词 | | | | |
|---|---|---|---|---|
| 序号 | 被引频次 | 中心性 | 年份 | 关键词 |
| 6 | 12 | 0.45 | 2013 | Ecotourism |
| 7 | 10 | 0.13 | 2009 | Ethnic tourism |
| 8 | 9 | 0.04 | 2013 | Culture |
| 9 | 8 | 0.01 | 2016 | Rural tourism |
| 10 | 7 | 0.08 | 2012 | Identity |
| 11 | 7 | 0.00 | 2016 | Sustainable tourism |
| 12 | 5 | 0.00 | 2012 | Representation |
| 13 | 5 | 0.00 | 2012 | Perspective |
| 14 | 5 | 0.04 | 2016 | Experience |
| 15 | 5 | 0.01 | 2014 | Performance |
| 16 | 5 | 0.02 | 2015 | Indigenous people |
| 17 | 5 | 0.03 | 2009 | New Zealand |
| 18 | 5 | 0.01 | 2016 | Australia |
| 19 | 4 | 0.07 | 2016 | Politics |
| 20 | 4 | 0.02 | 2017 | Model |

（1）起步阶段（2000 年之前）

国外最早关于“民族旅游”的学术研究是 20 世纪 70 年代史密斯（Smith）出版的《东道主与游客：旅游人类学》，而以“民族社区旅游”为主题的学术期刊研究直到 20 世纪 90 年代才出现，主要涉及旅游对当地社会文化影响[1-3]、民族社区保护与开发[4]，以及民族旅游发展及规划[5-6]等。尽管此阶段相关文献共被引频次和文献中心性影响并不显著，但相关研究为民族社区旅游研究奠定了坚实的基础。

（2）快速发展阶段（2001—2008 年）

此阶段属于国外民族社区旅游研究的快速发展阶段（见表 2-4），出现了一系列的高频词汇。其中，“Authenticity”中心性达到了 0.4，共被引频次为 17，为此阶段影响力最大的高频词汇。

（3）巩固发展阶段（2010—2017 年）

在深入前面阶段研究的基础上，此阶段形成了一系列影响力较大的核心高频共被引词。影响力最大的高频词为“Ecotourism”，其中心性达 0.45，共被引频次为 13，中心性超过“Authenticity”，位列前 20 高频词汇中的首位，同时，还有“Culture”“Identify”“Gender”“Representation”“Perspective”等多视角关键词汇。

（4）多元化发展阶段（2017 年之后）

此阶段呈多元化的趋势，主要为“Rural tourism”“Performance”“Indigenous people”“Australia”“Model”等高频词汇，但由于发文时间较近，整体影响力不高。而“Politics”和“Experience”等高频词影响力开始提升，作为贯穿整个西方民族旅游社区研究的核心议题，以“Sustainable tourism”等为代表的可持续发展词汇仍是学者的关注要点。

[1] Altman J. Tourism dilemmas for aboriginal Australians[J].Annals of Tourism Research,1989,16(4):456–476.

[2] Blundell V. Aboriginal empowerment and souvenir trade in Canada[J].Annals of Tourism Research,1993, 20(1):64–87.

[3] King D A, Stewart W P. Ecotourism and commodification: Protecting people and places[J].Biodiversity &. Conservation, 1996,5(3):293–305.

[4] Wall G. Perspectives on tourism in selected Balinese villages[J].Annals of Tourism Research,1996,23(1):123–137.

[5] Hohl A E , Tisdell C A. Peripheral tourism: Development and management[J].Annals of Tourism Research, 1995,22(3):517–534.

[6] King, B. What is ethnic tourism? An Australian perspective[J].Tourism Management1994,15(3):173–176.

### （三）主要研究内容

国内外民族旅游社区相关研究主要涉及三大议题，分别是旅游开发与社会文化、旅游可持续发展，以及社区参与。

#### 1.旅游开发与社会文化

民族社区旅游开发与社会文化的影响一直是国内外相关研究中的核心议题。结合关键词的演变，此部分内容涉及“旅游开发与保护辨析”“民族文化产品及企业”“旅游开发与保护路径”“现代性与民族文化”“本真性的探讨”五个方面。

（1）旅游开发与保护辨析

在探讨“民族旅游”背景下产生的“旅游民族”过程中，徐新建（2000）[1]认为相关利益主体之间的不平等及“旅游民族”的商业化和“被表达”造成了居民主体观念的扭曲和诉求途径的障碍。罗永常（2003）[2]认为旅游开发使得民族社区居民在文化认同、价值观念和社会结构的变化，出现了传统文化的粗俗化、旅游扶贫效应不足等问题，提出参与发展旅游的理念，推动社区居民有效参与旅游。何明（2008）认为民族文化的开发与保护过程的复杂逻辑源于不同的组织目标和运作逻辑呈现出不同的诉求。王三北等对旅游发展前后社区主体对民族文化的态度及行为方式的变化轨迹的研究表明，旅游发展不仅具备了促进了文化的传承的功能，且随着旅游业发展此功能能够自动进行升级演进。何景明认为旅游开发并非文化变迁的主要驱动力，在旅游发展过程中，居民“地方感”的保护、政府角色的转换，以及地方性知识的融入是村寨可持续发展的战略选择。

（2）民族文化产品及企业

此部分研究中，多涉及游客满意度及产品吸引力、小微企业机遇和阻碍，以及国家扶持的旅游企业等方面，以此通过研究来强调民族文化价值的重要性及其社会文化变迁的事实。比如，Ryan(2002)[3]发现土著旅游文化产品的吸引力较弱，而游客满意度的高低与产品自身特征和重要程度有关，因此，需

[1]　徐新建．开发中国：“民族旅游”与“旅游民族”的形成与影响——以“穿青人”、“银水寨”和“藏羌村”为案例的评述[J].西南民族学院学报（社会科学版）,2000,20(7):1-9.

[2]　罗永常．民族社区旅游发展问题与对策研究[J].贵州民族研究,2003,23(2):102-107.

[3]　Ryan C. Tourists and aboriginal people[J].Annals of Tourism Research,2002,29(3): 631 - 647.

要通过国家和性别等人口变量来确定民族文化产品吸引群体。Fuller 等 (2005)[1] 认为社区生态旅游微企业多受到业务规划、财务管理、产品研发和营销等因素限制，因此，政府决策需要基于文化价值的社区发展就业项目 (CDEP) 来创造可持续发展的机会。此外，Li(2004)[2] 以中国西南的 5 个傣族村寨的国家扶持的旅游企业为对象发现国家与旅游企业之间的合作，即政府通过宏观市场调控来塑造旅游企业的经营管理和旅游景点建设而折射出民族文化的现实。

（3）旅游开发与保护路径

此部分内容涉及在开发与保护二元矛盾背景下进行的相关民族社区旅游的可持续发展探索。刘旭玲等（2005）[3] 在国内外生态博物馆理论和发展现状梳理的基础上，提出将生态博物馆的理念运用到新疆喀纳斯地区的图瓦村社区的旅游开发及规划中。但是，单纬东（2004）[4] 则认为以往民俗博物馆、文化村和生态博物馆等静态形式并不能很好地解决民族文化资源的保护问题，应从产权制度这一根本出发，改变产权的不合理安排，合理、高效配置产权（民族文化资源），以此激励居民最佳使用自身财产以获取较大收益。在模式研究方面，李欣华等（2006）[5] 基于旅游资源的评价和旅游定位，对吐鲁番地区的麻扎村旅游保护和体验性旅游开发模式进行了研究。李天翼（2010）[6] 认为贵州雷山县朗德村社区参与的“工分制”集体分配模式正效应突出，促进了文化的传承与保护，传统文化的生存空间得以拓展。

（4）现代性与民族文化

此部分研究涉及旅游现代性与民族认同、生态文化复兴及性别的研究等。Hillman（2003）[7] 认为尽管更名后的香格里拉居民的民族认同是根植于旅游发展，但旅游业也能成为强化当地民族认同的力量，深层次反映了现代化背景

---

[1] Fuller D, Buultjens J, Cummings E. Ecotourism and indigenous micro-enterprise formation in northern Australia opportunities and constraints[J].Tourism Management ,2005,26 (6) :891 - 904.

[2] Li J.Tourism enterprises, the state, and the construction of multiple Dai cultures in contemporary Xishuang Banna, China[J].Asia Pacific Journal of Tourism Research, 2004,9 (4):315–330.

[3] 刘旭玲，杨兆萍，谢婷．生态博物馆理念在民族文化旅游地开发中的应用——以喀纳斯禾木图瓦村为例 [J]. 干旱区地理 ,2005,28(3):414–418.

[4] 单纬东．少数民族文化旅游资源保护与产权合理安排 [J]. 人文地理 ,2004,19(4):26–29.

[5] 李欣华，杨兆萍，刘旭玲．历史文化名村的旅游保护与开发模式研究——以吐鲁番吐峪沟麻扎村为例 [J]. 干旱区地理 ,2006,29(2):301–306.

[6] 李天翼．民族旅游社区参与的“工分制”[J]. 贵州民族大学学报（哲学社会科学版）,2010(2):189–193.

[7] Hillman B. Paradise Under Construction: Minorities, Myths and Modernity in Northwest Yunnan[J].Asian Ethnicity,2003,4(2):175–188.

下官方和当地民族身份之间的关系。Hipwell（2007）[1]从“去领土化”和“再领土化”的后结构主义视角分析了生态遗址“生态文化复兴”的理论意义。Babb（2012）[2]认为以往女性主义学者关于性别、种族和民族的研究框架没有注意到相互关系的历史化变化过程及其不平衡方式。因此，需要重新审视旅游情境中性别和民族身份的关系，像对待种族一样认真地对待性别，以新的方式联系在一起，发现在这些不断变化的身份中的意义。

（5）本真性的探讨

本真性（Authenticity）是民族旅游研究中的重要概念、民族旅游的一个重要属性，以及旅游实践的关键议题[3-4]。本真性不是一个绝对的概念，而是一个相对的、被解释的、社会建构的概念[5-6]，按照Wang在旅游体验中的划分，本真性可从客观的（objective）、建构的（constructive）、后现代的（postmodern）本真性，以及存在的（existential）等视角来理解。此部分涉及目的地形象的融入及脱离、少数民族节日体验、游客动机等方面。

具体来看，Yea（2002）[7]基于目的地本真性问题，对少数民族社区形象是如何被导游及旅行社等文化经纪人“融入”及“脱离”问题探讨发现，民族旅游目的被建构的形象与其实际形象的匹配程度是被忽略了的。基于游客参与、感知和体验的视角，Chang（2006）[8]发现游客对民族文化的探索是游客参与民族节日最重要的动机，游客的节日文化体验存在差异，且动机变量比社会文化变量更为重要（体验）。McIntosh（2004）[9]将游客对土著文化欣赏体验分为凝视（gazing）、生活方式（lifestyle）、本真性（authenticity）、个人互动

[1] Hipwell W T. Taiwan Aboriginal Ecotourism: Tanayiku Natural Ecology Park[J].Annals of Tourism Research,2007,34(4): 876 - 897.

[2] Babb F E. Theorizing Gender, Race, and Cultural Tourism in Latin America: A View from Peru and Mexico[J].Latin American Perspectives,2012,39(6):36–50.

[3] Oakes T. Ethnic tourism in rural Guizhou. In M. Picard R. Wood, Tourism, ethnicity, and the state in Asian and Pacific societies[M].Honolulu:University of Hawaii Press,1997.

[4] Yang L, Wall G. Authenticity in ethnic tourism: domestic tourists’ perspectives[J].Current Issues in Tourism,2009,12(3):235 - 254

[5] Cohen E. Authenticity and commoditization in tourism[J].Annals of Tourism Research,1988,15(3):371 - 386.

[6] Wang N. Rethinking authenticity in tourism experience[J].Annals of Tourism Research, 1999,26(2):349 - 370.

[7] Yea S. On and off the ethnic tourism map in Southeast Asia: the case of Iban longhouse tourism, Sarawak, Malaysia[J].Tourism Geographies,2002,4(2):173 - 194.

[8] Chang J. Segmenting tourists to aboriginal cultural festivals: An example in the Rukai tribal area, Taiwan[J]. Tourism Management,2006,27(6):1224 - 1234.

[9] McIntosh A J. Tourists’ appreciation of Maori culture in New Zealand[J].Tourism Management,2004,25(10): 1 - 15.

（personal interaction），以及日常学习（informal learning）5 个维度。Yang（2009）认为本地制造的民族文化产品和基于社区的商业的根植是开发多样化和高质量的民族文化产品开发的途径，这不仅使游客获得本真性的体验，还能提升当地社区的经济获益。

**2. 旅游可持续发展**

自 1987 年布伦特在联合国大会上发表我们共同的未来（Our Common Future）报告后，学者就尝试将可持续发展与民族社区旅游研究结合起来，并形成了共被引较多及中心性影响较大的文献，此部分内容涉及“利益主体的实践”和“社区居民的视角”两个方面。

（1）利益主体的实践

Whitford 等（2010）[1] 认为澳大利亚政府旅游政策缺乏严谨性和深度，多为“一刀切”的政策框架，据此作者强调坚持政策的差异性和多样性，以一致、协作、协调和综合的长期方式促进土著居民的可持续机制和能力建设。Weaver（2010）[2] 提出了反映民族旅游 6 个阶段可持续性的演化模型，突出促进民族旅游性质演变及其随之而来的赋权和可持续性动力的方面的系统研究。Higgins 等（2014）[3] 基于社会建构的视角发现，文化差异、期望差异、沟通不畅是造成澳大利亚土著旅游规划失败的政策过程失败的原因，而创造性的、对话式的跨文化管理是解决的方法路径。此外，相关研究关注到土著旅游发展的反思[4]、社区旅游发展的资产评估及能力建设[5]、社区旅游参与及获益[6]、生态旅游发展与意识转变[7] 等方面。

[1] Whitford M Ruhanen L. Australian indigenous tourism policy: Practical and sustainable policies ? [J]. Journal of Sustainable Tourism,2010,18(4): 475–496.

[2] Weaver D. Indigenous tourism stages and their implications for sustainability[J].Journal of Sustainable Tourism,2010,18(1):43–60.

[3] Higgins-Desbiolles F,Trevorrow G, Sparrow S. The Coorong Wilderness Lodge: A case study of planning failure in Indigenous tourism [J].Tourism Management, 2014,44 (13) :46–57.

[4] Ruhanen L, Whitford M, McLennan C L. Indigenous tourism in Australia: Time for a reality check[J]. Tourism Management,2015, 48(6):73–83.

[5] Bennett N, Raynald H L, Koster R, et al. A capital assets framework for appraising and building capacity for Tourism development in aboriginal protected area gateway communities[J].Tourism Management,2012,33(4):752–766.

[6] Strickland M J, Moore S. Indigenous involvement and benefits from tourism in protected areas: a study of Purnululu National Park and Warmun Community, Australia[J].Journal of Sustainable Tourism, 2013,21(1): 26–41.

[7] Higgins D F. Indigenous ecotourism's role in transforming ecological consciousness[J].Journal of Ecotourism,2009,8(2):144–160.

（2）社区居民的视角

此部分主要运用了社会交换和社会资本两个理论视角。在社会交换理论的运用中，Nunkoo 等（2012）[1] 在早期的研究中证实了社会交换理论和认同理论在解释岛屿经济中社区对旅游业支持的相关性；随后，Nunkoo（2016）[2] 发现居民对旅游业的支持程度受其旅游积极影响感知的影响，居民的权力和对政府的信任显著地预测了自身的生活满意度和对旅游积极影响的感知，旅游个人获益显著地影响了居民对旅游业的正面和负面影响的看法。

社会资本（Social capital theory）是通过相对资源的占有来理解居民及相关利益群体之间的社会交往重要视角。Liu 等（2014）[3] 将社会资本的理论视角融入社区生态旅游（CBET）发现，经济效益直接影响居民的亲环境行为，而作为认知的和非结构性的社会资本起部分中介作用，高水平的社会资本在认知层面的变异，有助于鼓励居民的亲环境行为。Park 等（2012）[4] 基于二元逻辑回归模型发现了水果、蔬菜和稻农等经营旅游活动项目的社区居民及其游客是最具有社会资本关联的群体，认为政府政策方案有助于增加社会资本，通过参与旅游业管理社区冲突。

3. 社区参与

此部分内容涉及“社区参与的必要性”“社区参与的可行性”“社区参与的反思”三个方面。

（1）社区参与的必要性

刘纬华最早从理论层面对社区参与旅游进行了研究，认为我国社区参与不足源于居民民主意识淡薄、经济发展水平低、管理人员的知识和观念等方面的因素[5]。在社区参与必要性的基础上，黄芳（2002）[6]、李东和（2004）[7] 等进行了进一步的探讨。

[1] Nunkoo R, Gursoy D. Residents' support for tourism: An Identity Perspective[J]. Annals of Tourism Research,2012,39(1): 243 - 268.

[2] Nunkoo R, So K. K. F. Residents' Support for Tourism: Testing Alternative Structural Models[J].Journal of Travel Research,2016,55(7) :847 - 861.

[3] Liu J Y, Qu H L, Huang D Y, et al. The role of social capital in encouraging residents' pro-environmental behaviors in community-based ecotourism[J].Tourism Management, 2014, 41 (4):190-201.

[4] Park D B, Lee K W, Choi H S, et al. Factors influencing social capital in rural tourism communities in South Korea[J].Tourism Management,2012, 33 (6):1511-1520.

[5] 刘纬华 . 关于社区参与旅游发展的若干理论思考 [J]. 旅游学刊 ,2000,15(1):47-52.

[6] 黄芳 . 传统民居旅游开发中居民参与问题思考 [J]. 旅游学刊 ,2002,17(5):54-57.

[7] 李东和 . 区域旅游业发展中目的地居民参与问题研究 [J]. 人文地理 ,2004,19(3):84-88.

（2）社区参与的可行性

此部分研究源于对中国与西方居民社区参与旅游发展的差异及其深层次原因。保继刚（2006）认为，主导力量、利益点追求、利益主体参与动机和力量平衡的不同是中国和西方社区参与差异的主要原因，深层次原因为旅游发展阶段、民主化进程以及第三方组织发育程度不同。孙九霞（2006）认为社区参与是一个从缺失到凸显的过程，以往的社区参与旅游仍是旅游的发展而非社区的发展，社区的真正参与需要在外界的指导下寻找合适的路径，利益相关者之间的关系合理协调才能凸显社区主体地位。

（3）社区参与的反思

针对社区参与的实践效果，相关研究意识到，尽管社区参与旅游发展一定程度上有助于解决旅游社区与开发商之间的矛盾冲突，但是在大多数情况下，只能在社区计划和规划等小范围内得以实现，社区利益多数时候都仍被开发商或政府所控制，主体多处于无权状态。据此，左冰（2008，2009）[1-2]提出了社区参与转向社区增权的转向，认为社区参与不仅是经济和技术过程，也是一个政治过程，强调增权是社区得以可持续发展的关键前提，社区增权需要打破旅游发展过程的权利关系的不对等，增强社区权能，在产权的明晰、信息和教育等方面的增权是解决问题的关键所在。

## 三、民族旅游社区“家”研究综述

### （一）文献期刊分布情况

选取共被引频次≥10的期刊作为研究对象，从表2-5来看，共有20个期刊入选，且入选期刊均为SSCI源刊。共被引排名前5的分别是ATR（119）、TM（79）、TG (58)、JTR (66)、CIT (44)，且共被引频次均在40次以上，其中，ATR（119）的共被引超过100次，显示了ATR在西方旅游情境下“家”的研究中具有重要地位。除了传统的旅游类期刊外，前20位期刊中还出现了管理学类（JBR、AMR）和地理学类（TIBG、TVEESG）的期刊，一定程度上也说明"家"的研究可从多学科来进行切入。

[1] 左冰，保继刚．从“社区参与”走向“社区增权”——西方“旅游增权”理论研究述评[J]．旅游学刊，2008,23(4):58-63.

[2] 左冰．旅游增权理论本土化研究——云南迪庆案例[J]．旅游科学，2009,23(2):1-5.

表 2-5 民族旅游社区“家”的研究共被引期刊

| 序号 | 英文期刊名称 | 共被引频次 |
| --- | --- | --- |
| 1 | Annals of Tourism Research(ATR) | 119 |
| 2 | Tourism Management(TM) | 79 |
| 3 | Tourism Geographies(TG) | 58 |
| 4 | Journal of Travel Research(JTR) | 66 |
| 5 | Current Issues in Tourism(CIT) | 44 |
| 6 | International Journal of Tourism Research(IJHS) | 30 |
| 7 | Leisure Studies(TS) | 29 |
| 8 | International Journal of Hospitality Management（IJHM） | 26 |
| 9 | Journal of Sustainable Tourism(JST) | 25 |
| 10 | Scandinavian Journal of Hospitality and Tourism（SJHT） | 23 |
| 11 | Tourist Studies(TS) | 18 |
| 12 | Tourism Recreation Research（TRR） | 15 |
| 13 | Journal of Rural Studies （JRS） | 13 |
| 14 | Asia Pacific Journal of Tourism Research（APJTR） | 13 |
| 15 | Journal of Business Research（JBR） | 12 |
| 16 | Academy of Management Review(AMR) | 11 |
| 17 | Transactions of the Institute of British Geographers（TIBG） | 11 |
| 18 | International Journal of Contemporary Hospitality Management（IJCHM） | 11 |
| 19 | Journal of Travel & Tourism Marketing（JTTM） | 10 |
| 20 | Tijdschrift Voor Economische En Sociale Geografie（TVEESG） | 10 |

## （二）研究内容的发展动态

基于年份对关键词进行统计分析，得到国外“家”的研究高频关键词研究热点列（见图 2-2、表 2-6）。选取关键词的共被引≥ 4 的高频关键词作为分析对象，共计 17 个高频关键词入选。从图 2-2 可以看出，旅游背景下“家”的研究主要集中在“second home”“migration”“travel”“identity”“motivation”等高频词，结合文献排名前 17 的共现词频（见表 2-6），对近 20 年“家”的研究主题和内容的发展动态进行分析。

图 2-2 民族旅游社区“家”研究共被引高频词的可视化图谱

表 2-6 民族旅游社区“家”的研究共被引高频词

| 序号 | 被引频次 | 中心性 | 年份 | 关键词 |
|---|---|---|---|---|
| 1 | 55 | 0.88 | 2007 | tourism |
| 2 | 18 | 0.15 | 2007 | second home |
| 3 | 10 | 0.09 | 2015 | migration |
| 4 | 10 | 0.15 | 2013 | travel |
| 5 | 8 | 0.06 | 2015 | identity |
| 6 | 8 | 0.20 | 2014 | motivation |
| 7 | 7 | 0.11 | 2015 | experience |
| 8 | 7 | 0.05 | 2013 | home |
| 9 | 7 | 0.19 | 2014 | impact |
| 10 | 6 | 0.07 | 2014 | place |
| 11 | 5 | 0.26 | 2014 | life |
| 12 | 5 | 0.11 | 2015 | mobility |
| 13 | 5 | 0.04 | 2015 | second home tourism |
| 14 | 4 | 0.10 | 2012 | culture |
| 15 | 4 | 0.00 | 2013 | leisure |
| 16 | 4 | 0.03 | 2016 | memory |
| 17 | 4 | 0.22 | 2015 | perspective |

### 1. 起步阶段（2007 年之前）

此阶段为研究的初期，此阶段都只有零星几篇文献发表。最早被共被引的关键词为“second home”，该词中心性为 0.12，共被引次数为 18，相关研究也显示，研究多从此视角切入。进一步看，“geography”（又细分为“world”“culture”）和“impact”（又细分为“model”“management”“motivation”“China”“tourism”）是研究“second home”的重要切入点。

2. 缓慢发展阶段（2008—2013 年）

此阶段整体发展比较缓慢，但在前一阶段研究的基础上，形成了具有一定影响力的关键词。出现了“culture”(共被引为 4，中心性为 0.1)和“leisure”(共被引为 4，中心性为 0.0)，以及“travel”（共被引为 10，中心性为 0.15）3 个新的共被引关键词，其中，“travel”的综合影响力最高，“culture”的中心性也超过了 0.1。具体来看，“travel”与“experience”、“identity”、“return”、“memory”及“immigrant”等关键词与之形成了共被引关系网络；“identity”“migration”“world”“geography”“innovation”“hospitality”等关键词与“culture”形成了共被引关系网络。

3. 快速发展阶段（2013—2017 年）

此阶段涌现出一系列高共被引频次和中心性较强的关键词汇。从被引频次来看，“migration”(10)、“identity”(8)、“motivation”(8)、“experience”(7)、“impact”(7)、“place”（6）的共被引频次都较高。而“life”“perspective”“motivation”3 个关键词的中心性超过了 0.2，影响力显著；“impact”“experience”“mobility”的中心性超过 0.1，影响力次之。此外，“migration”的中心性也接近 0.1，也具备一定的影响力。

## （三）主要研究内容

国内外关于“家”的研究主要集中于第二家庭旅游、访亲（乡）旅行、家庭关系、家庭地位与角色、家庭生计、家庭旅游微企以及“家”的空间 7 个方面的研究。

1. 第二家庭旅游

第二家庭旅游被看作是连接旅游业和移民及度假的国际现象，也是旅游体验的重要组成部分[1]。此部分内容最早源于 Cohen(1974)对旅游者的研究[2]。在全球化和居民流动性加强的背景下，Muller(2004)[3] 认为以往对第二家庭旅游的研究多是从社会、经济和政治分析过程中抽象出来的简单结论，有必要从

[1] Hall C M, Williams A M Tourism and Migration: New Relationships between Production and Consumption [M].Dordrecht: Kluwer,2002.

[2] Cohen E. Who is a tourist? A conceptual clarification[J].Sociological Review,1974,22 (4): 29.

[3] Mü ller D K. Mobility, tourism and second homes[M]. Oxford:Blackwell Publishing Ltd, 2004.

生产、消费及监管过程中的影响进行研究，如家园依恋、身份认同和家庭观念等问题，因为第二家庭旅游不仅是移民或旅游议题，也是维持家庭根基和传统的重要表现。

Wong 等（2014）[1] 将研究主体转向退休旅游者，他基于 Pearce 的旅行生涯阶梯 (Travel Career Ladder，TCL)，在国际退休旅游者的研究中发现，这类群体的动机集中在自我满足的需要，包括了有意义的第二人生、积极的即时想法、中心旅行地点、食物的多样性、平静和简单的生活、政治的稳定和安全，以及沟通的便利等方面，且不同的动机主题对应不同的旅行生涯阶梯结构。同时，Wong 等（2015）[2] 进一步指出，在全球老龄化人口的增加刺激了对国际退休旅行的需求的背景下，第二家庭旅游中针对退休人员研究较少，有必要在推广第二家旅游中注意规章制度不明确、官员不专业、邮政服务不可靠、银行程序不规范等有关的新挑战。

此外，Marjavaar（2009）[3] 利用位移理论 [4]（Displacement theory）的研究表明，随着永久性住房的增加，目的地住房的评估价值不断增加，使得人口得以增加，但尚无证据显示因第二家庭需求导致的当地居民流离失所的现象能通过地理规律解释。Bieger 等（2007）[5] 对自助式住宿业主的研究发现，目的地业主对第二套住房的自我概念和概念也因年龄而异，第二套住房的出租程度取决于第二套住房的购买时间和业主的年龄。

2. 访亲（乡）旅行

访乡旅游（The Visiting Friends and Relatives form of tourism ，VFR Tourism）源于营销学领域，是一种兼具了拜访亲戚朋友，并了解当地社会文化的一种旅游形式 [6]。随着社会学领域的“展演转向”，访乡旅游被描述为一种将旅游与

[1] Wong K M, Musa G. Retirement motivation among “Malaysia My Second Home” Participants[J]. Tourism Management,2014 ,40 (2) :141–154.

[2] Wong K M, Musa G. Challenges of international retirees in second home destination: A phenomenological analysis[J]. Tourism Management Perspectives, 2015, 15 (7):81 – 90.

[3] Marjavaar R. The Displacement Myth: Second Home Tourism in the Stockholm Archipelago[J].Tourism Geographies,2007,9(3): 296 – 317.

[4] 在弗洛伊德的心理学中，位移是一种无意识的防御机制，大脑会以一种新的目标或新的目标来替代原有的目标，从而使其变得危险或不可接受。

[5] Bieger T, Beritelli P, Weinert R. Understanding second home owners who do not rent: Insights on the proprietors of self–catered accommodation[J].Journal of Hospitality Management, 2007, 26 (2):263 – 276.

[6] Larsen J, Urry J, Axhausen K. Networks and tourism: Mobile social Life[J].Annals of Tourism Research, 2007,34(1):244 – 262.

移民联系起来，涉及两个“家庭”之间的旅游类型[1]。Larsen 等（2007）批判了部分研究忽略了旅游与社会网络的关联性，否定了社会性和有形性共存的问题，而通过拜访及接待亲朋好友的访乡旅游就是通过义务和乐趣实现关联，因为旅游并不是孤立的“异国岛屿”，而是一组重要的社会关系。

在旅游研究的“流动性转向”（mobility turn）背景下，旅游业与跨国移民之间相互日益紧密，学者们开始关注到跨国移民返乡旅游的研究。在访乡旅游研究的基础上，Pearce（2012）[2]提出了访乡旅游（Visiting Home and Familiar Places，VHFP）的概念，VHFP 是指个人回到过去生活中重要和熟悉的地方的经历，此概念与 VFR 研究相关，但概念上独立于 VFR 研究。Hung 等（2013）[3]对移民回到祖籍地进行旅游的意义和动态进行了归纳分析，发现社会资本在移民的旅行决策中起着至关重要的作用，对新社会的适应程度也影响着移民的出行决策。此外，繁忙的工作日程、经济状况和家庭义务是移民返回原籍地的阻碍因素之一，因为这些旅行限制降低了他们保持旅行频率的能力，从而对他们的社会资本和文化适应产生负面影响。Marschall（2017）[4]以南非跨国移民到非洲大陆原籍国的短暂旅程为研究对象，探讨了跨国移民回国的动机、主观体验和意义。研究发现，记忆和比较总是巩固了祖国的经历、与家庭的接触，以及与社会关系的接触，这就产生了新的见解，有时还会产生“小顿悟”(Pearce，2012)，这会导致自我反省、自我改造的经历和意识的转变，影响移民的归属感。

3. 家庭关系

社会学是家庭关系研究的主要视角。廖婧琳等（2015）[5]发现，旅游作为主要驱动力，西江苗寨传统家庭在家庭结构、夫妻权利、彩礼和嫁妆、亲属关系等发生了多样化改变，传统苗族家庭从一种单一性向复杂性迈进，这主

[1] Williams A, Hall C. Tourism and migration: New relationships between production and consumption. Tourism Geographies,2000,2(1):5 - 27.

[2] Pearce P L. The experience of Visiting Home and Familiar Places.[J]. Annals of Tourism Research, 2012, 39(2):1024–1047.

[3] Hung K, Xiao H G, Yang X T. Why immigrants travel to their Homelamds: Social capital and acculturation perspective[J].Tourism Management, 2013, 36 (22):304–313.

[4] Marschall S. Transnational migrant home visits as identity practice: The case of African migrants in South Africa[J]. Annals of Tourism Research,2017, 63 (5):140 - 150.

[5] 廖婧琳，孙九霞．旅游发展与少数民族家庭变迁：从单一性到复杂性 [J]. 贵州社会科学 ,2015,305(5):114–119.

要是因为在旅游影响下，个体在旅游情境下通过保留传统文化、适应现代文化，并与他人互动而逐渐形成的。

陶长江等（2014）[1] 从微观层面出发的研究发现，乡村旅游一方面使得传统农民外出务工而改变的家庭关系得以改善，另一方面也加剧了村民家庭价值观矛盾；旅游对亲子、夫妻等家庭内部关系有促进作用，对邻里关系有阻碍作用。

在家庭婚姻的研究方面，王伯承等（2011）[2] 认为民族旅游地家庭婚姻习俗是反映目的地社会文化变迁的指标，通过历时性比较分析方法考察了旅游情境下贵州朗德苗寨家庭婚姻习俗变迁的影响，发现民族传统文化生态的自我维持、旅游对文化认同的强化，以及传统的“工分制”的社区参与方式使得旅游开发对目的地家庭婚姻习俗的影响是局部的、非主流的。而张利（2008）[3] 认为，旅游发展使得泸沽湖地区走着承继与变迁、传统文化与现代文化并存的二元结合的路子，即旅游发展一方面巩固了泸沽湖地区传统婚姻家庭特质的承继，另一方面使得传统观念变化引起摩梭人传统婚姻家庭的变迁，二元结合的路子源于摩梭人在面对旅游经济发展过程中的一种内源性自我选取。

少量研究从经济学视角对家庭参与旅游进行研究。郑秀娟等（2014）[4] 的研究发现，家庭经济的变化除了受到地方政策的影响外，也受制于家庭观念、成员特点及性别结构等家庭特征的影响，在旅游参与过程中获益较多的家庭分别为传统型的母系民族家庭、见识多文化高成员的家庭，以及男性成员较多的家庭。

**4. 家庭地位与角色**

随着旅游业的逐渐发展过程中女性作用的凸显，女性成为家庭研究的重要视角，此部分内容主要分为家庭权利和决策模式，以及社会地位和角色。

---

[1]　陶长江，付开菊，王颖梅．乡村旅游对农村家庭关系的影响研究——成都龙泉驿区石经村的个案调查 [J]. 干旱区资源与环境 ,2014,28(10):203-208.

[2]　王伯承，吴晓萍．民族旅游与目的地婚姻家庭习俗变迁调查研究——以贵州省郎德上寨为个案 [J]. 原生态民族文化学刊 ,2011,3(3):147-155.

[3]　张利．四川泸沽湖摩梭旅游经济发展与婚姻家庭的承继与变迁 [J]. 贵州民族研究 ,2008,28(2):148-155.

[4]　郑秀娟，陈刚．民族文化旅游发展中家庭参与度解析——以云南泸沽湖地区为例 [J]. 黑龙江民族丛刊 , 2014,130 (3) :53-57.

（1）家庭权利和决策模式

唐雪琼等（2009）[1]对泸沽湖地区的两个摩梭旅游村寨的对比研究发现，由于掌握的资源不同与社会文化规范的影响，摩梭社区家庭权利由老年女性向年轻女性转移，权利模式呈多样化特点。张丽（2015）[2]的研究发现，妇女家庭地位的提升与个人收入、家庭收入和学历等人口特征呈正向关系，但各个阶段年龄与妇女家庭地位影响无显著规律；随着旅游参与时间的增加，妇女家庭地位也随之增加，且旅游参与方式与年龄共同影响妇女家庭地位，此外，旅游开发程度高的民族社区妇女家庭地位整体较高。孙九霞等（2016）[3]发现，旅游使得家庭中两性所承担的家务劳动发生了变化，女性家务劳动的参与份额在下降，两性在家庭内的地位渐趋平等，多元化家务分工出现源于女性在旅游发展过程中经济资源的获取、性别平等理念，以及女性时间意识的觉醒，折射出了家庭内权利与性别关系的变迁。

此外，魏雷等（2012）[4]则关注到摩梭家屋的男性，认为旅游发展使摩梭家屋形态维系稳定，从制度上得以延续，而男性在这一过程中扮演了极其重要的角色。

（2）社会地位和角色

在家庭地位与社会地位变迁对比中，陶长江等（2016）[5]指出，旅游情境下客家对妇女家庭地位变迁的影响强度大于社会地位变迁，且更易于被感知；妇女地位的改变与旅游参与方式无明显影响，与生计、自由空间和家庭分工的改变有关。阚如良等（2014）[6]发现，民族文化遗产旅游为妇女创造了本土就业机会，增加了更为直接的显性收入，提升了妇女在家庭的劳动地位和决策地位，引发了妇女消费观念、职业理念，以及生活方式、社会互动模式的

[1] 唐雪琼，朱竑，薛熙明旅游发展对摩梭女性的家庭权力影响研究——基于泸沽湖地区落水下村和开基村的对比分析 [J]. 旅游学刊，2009,24(7):78-83.

[2] 张丽 . 旅游参与对民族社区妇女家庭地位影响的研究——西部 3 个典型民族旅游社区为例 [D]. 西安：陕西师范大学，2015.

[3] 孙九霞，廖婧琳 . 旅游参与对少数民族两性家庭分工的影响——以西江千户苗寨为例 [J].2016,42(1):105-110.

[4] 魏雷，唐雪琼，朱竑 . 旅游发展影响下的摩梭家屋形态——基于男性角色的考察 [J]. 云南师范大学学报（哲学社会科学版），2012,44(3):57-62.

[5] 陶长江，郭凌，林瑶 . 旅游发展下客家妇女的地位变迁研究——成都龙泉洛带古镇的个案调查 [J]. 旅游学刊，2016,31(10):94-104.

[6] 阚如良，史亚萍，Hsiang-te K，等 . 民族文化遗产旅游地妇女社会角色变迁研究——以三峡步步升文化村为例 [J].2014,29(4):19-27.

变化，妇女社会角色变迁为更为复杂的社会身份。张巧风（2016）[1] 发现，旅游发展后，女性居民社会角色由单一到多元化转变，职业关联和类别、陪嫁习俗、婚恋观、生育观、教育观均发生了不同程度的变化，但也存在从业女性幸福感与社会角色冲突的痛苦并存的结构性矛盾。

上述研究多从社会学角度展开研究，国珈（2014）[2] 则从积极心理学视角对桃坪羌寨妇女社会幸福感研究并发现，案例地女性幸福感总体水平较高，年龄差异对社会幸福感的影响较为显著，学历差异、家庭收入与社会和谐呈正相关。不同类型的妇女群体的幸福感在学历、旅游工作类型和旅游时间的变量达到了显著水平。

5. 家庭生计

相关研究多关注旅游与生计资本的关系，比如，张丽琼（2016）[3] 发现，旅游发展后农户生计策略组合差异大，多样化指数不高，生计资本对生计变化的认知在区域之间及区域内部均存在差异，金融资本、人力资本和物质资本是影响农户旅游感知的主要因素，而自然资本、社会资本与农户旅游感知的关联度较弱。

贺爱琳等（2014）[4] 认为农户传统生计方式由单一变为多样化变迁，社区农业生产功能衰退，农户向旅游经营和务工结合转化，重构形成六种不同理性偏好共存的生计模式，农户的生计资本储量和组合形式也随之而变，农户原有的生计环境得到改善。

此外，在生计变化研究中，陈佳等（2017）[5] 认为旅游发展背景下，农户生计策略均由传统农业生计方式向新型旅游经营主导生计转型，农户的金融、物质、社会资本提升明显；由于资源开发和管理模式不同，农户生计资本多样性与社区旅游效应存在差异。而资源差异与社区基础是农户生计变化、社

[1] 张巧风 . 旅游发展对女性居民社会角色变迁影响研究——基于栾川重渡沟的调查 [D]. 开封 : 河南大学 ,2016.

[2] 国珈 . 旅游参与对少数民族妇女社会幸福感的影响以四川桃坪羌寨为例 [D]. 西安 : 陕西师范大学 ,2014.

[3] 张丽琼 . 旅游发展对乡村社区和农户生计的影响研究——基于陕西三个乡村旅游社区的比较分析 [D]. 西安 : 西北大学 ,2016.

[4] 贺爱琳 , 杨新军 , 陈佳 , 王子侨 . 乡村旅游发展对农户生计的影响——以秦岭北麓乡村旅游地为例 [J]. 经济地理 ,2014,34(12):174-181.

[5] 陈佳 , 张丽琼 , 杨新军 , 等 . 乡村旅游开发对农户生计和社区旅游效应的影响——旅游开发模式视角的案例实证 [J]. 地理研究 ,2017,36(9):1709-1724.

区影响的原动力，政府角色、社区（企业）作用与农户利益是旅游开发管理的核心。

### 6. 家庭旅游微企

在对乡村旅游地家庭小微企业的研究中，李星群（2011）[1] 认为乡村微型旅游企业对当地家庭的影响涉及家庭成员、经济、后代以及个人兴趣四个方面，乡村微型旅游企业不仅使得家庭收入多样化和收入水平的提高，也促进了家庭的和谐和女性地位的提升。相关研究者关注到了家庭小微企业的代际传承问题，文彤（2017）[2] 发现，“家业永续”的传承目标使得中国传统家庭企业通过集体主义这一利他思想实现了家庭与企业内在利益的一致，“父慈”与“子孝”的家庭伦理互动产生了代际间的信任，保障了代际传承过程的顺利与流畅，同时，扩大化的家庭关系网络不仅是家庭成员情感和物质上相互依存的基础，更成为家庭企业联合经营并不断壮大家族共有财产的重要动因与保障力量。

文彤等（2017）[3] 进一步发现，旅游小企业一方面通过深层次的关系性嵌入将其强关系资本转化为经济优势，另一方面借助结构性嵌入实现对外经济合作，互惠互利的弱关系促成了更稳定、更具规模的经营业绩，这不但表现出地方嵌入中旅游小企业的社会理性，也反映了经济制度中关系因素所起到的保障作用，因此，“制度是关系凝固化的结果，关系则是制度追求的目标”成为地方嵌入中旅游小企业“关系—制度”框架的内在逻辑与机制。

### 7. “家”的空间

国内以“家”空间为主题的研究文献较少，少数几篇文献主要集中在商业化家空间的研究。张机等（2016）[4] 认为民族旅游地居民家空间的主客角色互动过程中均存在角色内和角色间的冲突现象，本质上反映了居民对经济利益的诉求，以及主客在“家”空间中的地位与权利关系。郑诗琳等（2016）[5] 解读了兼具居住和商业化的傣家乐内部空间重构过程、动因及其对空间内涵

[1] 李星群 . 民族地区乡村微型旅游企业对家庭的影响研究 [J]. 广西民族研究 ,2011,104(2):190–195.

[2] 文彤 . 家文化视角下本土旅游小企业的代际传承 [J]. 旅游学刊 ,2017,32(8):93–103.

[3] 文彤 , 苏晓波 . 关系与制度 : 地方嵌入中的旅游小企业 [J]. 旅游学刊 ,2017(10):39–46.

[4] 张机 , 徐红罡 . 民族旅游地区家空间的主客角色冲突研究——以丽江白沙村为例 [J]. 地理科学 ,2016,36(7):1057–1065.

[5] 郑诗琳 , 朱竑，唐雪琼． 旅游商业化背景下家的空间重构——以西双版纳傣族园傣家乐为例 [J]. 热带地理 ,2016,36(2):225–236.

的影响并发现，“家”空间的重构是主客之间相互协商的产物，主客在“家”空间的身份展演及其空间认知的变化使得家成为多元化、复杂化的社会空间。陆依依等（2018）[1] 关注到城市边缘区域的民族社区中的“家”向“商业的家”的演变过程和结果，研究认为演变过程中几乎没有私人空间与商业空间不清晰的阶段，且边界越来越严格，但这种与远离城市乡村中“商业的家”存在差异。

## 四、民族旅游社区“空间”研究综述[2]

### （一）社会空间

#### 1. 居住空间与社会空间

相关研究通过居住空间来窥探社会空间的格局、特征和作用机制。吴骁骁（2015）[3] 从居住空间物质属性和主体的社会属性分析和构建了旅游发展背景下周庄古镇的居住社会空间结构模型，发现案例地居住社会空间经历了延续、蔓延发展和快速变化三个阶段，因现代民居向古镇外围扩散与传统民居的对比，以及居民主体均质化的社会空间格局消解，周庄古镇社会空间呈现不同阶层群体混住和类城市转变的特征，制度、政府和游客的相互作用是背后的作用机制。欧阳文婷等（2017）[4] 对不同主导模式下的乡村旅游地社会空间研究发现，由于缺乏对原住居民生活空间的有效管理，公司主导模式下案例地社会空间呈不平等特征，但因经济效益共享机制的建立使得村集体主导模式下的社会关系网络得到良性发展。杨兴柱等（2018）[5] 对千岛湖镇旅游地聚居空间特征及其社会效应研究发现，千岛湖镇聚居空间呈现圈层结构分布模式，空间内部社会阶层与社区居住分异度成反比，旅游发展使得聚居空间

[1] 陆依依，保继刚．城市边缘区域“家”到“商业的家”的空间演变——以西双版纳景洪市为例 [J]. 人文地理，2018,33(3):145-151.

[2] 由于民族社区旅游领域的空间研究较少，因此此处综述将乡村旅游、古镇、古村落的相关研究纳入文献综述对象。

[3] 吴骁骁．旅游发展背景下周庄古镇居住社会空间变迁及其形成机制研究 [D]. 芜湖：安徽师范大学，2015.

[4] 欧阳文婷，吴必虎．旅游发展对乡村社会空间生产的影响——基于开发商主导模式与村集体主导模式的对比研究 [J]. 社会科学家，2017,240(4):96-102.

[5] 杨兴柱，孙井东，陆林，等．千岛湖旅游地聚居空间特征及其社会效应 [J]. 地理学报，2018,73(2):276-294.

社会分异、传统社会关系裂变分化，聚居满意度、社会交往和社会融合随之受到影响，社区居住满意度存在明显的空间差异。

2. 社会关系空间

在探讨社会网络变化对社会空间变迁影响过程中，赵选贤（2015）[1] 发现丽江古城旅游发展前社会空间呈强关系、同质性的特征，而发展后呈弱关系、异质性的特征，随着居住空间逐渐被旅游空间代替，原住居民社会空间由核心区向外围区扩散。孙九霞等（2013）[2] 在对旅游与村寨传统社区空间的关系进行研究也发现，在多元主体的塑造下，村寨社会空间和社会关系发生变迁，而村寨空间生产主体性的保证需要保持完整而稳固的社会结构。

姜辽（2014）[3] 进一步研究发现，周庄古镇人口流动经历了零星到来、持续增加和相对稳定三个阶段，旅游发展背景下古镇社会关系与社会空间转换规律表现为多元主体角色扮演、同一主体对社会空间的不同利用、转换形成多样性的社会关系。孙九霞等（2014）[4] 认为，空间生产的主体不只是传统社区的建构者，游客也是空间生产的主体，相关利益主体通过对社区土地的占有成为空间的直接生产者，社区冲入多发源于生产主体多元化、目标与行为的错位化。总之，公司主导模式下社会空间的呈不平等特征，而经济效益共享机制的建立使得村集体主导模式下的社会关系网络得到良性发展[5-6]。

## （二）景观空间

空间景观是基于其所在地域内人类活动而形成的景观总和[7]，相关研究多基于空间生产理论来展开。赵敏（2015）[8] 对丽江古城文化景观空间生产研究发现，以政权统治为代表的核心统治力量是旅游挤出前的主导力量，而资本与权力合力则是挤出后的主导力量，同时，多元主体参与旅游挤出效应过程

[1] 赵选贤 . 基于社会网络的丽江古城社会空间变迁研究 [D]. 昆明 : 云南大学 ,2015.

[2] 孙九霞 , 苏静 . 多重逻辑下民族旅游村寨的空间生产——以岜沙社区为例 [J]. 广西民族大学学报（哲学社会科学版）,2013,35(6):96-102.

[3] 姜辽 . 旅游发展背景下周庄古镇社会空间变迁研究 [D]. 芜湖 : 安徽师范大学 ,2014.

[4] 孙九霞 , 苏静 . 旅游影响下传统社区空间变迁的理论探讨——基于空间生产理论的反思 [J]. 旅游学刊 , 2014, 29(5):78-86.

[5] 赵选贤 . 基于社会网络的丽江古城社会空间变迁研究 [D]. 昆明 : 云南大学 ,2015.

[6] 陈贤斐 . 权力视角下鼓浪屿旅游空间生产研究 [D]. 泉州 : 华侨大学 ,2017.

[7] 龚伟 . 空间视野下的乡村旅游社区演化研究 : 以 Q 村和 Y 村为例 [D]. 上海 : 华东师范大学 ,2014.

[8] 赵敏 . 旅游挤出效应下的丽江古城文化景观生产研究 [D]. 昆明 : 云南大学 ,2015.

中，古城空间文化景观生产呈现“稳中有变”“稳中求活”“稳中求新”的特点。龚伟等（2014）[1]基于演化经济学视角，指出乡村旅游社区景观空间演化经历了旅游景观空间形成之前阶段、旅游景观空间形成阶段、旅游景观空间发展阶段和旅游景观空间锁定（或创新）阶段等四个阶段，景观空间的演化源于遗传和变异的内因机制，起点状态及关键事件的外因机制的共同驱动，演化机制呈阶段性差异和路径依赖演化的特征。施映（2015）[2]认为古村落空间景观因资源、开发和发展因素等原因存在差异，主要受以地方政府决策为核心的七种因素的影响，且各个因素间存在关联。翟向坤等（2017）[3]对乡村旅游地文化景观失忆的表现和原因的研究发现，现实层面呈物质文化景观的模糊、非物质文化的功利气息的特征，在旅游的形塑下整体意向模糊、而固有特性、政府主导和居民参与有效性不足，以及城市化是导致文化景观失忆的原因。

但是，上述研究均是基于景观空间的客观层面的研究，忽略了主体的认知，基于此，黄燕等（2016）[4]分析了不同利益主体景观价值感知的空间构成、分布及差异，发现主体感知价值空间呈非均匀分布特征，相似性和差异性并存，其反映了景观特征、群体互动、情感联结和功能依赖等的差异。

### （三）商业空间

商业空间的生产涉及旅游产品与乡村空间内在共生性特征、业态变迁、从业者特征及其空间背后的博弈机制展开。宗晓莲（2005）[5]是国内较早将空间生产理论运用到旅游地空间商品化的研究中的学者，文章认为旅游情境下旅游地的价值源于主体对符号的制造与运用，通过将地方意向转变为可消费的商品，进而提高商品的交换价值，旅游生产系统与游客对地方生产与消费，共同构成了旅游地空间商品化过程与结果。戴政（2017）[6]分析了旅游商业空间与文化展示和传承、旅游消费和产业发展共融共生的相互关系，基于此，

[1] 龚伟，赵中华．乡村旅游社区景观空间演化研究 [J]. 世界地理研究，2014,23(3):140–148.

[2] 施映．旅游影响下宏村、西递村镇空间景观发展研究 [D]. 昆明：昆明理工大学，2015.

[3] 翟向坤，郭凌，张晓，等．旅游空间生产语境下的乡村文化景观失忆与重构研究：以成都市红砂村乡村旅游发展为例 [J]. 湖北民族学院学报（哲学社会科学版），2017,35(2):101–105.

[4] 黄燕，赵振斌，张铖，等．旅游社区价值空间构成与人群差异 [J]. 旅游学刊，2016,31(9):80–90.

[5] 宗晓莲．旅游地空间商品化的形式与影响研究——以云南省丽江古城为例 [J]. 旅游学刊，2005,20(4):30–36.

[6] 戴政．基于文化消费的袁家村旅游商业空间生长模式研究 [D]. 西安：西安建筑科技大学，2017.

探讨了旅游空间的特征，最后结合文化产品及其空间布局提出了空间生长性及规划模式，但是该研究仅仅是对旅游商品及其空间布局的表象探讨。

王丹丹(2017)[1]对从数量、结构、空间分布以及企业主体等静态特征出发，对旅游发展背景下宏村旅游业态变迁演变进行了研究并发现，旅游业态呈现空间范围扩大、数量增加、业态升级、外来投资增加的特征，旅游业态变迁的动力源自旅游者行为特征，推力来自政府与景区的调控；而外因和内因则来自外来经营者的迁入和对业态的理性调整。徐晓波等（2016）[2]则从从业主体出发关注商业空间生产背后的博弈机制，认为旅游历史街区的演化是以“空间实践”为中心环节的社会建构，从业群体是商业空间发展的主要依托，但非引导力量，三种不同的从业群体类型对应不同业务生产机制，对空间发展的响应也存在差异，总之，旅游历史街区的演化背后是不同主体、不同层次的空间生产相互博弈的总体涌现，存在不对称的利益博弈和不均衡的发展效应。

## （四）空间分异

在空间分异方面，杨洋等（2015）[3]对肇兴侗寨旅游开发影响程度与社会文化差异进行了研究，而且旅游开发影响程度与社会文化差异之间存在正相关的线性耦合，在核心区、过渡区和辐射区等差异空间上呈现出不同的距离效应。吴沛丽（2016）[4]发现，随着旅游影响程度的推进，西江苗寨社会结构和功能由简单和封闭转为复杂和开放，在空间演变规律上呈圈层结构规律。

相关研究开始关注居民的感知与态度的空间分异。杨军辉等（2015）[5]对居民文化补偿认知的空间分异及机制研究表明，尽管受文化距离、旅游关系、旅游影响程度和观念等的共同作用，西江苗寨居民对文化补偿的认知存在空间分异，但不完全遵循“核心—边缘”规律，因为居民的认知还受到文化距离、利益关系、旅游干扰强度和传统价值观等因素综合影响。但是，褚玉杰

[1] 王丹丹．古村落旅游业态特征及变迁研究——宏村为例[D]. 合肥：安徽大学，2017.

[2] 徐小波，吴必虎，刘滨谊，等．基于从业者的旅游历史街区商业空间发展特征及机理——扬州“双东”案例[J]. 地理学报，2016,71(12): 2212–2232.

[3] 杨洋，蔡溢，何立翔，等．旅游开发影响程度判定下民族村寨社会文化差异性研究：以贵州肇兴侗寨为例[J]. 西北师范大学学报(自然科学版)，2015(3):105–111.

[4] 吴沛丽．旅游影响下西江千户苗寨村落群社会结构及其功能时空演变与机制研究[D]. 贵阳：贵州师范大学，2016.

[5] 杨军辉，李同昇，徐冬平．民族旅游村寨居民文化补偿认知的空间分异及机理——以贵州西江千户苗寨为例[J]. 地理科学进展，2015,34(9):1167–1178.

等（2016）[1]结合参与式制图、深度访谈和空间分析法的发现，居民对旅游开发的态度及其差异空间上呈斑状格局，具有明显的地点指向性，遵循“核心—边缘”递减的规律，潜在冲突地点受有传统及特殊空间的多因素影响。可以发现，所在社区的群体差异在空间的分异存在不一致性。

基于上述，郭文等（2015）[2]发现，居民的社会空间感知是一个充满矛盾的结构，因为居民社会空间感知是由“利益关联→价值效能→情感眷恋”由外而内递减的三维度结构构成，且居民在职业、类型，以及参与内容或程度不同的情况下也呈现相同规律。而且，权能不能享有的居民在多个层面存在不同程度的相对剥夺感，部分拥有高旅游参与权能的居民也并不会认同旅游开发，因为旅游发展在居民社会及心理层面的认同感知并未得到深入（郭文，2015；赵选贤，2015）。

### （五）社区空间

以上研究多探讨社会关系与社会空间的关系，只能从社会空间角度看待旅游对社区空间的影响。因此，龚伟（2014）[3]将研究范围扩展到乡村旅游社区，将乡村旅游社区空间划分为将划分为景观、社会和制度三大空间，对空间的演化过程和机制、共演化机制进行了研究发现，在权威、精英和普通村民互动机制作用下，景观、社会和制度空间的演化具有路径依赖的特征和过程，演化过程中又相互影响和作用，演化的动力源于空间的创新。席建超等（2016）[4]对28年以来旅游典型村落——苟各庄村聚落“生产—生活—生态”空间重构和优化进行了研究发现，案例地生产和生活空间逐步减少、复合新型功能空间逐渐增加，旅游型村落空间重构呈乡村聚落空间融合、立体扩张和适度集约的基本特征。

[1]　褚玉杰，赵振斌，张铖，等．旅游社区多群体态度差异和冲突倾向的空间特征——以西安汤峪镇为例[J]．地理学报，2016,71(6):1045-1058.

[2]　郭文，黄震方，王丽．文化旅游地空间生产背景下居民社会空间感知模型与实证研究——基于对周庄古镇的调查[J]．地理研究，2015,34(4): 762-774.

[3]　龚伟．空间视野下的乡村旅游社区演化研究：以Q村和Y村为例[D]．上海：华东师范大学，2014.

[4]　席建超，王首琨，张瑞英．旅游乡村聚落“生产—生活—生态”空间重构与优化——河北野三坡旅游区苟各庄村的案例实证[J]．自然资源学报，2016,31(3):425-435.

### （六）空间与文化保护

桂榕等（2012，2013）[1-2] 认为民族旅游社区“旅游—生活”空间属于文化旅游化保护的空间格局，是地方再造和现代化发展的结果，基于此，作者在进一步研究中提出了由旅游地地理空间、文化空间和社会空间组成的“民族文化旅游空间生产”的概念。郭凌等（2014）[3] 基于文化再生产与空间生产的理论，从物质、制度、精神三个维度切入分析了泸沽湖社区民族文化的生产过程、空间形态及其动力机制。梁坤（2013）[4] 认为“文化自在空间”和“民族自觉空间”是社区居民在参与旅游过程中所存在的二维空间。

## 五、研究述评

（1）旅游影响（或旅游发展）是国内外民族社区旅游研究的核心议题，这为本书的研究领域提供了理论依据。

通过前文对民族社区旅游研究的综述可知，国内外旅游开发与保护、旅游社区参与、旅游可持续性、旅游与村寨文化是国内外民族旅游社区研究的主要研究内容（见图 2-3），从相关研究群组的主要内容来看（附录 3、4）[5]，旅游开发与保护主要内容源于旅游对文化的影响的探讨，旅游社区参与源于旅游的消极影响和发展不足，旅游可持续性多聚焦旅游影响下的社区可持续性发展问题，旅游与村寨文化的研究多从旅游影响的角度出发，基于此，展开文化的体验及其原真性等研究议题。从上述可以发现，国内外民族社区旅游研究中旅游影响研究是其核心议题，这构成了本书研究的立足点和出发点。

（2）尽管相关研究中的指导理论多源于社会学、人类学、经济学或跨学科，但空间视角下的研究却相对较少，这为本书探讨旅游影响下民族社区的空间研究提供了新的切入视角。

结合国内外民族旅游社区研究中的理论共被引关键词来看（见表 2-7），

[1] 桂榕，吕宛青．旅游—生活空间与民族文化的旅游化保护——以西双版纳傣族园为例 [J]. 广西民族研究，2012,109(3):188-195.

[2] 桂榕，吕宛青．民族文化旅游空间生产刍论 [J]. 人文地理，2013,28(3):154-160.

[3] 郭凌，阳宁东，王志章．民族旅游开发与民族文化的空间生产研究——基于对四川省凉山彝族自治州盐源县泸沽湖的个案研究 [J]. 西南民族大学学报（人文社科版），2014,35(2):150-155.

[4] 梁坤．社区参与旅游中的民族文化保护“二维空间”——以傣族园和巴厘岛为例 [J]. 旅游研究，2013,5(3): 33-38.

[5] 相关研究群主的构成源于 citespace 软件的共被引关键文献整理而得。

社区参与、社会结构与功能、文化资本、文化变迁、利益相关者、认同、社会交换以及社会资本等理论是既有研究中的核心支撑理论，为本书民族旅游社区研究提供了较好的理论指导或来源。同时，也需要意识到，相关理论多源于社会学、人类学、经济学或跨学科研究的理论，然而，空间视角的切入却一直被忽视。

尽管近年来随着社会科学的“空间转向”逐渐兴起，但相关议题仍是从社会维度展开，空间只是社会维度的大背景，而忽略了社会与空间的辩证统一关系。因此，本书将空间作为旅游发展背景下民族社区研究的切入视角。

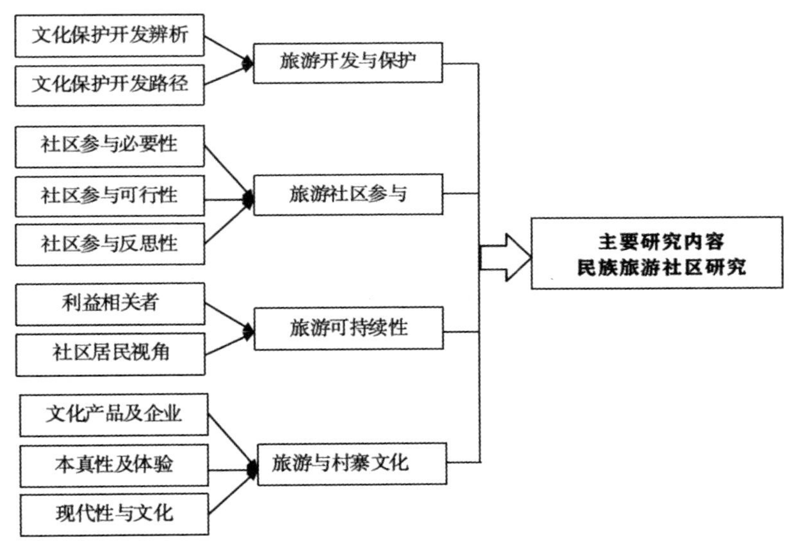


图 2-3　民族旅游社区研究的主要研究内容

表 2-7　国内外民族旅游社区研究理论共被引关键词

| 中文共现关键词 | 英文共现关键词 |
| --- | --- |
| 社区参与①、可持续发展④、社区增权①、社会结构①、社会功能①、文化资本*①、文化变迁*④、利益相关者④、产权*③ | Authenticity②、Identity theory④、Sustainable tourism④、Social exchange theory①、Social capital theory①、Critical theory④、Tourism impact④、chaos theory④ |

注：*为非高共被引文献中的理论及方法；数字为理论代表的学科：①社会学，②人类学，③经济学，④跨学科。

（3）民族旅游社区的空间研究中，多以中观的社区（或群落）的尺度为主，鲜有针对微观空间的研究，更无结合中观尺度和微观尺度空间的跨尺度生产或演化研究，普遍存在“重要素、轻空间”的现象，对社会空间的空间侧面刻画不足，这是本书“家”空间研究的突破点。

从民族社区旅游的空间研究中来看，研究主要聚焦于在社会空间、景观空间、商业空间、空间分异、社区空间，以及空间与文化保护等议题，又以居住和社会关系构成的社会空间研究为核心，而空间生产理论是相关研究的支撑理论，这些都为本书后面社会空间的研究提供较好借鉴和启示。然而，在既有社会空间研究中，更多是关注分析对象（社会空间）的社会属性，而非空间特征，普遍存在“重要素、轻空间”的现象，对社会空间的空间侧面刻画不足，相关研究多以探讨共同意义和价值的社区（或群落）为研究尺度，对揭示自我中心意义的微观空间（如“家”空间）关注较少，更无结合中观社区家园尺度和微观社区家屋尺度空间的跨尺度研究，忽视了村寨作为“家”的理性。

（4）民族旅游社区对“家”空间的研究中，尚未构建起完整的理论体系，多为直接或间接探讨民族旅游社区“家”或商业性“家”现象，鲜有针对“家”的空间生产过程和机制的全局型研究，而揭示旅游发展背景下“家”空间之前与之后过程，解释其作用机制，深化“家”空间的旅游研究维度等相关研究，研究意义也更为深远。

从研究综述可知，居民第二家旅游和跨国移民的访亲旅游是国外研究旅游发展背景下“家”的主题，其中，跨国移民对“家”的研究与本书的研究内涵较为接近，但研究主要涉及跨国移民和无家可归者，鲜有对少数民族等边缘群体的关注和现有旅游情境下“家”空间的研究。国内研究中以家庭关系、家庭生计、旅游微企研究为主，零星存在的几篇家空间研究主要聚焦于“家”空间内部的主客冲突（张机等，2016）、商业化“家”空间的生产过程、动因及其边界研究（郑诗琳等，2016；陆依依，2018），不仅数量少，且相关研究多从微观个案展开，尚未构建起完整的理论体系，多为直接或间接探讨民族旅游的“家”空间或商业性家庭现象（Wang，2007；刘韫，2014），深入性不足。同时，相关空间生产研究主要是探讨空间演化的影响因素，而对于空间生产的过程和机制则关注较少，对微观尺度的空间比如“家”空间的生产，不管是其影响因素、生产过程和机制，几乎都还没有受到学界关注，因此研究意义也更为深远。

（5）相关研究所采取的方法多以单一的定量分析或定性分析为主，研究方法较为单一，其分析结果也常常被相关数据的特征所影响。

根据表 2-8 可知，国内民族社区研究方法中除结构方程模型以外，主要涉及扎根理论、对策等质性方法；国外除了内容分析（Content analysis）和类型学（Typology）之外，研究方法集中在结构模型（Structural equation modeling）、备择模型（Alternative model）、偏最小二乘法（Partial least squares）以及二项式模型（Binomial logit）等定量方法，方法的使用较为多元。但是，现有国内外研究中鲜有结合质性、量化及 GIS 等多种方法展开“家”空间的研究。

表 2-8　国内民族社区研究方法共被引关键词

| 中文共现关键词 | 英文共现关键词 |
| --- | --- |
| 结构方程模型、扎根理论、对策、开发模式、现状与问题、发展对策 | Model、Content analysis、Alternative model; Structural equation modeling、Partial least squares、Binomial logit、 Typology |

# 第二节　理论综述

## 一、“家”的建筑学

“家”的物理性是日常生活的一个重要特征。建筑学和环境心理学是“家”的物理特征研究的主要学科。首先，建筑学围绕对于“家”的探讨是基于“建造什么样的空间”和“如何建造空间”的基本学科问题出发，对“家”的空间和风格进行了研究[1-2]，多以一种日常语言的方式对复杂建筑的空间现象进

[1]　张毓峰 . 建筑学的科学 : 空间及其形式语言 [J]. 建筑师 ,2003,105(5):71-73.

[2]　Fox L. The meaning of home: A chimerical concept or a legal challenge[J].Journal of Law and Society, 2002,29(4):580-610.

行简单描述，相关研究围绕“空间→界面→结构→家”的概念化路径对“家”不断进行描述，形成“家”的空间组构认知及其意义（张毓峰，2003）。相关研究涉及“家”所在社区和自身的物理结构特征、“家”内部和外部的空间数量、大小和组织、可用的服务和设施，以及美学特征，这些都是“家”的物质结构意义的重要组成部分[1-2]。因此，在建筑学家看来，“家”就是提供住所的空间结构，而物理结构和建筑风格是“家”最明显的特征[3]，但是，建筑学对空间的认知基本聚焦于居住空间的物质形态。

然而，环境心理学者认为，虽然物理结构和建筑风格是家庭最明显的特征，但不能简单地把家庭定义为提供住所的基本结构，认识到“家”的体验模式是复杂且相互关联的，即“家”的个人、社会和物理维度是相互关联的；“家”的物理属性不仅提供了家庭生活的轨迹，还提供了一个安全的、隐私的地方，并形成连续性和持久性的感觉。总之，环境心理学家开始注意“家”的物理环境（空间）是如何组织人们的活动、行为和认知等，以及其特征的表现形式。

## 二、家的社会学

家的社会维度主要是以社会学作为学科基础，研究涉及宏观理论（结构功能论、冲突论）、微观理论（符号互动论、社会交换论），以及多水平理论（家庭系统论及家庭发展参考论）三种研究理论视角，尽管研究视角较为多元，但尚未形成统一的研究框架[4]。

### （一）宏观理论视角

宏观视角主要以结构功能论及冲突论为代表，结构功能主义从社会整体的统一性来解释社会组织结构，而冲突论用社会内部的矛盾与不平衡性来解释社会组织结构[5]。

[1] Després C. The meaning of home: Literature review and directions for future research and theoretical development[J].Journal of Architectural and Planning Research,1991,8(2):96-115.

[2] Sixsmith J. The meaning of home: An exploratory study of environmental experience[J].Journal of Environmental Psycholog,1986, 6 (4):281-298.

[3] Cramer R D.Images of home[J].Journal of the American Institute of Architects,1960, 20(5), 40-49.

[4] 田丰 . 中国当代家庭生命周期研究 [D]. 北京 : 中国社会科学院 ,2011.

[5] 莫琪 . 企业员工组织冲突与组织认同关系研究 [D]. 昆明 : 云南大学 ,2010.

1. 结构功能论

又称结构功能主义（Structural functionalism），是现代西方社会理论中的一个重要流派[1]，也是研究家的主要视角。该理论将“家”作为社会系统的基本单元，从结构或功能以及二者的相互关系出发，分析和探讨了社会变迁与家庭关系及家庭制度的关系，以及家庭结构和家庭关系之间存在的内在联系[2],形成了“洋葱原理”[3]、“亲属原子结构”[4],以及基于中国传统乡土社会家庭的“差序格局”[5]（即同心圆波纹性质）等经典家庭理论。

2. 冲突论

由于结构功能论过于强调秩序、均衡和一致性作为理论诉求，忽视了社会变迁中的系统冲突处理，在解释社会结构及其形成的问题方面存在不足，因此，冲突论在对结构功能论的不断反思和批判的背景下发展起来，认为冲突总是存在于所有人类互动中，并影响着家庭制度及其人际关系，冲突不仅是秩序和变化的来源，其表达也会成为人际关系的积极结果[6]。

### （二）微观理论视角

微观理论视角以符号互动理论和社会交换理论为代表。该视角批判结构功能论只注重宏观的社会结构分析，忽略了具体的社会关系、社会变动及权利关系，且社会系统中个体被限定为特定角色，以及个体的社会行为和社会交换，进而难以体现个体的创造性、自由及应有的位置[7]。

[1] 刘润忠 . 试析结构功能主义及其社会理论 [J]. 天津社会科学 ,2005,5(5):52-56.

[2] 雷洁琼 . 家庭社会学二十年 [J]. 社会学研究 ,2000(6):1-4.

[3] 作为结构功能主义的代表人物，帕森斯（Parsons）将家庭结构比喻为“洋葱”，认为家庭关系如同洋葱的层级一样，每一层级的人逐渐与位于中心位置的人越来越远（Parsons, Talcott,1943），彼此之间的给予就越少（Cheal,1996），社会距离的增加意味着位于“洋葱”中心的个体与外人之间的关系纽带逐渐弱化。位于“洋葱”以上的大社会不允许也不鼓励私人关系。

[4] 列维 - 斯特劳斯（Levi-Strauss）认为，血缘关系的稳定化是人的关系确立的基础，其形成和演变是亲属关系的中心问题，且家庭关系放在更广阔的社会关系网络中去观察，尤其是集中分析为某个家庭关系的形成提供可能条件的社会关系网，于此提出了包括夫妻关系、兄弟和姊妹关系、父子关系、母舅和外甥关系的四方系统或四角形关系网（the quadrangular system of relationship）。

[5] 费孝通在对中国传统乡土社会研究中指出，中国传统乡土社会的家庭如同石头投入水中所产生的同心圆波纹一样，呈现同心圆波纹性质的差序格局。这种以自己为中心推出去的一轮轮波纹所推及的那一群人的差序，表现为每个网络的中心各有不同，都以“己”作为中心，因此每个人在某一时间、某一地点所动用的圈子是不一定相同的。亲属关系是根据生育和婚姻所结成的网络，可以一直推出去包括无穷的人，过去的、现在的和未来的人物。如同俗语“一表三千里”一样。

[6] 罗斯·埃什尔曼 , 理查德·布拉克罗夫特 . 心理学 : 关于家庭 [M]. 徐晶星 , 等 , 译 . 上海 : 上海人民出社 ,2012.

[7] 刘润忠 . 试析结构功能主义及其社会理论 [J]. 天津社会科学 ,2005,5(5):52-56.

1. 符号互动论

社会化的互动是符号互动论关注的核心[1]，且家庭成员之间的互动被看作对普遍意义或现实解释的寻找所引发的，他人的反应是自我意义一致性寻找的路径。其中，符号互动论的结构主义学派认为个体层面的家庭是一种社会建构，家庭成员在角色关系中存在普遍压力及其在其他社会制度的多角色期望；符号互动论的过程学派主张将家庭作为意义探讨中的当前背景来研究，以强调自我在家庭背景的建构过程。

2. 社会交换论

社会交换论以个体及其心理动机作为主要研究内容。彭丽娟等（2011）[2]认为人际关系的互动类似于经济学领域的交换过程，这种社会关系及结构是在“给予→汇报→再给予→再汇报”的连续发展过程中得以持续互动的[3]，互惠和公平是其核心原则[4]。其中，以霍曼斯为代表的过程学派认为人的一切社会行为都是交换行为（冯必扬，2011），相关行为所形成的心理定律是可以解释社会结构的；而以布劳为代表的结构化学者则认为与社会交换是当别人做出报答性反应就发生，当别人不再做出报答性反应就停止的行动[5]，进而对社会现象解释需要从宏观组织和微观个体角度出发，解释由社会互动所产生的规范、文化、法律及权力等。因此，对家庭成员间需要在资源的平衡、期望、得失等方面进行感知及评估，因为这些均影响了自身利益最大化或损失最小化（埃什尔曼等，2012）。尽管家庭成员理解自身的交换行为，极有可能不会从得失方面去考虑，但实际上这些行为是可以基于上述分析来预测的。上述观点显然与宏观视角主张个体应按社会需要和利益团体行动的认识存在差异（彭丽娟，2011）。

3. 多水平理论

多水平理论主要包括家庭系统理论和发展参考论。家庭系统理论将“家”

[1] 渠改萍 . 符号互动理论述评 [J]. 太原大学学报 ,2010,11(3):96-98.

[2] 彭丽娟 , 徐红罡 , 刘畅 . 基于社会交换理论的西递古村落私人空间转化机制研究 [J]. 人文地理 ,2011,26(5): 29-33.

[3] 冯必扬 . 人情社会与契约社会——基于社会交换理论的视角 [J]. 社会科学 ,2011,373(9):67-75.

[4] 郭志刚 , 司曙光 . 基于社会交换理论的劳动关系微观结构模型 [J]. 经济社会体制比较 ,2010,147(1):169-174.

[5] Parsons T, Shils E.Toward a General Theory of Action[M]. Harvard :Harvard University Press,1951.

作为基本分析单位，认为“家”是应对环境压力的生态系统，系统成员的需求满足需要经过自身结构的改变及修正的适应过程（埃什尔曼，2012）。家庭系统理论试图整合微观和宏观的二元过程，不再以孤立的视角看待家庭成员的发展，将个人、家庭、社会置于共同的脉络[1]，强调家庭成员作为系统组成部分，以及家庭成员的行为、情绪等的互相作用，以及对彼此造成的影响[2]，简而言之，家庭系统适应内外部环境的机制是通过交流、反馈等过程来实现的。同时，为了补充上述家庭自我调节的过程的不足，以奥尔森（David Olson）[3]为代表的学者试图明晰自我调节过程中的家庭结构，提出了家庭适应的结构模型。

发展参考的相关理论较多，例如，家庭生命周期理论、生命进程理论、家庭史，以及家庭现代化理论等。总体而言，相关理论既关注家庭的宏观和微观，也注重家庭系统，尤其是家庭系统互动模式在时间尺度的变化。例如，在家庭的认识过程中[4]，家庭生命周期理论[5]认为家庭的发展呈一元化或单线的演进路径，随着认识的深入，生命进程理论针对家庭生命周期理论存在的缺陷，对“家”与“户”进行了区别，强调在社会经济背景中研究人的生命过程，认为人的发展是由一系列的生命轨迹构成的多维的、终生的，以及相互依赖的过程，主体的生命进程取决于其他人口学变量[6]。又如，在家庭史的研究中，随着历史人口学（Historical demography）和新社会史（New social history）的兴起，社会学家开始注重家庭史与社会变迁的结合，探寻家庭变化与近现代社会形成的关系过程中寻求家庭变化的内在动力[7]。而在家庭现代化理论的研究中，唐灿（2010）[8]指出，认为家庭变迁的观点由一元化向多元化，或单线

[1] 李青霞．家庭系统理论视角下失独家庭困境及社会工作介入策略 [J]. 理论观察 ,2016(9):82–83.

[2] 吴雨薇．论原生家庭对个体发展的影响——从家庭系统理论出发 [J]. 泉州师范学院学报，2017,35(3):88–92.

[3] 奥尔森（David Olson）的家庭适应结构模型涉及凝聚力、灵活性和交流 3 个方面，比如，家庭过于团结 / 分离（凝聚力），或是结构过于灵活或严格，遭遇危机或适应性的问题就比较大。

[4] Duvall E, Brent C, Miller. Marriage and Family Development[M].New York: Harper and Row,1985.

[5] 以杜瓦尔（Duvall E.）为代表的学者提出的家庭生命周期理论主要涉及已婚夫妇家庭、生育家庭、学前儿童家庭、小学儿童家庭、青少年家庭、发射中心家庭（最大和最小孩子离开家庭的时间段）、空巢或退休家庭、衰老家庭（退休到配偶去世的时间段）

[6] 理论由生命跨度演进原理、个体原理、时间和地点原理、关联的生命原理以及时间安排 5 个一般原理。

[7] 张永健．家庭与社会变迁：当代西方家庭史研究的新动向 [J]. 社会学研究 ,1999(2):97–96.

[8] 唐灿．家庭现代化理论及其发展的回顾与评述 [J]. 社会学研究 ,2010(3):152–156.

向复杂的演进路径或模式；家庭分析的范畴经历了家庭结构和家庭关系的转变；方法上不再只是进行传统和现代家庭的二元分析。

## 三、家的心理学

心理学主要涉及心理分析理论、人格理论，以及社会—心理学三个视角。

### （一）心理分析理论[1]

心理分析理论的代表人物是弗洛伊德，他认为人与非人类环境（nonhuman environment）的关系是幼儿人际经验的结果，人类的日常生活是由人际环境所引导和形塑的，尽管非人类环境并不是佛洛伊德心理分析的主要兴趣，但由于物作为心理需求与冲突的外在变现，其内在性质被化约为成人或身体的一部分。

据此，在与非人类环境的亲密关系过程中，“家”的形塑及个人意见表现的欲望都被视为潜意识的自我表现[2]，人格在此过程中也得以成熟地成长[3]。因此，除了身体自身，“家”就是个人精神（Psyche）的延伸，即自我的原型或象征[4]，同时，“家”投射并维持了三种不同层次的自我，即本我（Id）、自我（Ego），以及超我（Superego），并提供日常活动、感官经验及精神经验的人生舞台。

### （二）人格理论

人格理论（Personality Theory）的代表人物是美国心理学家马斯洛[5]。在这个视角的语境中，“家”必须满足人们阶层性心理的需要，“家”的最基本的功能首先是提供一片屋顶，以满足人们心理安全及健康的避风港[6]。接下来，“家”提供了心理的安适，“家”的空间属性为人们提供了宁静、明亮、清洁、

[1] 心理分析理论强调人与非人类环境（nonhuman environment）的关系是幼儿人际经验的结果，其代表人物是佛洛伊德。尽管非人类环境并不是佛洛伊德心理分析的主要兴趣，但对其而言，人类的日常生活是经由人际环境所引导和形塑的，物作为心理需求与冲突的外在变现，其内在性质被化约为成人或身体的一部分。

[2] 吴瑾嫣．女性游民研究：家的另类意涵[J]．应用心理研究（台湾），2000,8(8):83–120.

[3] Marcus C C. The house as symbol of self[M]. Stroudsberg, Pa.: Dowden, Hutchinson & Ross, 1974.

[4] 毕恒达．已婚妇女的住宅空间体验[J]．本土心理学研究（台湾），1996(6):300–352.

[5] 需要和动机学说是马斯洛人格理论的核心，也称作“人格需要层次说”或“人格需要层次理论”，马斯洛在此基础上提出著名的需求层次理论，需求层次由低到高分别为：生理需要、安全需要、归属和爱的需要、尊重需要、认知需要以及自我实现的需要。其中，前四种为基本需要，后三种为发展需要。

[6] Despres C. The meaning of home: Literature review and directions for future research and theoretical development[J].The Journal of Architectural and Planning Research,1991,8(2):96–115.

温暖，以及自由的活动[1]，而对隐私的心理需求是用于解释“家”提供心理舒适的最有影响力的理论[2]。此外，作为接待客人的地方，“家”构成并维持人际互动及回应社会交流的需要（Despres，1991），响应了人们对社会过程的需要[3]，例如，人们的社会认知或赋权（社会地位）就是部分地通过“家”得以实现，因为家庭在经济和职业地位等外部信息，反映了诸如经济及专业地位、社会的融入、政治团体的参与等有关家庭的社会地位（Appleyard，1979）。

### （三）社会—心理学

社会—心理学的诠释则认为，自我认同与其所处的社会环境密切联系的，而非独立的实体（吴瑾嫣,2000）,因此“家”扮演了定义自我的认同（Despres，1991）指出，自我认同是一个多层概念，囊括了本体自我，即主体在身体、情绪及感知等微观心理层面的表现及特征；社会自我，即将事物具体化为意识的形态及使其为他人纳为意识的过程；宇宙自我，即人们将事物推进至更大的一致性。从本体自我（Personal self）层面来说，“家”是有意义的物质容器，提供了自我身份发展所必需的信息，容器内的不同物体则是主体个性各方面的具现[4]。主体通过对“家”的外在形象的选择和操控和对自己的生活进行调整，以此获取并传播关于他们个人自我的知识（Despres，1991）。而在社会自我（Social self）层面，“家”也是个人社会认同的重要标志[5]，因为与“家”的内部相比较，“家”的外部特征更能说明主体的职业、个性、生活方式及其家庭地位[6-7]；最后，在宇宙自我（Cosmic self）层面，不同的社会归属意味着“家”在社区层面拥有不同的物理和社会特征、房屋和景观风格，以及装修风格[8]。

[1] Appleyard D. Home[J].Architectural Association Quarterly,1979,2(3):4-20.

[2] Finighan W R. Some empirical observations on the role of privacy in the residential environment[J]. Man-Environment Systems,1980(10):3-4.

[3] Werner C M. Home interiors: A time and place for interpersonal relationships[J].Environment & Behavior, 1987,19(2):169-79.

[4] Csikszentmihalyi M., Rochberg-H E. The meaning of things: domestic symbols and the self[M].New York: Cambridge University Press,1981.

[5] 社会认同泛指一个人所属的社会组织社会文化（氛围）。

[6] Duncan J S., Lindsey S, Buchan R. Decoding residence: Artifacts, social codes and the construction of the self[J]. Espaces et Soci é t é s ,1985(47):29-43.

[7] Sadalla E K, Burroughs W J, Staplin L J. Reference points in spatial cognition [J]. Journal of Experimental Psychology Human Learning & Memory, 1980, 6(5):516.

[8] Pratt G. The house as expression of social worlds. In JS Duncan (Ed.), Housing and Identity[M].New York: Holmes & Meier, 1981.

## 四、研究述评

（1）“家”的建筑学关注“家”的空间物理结构和建筑风格的特征，但较少关注空间中社会关系及存在，尽管环境心理学意识到空间中环境与人行为互动的关系，但空间只是社会关系、日常生活体验、意识、情感和价值等仓库的背景。

（2）“家”的社会学通常将“家”视为一个系统整体，主体属于系统内普遍性质的人，因而其决策被限定为固定模式，仅用于投射社会和团体互动的过程，因而无法反映主体的日常生活经验及其独特性，尤其是情感、认同、感知、创造性等应有位置。尽管社会学注意到“家”庭史等形态与结构演进在时间尺度的研究在近年来转向家庭关系的研究，但仍对“家”的空间维度关注不足，尤其“家”空间在内外部关系的改造、既有关系的转化、如何反映和形塑居民的社会角色、主体的情感及其在“家”空间的使用与维持中所扮演的角色等关注较少。

（3）“家”的心理学集中在个人的心理经验的“家”,即个人精神,侧重“家”所提供的安全和隐私等个体的体验意义，社会—心理学也注意到“家”与所处的社会环境密切联系的，而非独立的实体，但相关研究都只是集中在个体的心理经验层面，忽略了“家”的空间维度如何反映和形塑居民的社会角色、心理认同和情感归属。此外，相关心理测量数据也多为静态的截面数据，不能较好反映“家”的心理意义的动态过程。

# 第三节　空间：一个理解旅游情境下“家”生产的切入视角

## 一、研究主题浮现：旅游发展背景下民族社区“家”空间生产的研究过程和机制研究

结合研究综述和理论综述的基本结论，可以发现旅游影响是民族社区旅游研究的核心议题，但在旅游影响的相关议题中，空间视角却常常被忽视，在民族旅游社区的空间研究多以中观空间尺度为主，鲜有针对微观空间的研究，更无结合中观尺度和微观尺度空间的跨尺度生产研究，相关研究普遍存在“重要素、轻空间”的现象，以及对社会空间的空间侧面刻画不足的问题；民族旅游社区对“家”研究尚未构建起完整的理论体系，多为直接或间接探讨民族旅游社区“家”空间或商业性“家”现象，鲜有针对“家”空间生产过程和机制的全局性研究。

而在理论综述中，“家”的建筑学常注重到“家”空间的物理结构和建筑风格的特征，但较少关注空间中的社会关系和情感；“家”的社会学多关注社会关系，空间只是社会问题的大背景，同时，主体被看作普遍性质的人，因而无法反映主体的日常生活经验及其独特性；“家”的心理学关注个人的心理经验的“家”，但是忽略了空间的作用，相关心理测量数据也多为静态的截面数据。

综上，如何寻求一个全面的、有针对性的理论研究框架，且能最大限度地将不同学科视角进行整合，实现该框架的理论应用价值？我们认为空间视角能为旅游发展背景下民族社区的相关议题研究提供一个更具说服力的分析

框架。于此，本书研究议题浮现而出，即旅游发展背景下民族社区“家”空间生产的过程和机制研究（见图 2-4）。

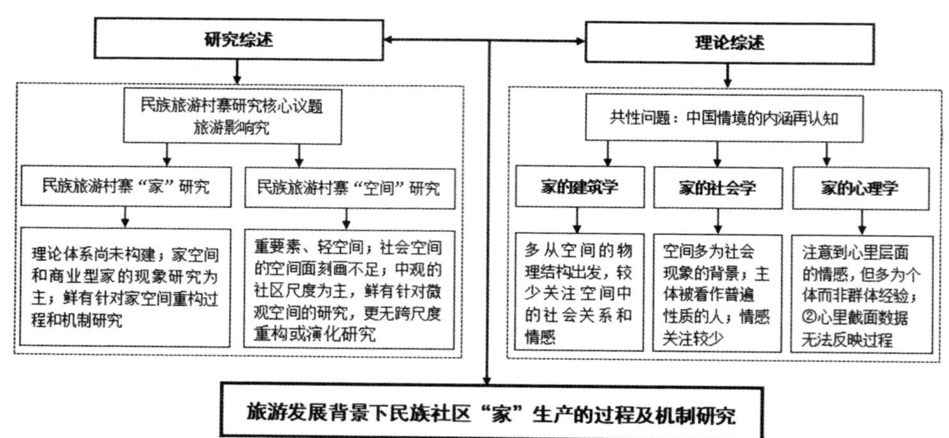


图 2-4　旅游发展背景下民族社区“家”空间多维生产的过程及机制研究

## 二、理论分析框架的构建背景：空间研究的转向

### （一）传统空间观

长期以来，主流的空间观点一直被“伽利略 - 笛卡尔”（Galilean-Cartesian）的哲学所统治，空间被认为是绝对的、主观的对立、广延物的反面、现在的反面，空间作为思想物包含了所有感觉的身体，总之，在笛卡尔式的空间哲学看来，空间不是自在之物，而是一种附属[1]。在众多哲学家的思考中，康德（Kant）首先推翻了笛卡尔式的空间认识，认为空间是拥有主观意识的空间，是知识的工具[2]，尽管康德认为空间是相对的，但还是很快地区分了与经验主义的不同。

到了 19 世纪末，传统人地关系理论逐渐形成，拉采尔等环境决定论者将空间看作与位置和界限对等的支配人类分布与迁移的三大地理要素[3]，白兰士

[1]　陶伟，程明洋．地方性空间与旅游发展中的地方性研究：从空间与空间句法谈起 [J]. 旅游学刊 ,2013,28(4):15–17.

[2]　柴彦威．城市空间 [M]. 北京：科学出版社 ,2000.

[3]　金其铭，张小林，董新．人文地理学概论 [M]. 北京：高等教育出版社 ,1994.

等人地关系决定论者认为社会文化和心理等因素对人类活动也会产生影响，人类对自然环境也有主动适应性。总之，传统人地关系理论中将空间解释为人类社会的功能分化和适应环境变化过程的一个原因（龚伟，2014）。

进入20世纪以来，空间研究经历了“区域差异—空间分析—社会理论”等三次研究范式变革[1]。以Hertner（1983）[2]和Hartshorne（1968）[3]等代表区域差异分析学派强调以区域尺度来研究空间要素之间的因果关系、相互作用及其差异，尽管空间性更加突出，但空间只被看作真实世界的外部坐标和空洞的容器。随着空间经济学和区位论等相关理论的引入，空间科学自20世纪50年代开始从“区域差异”转向“空间分析”，相关研究从基本假设（如理性经济人）出发进行空间分布规律的验证研究，但忽略了人文和自然要素。以至于到了“计量革命”盛行的20世纪60年代，相关空间研究通过计量模型来解释人文现象，使空间分析不断得以强化。

### （二）空间的“社会转向”

然而，当20世纪60年代空间科学的“计量革命”盛行之时，伴随着西方资本主义国家内在自有矛盾的爆发，出现了诸如1968年法国的“五月风暴”等社会问题，面对现实社会中的种种问题，擅长计量模型的学者却深感无力，他们需要新的理论视角来认知这些社会问题，而马克思主义的思想和方法则提供了一种新的理解社会不平等的视角。以Lefebvre、Foucault、Harvey和Soja等为代表的学者以社会文化的矛盾为焦点进行批判，推动了西方空间研究的“社会转向”。

在推动空间的“社会转向”的学者中，尤以列斐伏尔（Lefebvre）为代表，列斐伏尔提出了空间生产的概念，认为空间生产就是空间被开发、规划、使用和改造的全过程[4]，其将马克思提出的物质资料的生产范围扩大至（社会）空间本身的生产（龚伟，2014），并指出，由于资本主义生产方式凸显了“空间的优先性”，使得空间在支配社会关系中起着主导作用，日常生活被资本

[1] 石崧，宁越敏．人文地理学“空间”内涵的演进[J]. 地理科学，2005,25(3):340-345.

[2] 赫特纳．地理学：它的历史，性质和方法（王兰生译）[M]. 北京：商务印书馆，1983.

[3] Hartshorne R. The Nature of Geography: A Critical Survey of Current Thought in the Light of the Past [J]. Annals of the Association of American Geographers, 1968, 29(3):99-99.

[4] Lefebvre H. The Production of Space[M].Oxford UK &Cambridge USA: Blackwell, 1991.

主义的生产和消费的控制而变得支离破碎[1]，要从空间中的生产转为空间本身的生产。列斐伏尔（1991）提出了空间生产的三元理论分析框架（图 2-5）：①空间的实践，指人们改造自然空间和创造人化空间的整体实践活动，即感知的空间；②空间的表征是构想的空间，规划的空间，对应构想的空间；③表征的空间是实际生活的空间，即生活的空间。

可以看出，以列斐伏尔为代表的后结构主义学派认为社会空间是社会生产与人类实践中的重置或生产，其间多种经济、政治、文化要素和驱动力对社会空间进行重塑，进而创造出适合主体的需要的人为空间[2]，更强调空间的社会实践性，该认识既体现了社会群体或社会集团对于社会生活空间的占有，同时也兼顾个体对于空间的认识以及个体在社会中的位置关系，因此，空间的生产不仅是对空间、社会空间的生产，也是对生产关系的再生产[3]。总之，空间的社会转向意味着空间从科学转向人性、从物质转向非物质、从单纯转向复杂、从“外壳”间转向内核[4]。

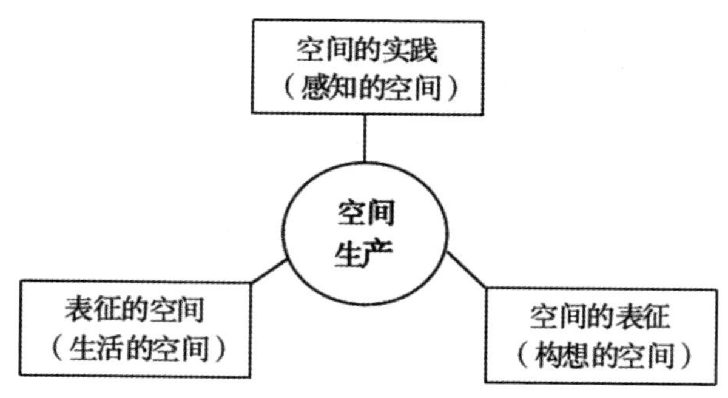


图 2-5　空间生产的三元理论分析框架

[1]　包亚明．现代性与空间的生产 [M]. 上海：上海教育出版社，2003:47. 因此，空间是（社会的）产物和生产过程，受多种社会驱动力的控制（Lefebvre,1987）[ Lefebvre H. The everyday and everydayness[J]. Yale French Studies, 1987, (37): 7-11.].

[2]　庄友刚．何谓空间生产？——关于空间生产问题的历史唯物主义分析 [J]. 南京社会科学，2012,23(5):36-42.

[3]　赵文．空间的生产 [J]. 国外理论动态，2006,16(1):57-58.

[4]　姚华松，许学强，薛德升．人文地理学研究中对空间的再认识 [J]. 人文地理，2010,25(2):8-12.

## （三）空间的“情感转向”

在空间研究的“社会转向”的同时，空间研究也随之迎来了“制度转向”“文化转向”“关系转向”“尺度转向”，以及情感转向[1]。相关学者开始关注情感对空间和社会的塑造，引发了空间研究的“情感转向”，而这一转向源于Anderson和Smith（2001）[2]在（*Transactions of the Institute of British Geographers*）期刊的社评中首先提出“情感地理”（Emotional geographies）的概念，此后，各种以“情感地理学”为主题的研究文献的发表，推动了空间研究“情感转向”的形成与涌现，情感开始摆脱作为纯粹主观精神问题的范畴而走向广阔的社会—文化空间，空间性、开放性和关系性的情感也得到了确立[3]，形成了情感位置、人地情感联结及其具象化等研究内容[4]。

而且，情感地理学继续保持着对“地方”相关议题的兴趣，相关研究对日常生活实践的展演来进行人地情感联结的研究，并形成了恋地情结（topophilia）、地方感（Sense of place）和地方依恋（Place attachment）等表达重要理论和概念（朱竑等，2015），尤其是与本书相关的家空间的议题中，情感地理学试图展开对“家”这一微观空间的人地情感分析和关怀，以此反映人地关系这一大框架。

在空间研究中“区域差异 → 空间分析 → 社会理论”等三次研究范式的变革过程背景下形成的“社会转向”和“情感转向”使我们逐渐认识到[5-7]：空间不仅仅是科学的对象、空洞的容器、抽象物化的自然空间，更是人文的关怀、权力的媒介、主体的建构及具体情境的社会产物；空间是政治性和策略性的，是弥漫着社会关系与权力博弈的空间。空间既是客观的，又是主观的，可以附着于地表（地域空间），也存在于人的思维意识之中（意识空间），涵盖一切通过社会行动、社会互动或日常生活实践所建构的意义、情感、身份

[1] 苗长虹．变革中的西方经济地理学：制度、文化、关系与尺度转向[J]. 人文地理，2004,19(4):68-76.

[2] Anderson K, Smith S J. Editorial: Emotional Geographies[J].Transactions of the Institute of British Geographers,2001,26(1):7-10.

[3] 朱竑，高权．西方地理学“情感转向”与情感地理学研究述评[J]. 地理研究，2015,34(7):1394-1406.

[4] Davidson J, Bondi L, Smith M. Introduction: Geography's 'emotional turn'.In: Davidson J, Bondi L, Smith M. Emotional Geographies[M]. Burlington VT and Aldershot: Ashgate, 2005.

[5] Soja E W. Postmodern geographies: The reassertion of space in critical social theory[M].London:Verso,1989.

[6] Foucault M. Of other space [J]. Diacritics, 1986,16(1):22-27.Massey D B. For Space(M). London: Sage Publications Ltd, 2005.

[7] Bourdieu P. Social space and symbolic Power[J].Sociological Theory,1989,7(1):14-25.

认同、价值，以及意识形态，即空间是“多重空间的复合体”，并随历史的演变而重新结构和转化[1]。

## 三、研究对象再认识：中国语境下的“家”

与西方“个人”作为社会的基本单元不同[2]，中国社会单元是“家”庭而不是个人，“家”被看作中国社会的最基本单元。多数传统村寨常由一群“家”庭或“家”族单位（各个世系）组成，当地居民多按照“家”族制组织起来，世代相传，永久居住，多依靠耕种祖传土地为生[3]，根据生育和婚姻所结成亲属关系网络可以一直推出去包括无穷的人、过去的、现在的和未来的人物，如同石头投入水中所产生的同心圆波纹一样，呈现同心圆波纹性质的差序格局[4]，因而中国家文化对“家”概念的理解伸缩性极强，既可以是构成社会基本单元的家庭，也可以是由不同的单体家庭根据不同目的和亲属、地域等关系组成的构成的家族（费孝通，2012），又可以是“家国同构”和“家国天下”的家国共识[5]。基于“家”研究的多尺度性，接下来将对“家”赖以生存的先天土壤——地缘和血缘的契合关系理论源头进行演绎，为本书家屋[6]到家园的尺度转换提供理论依据。

### （一）血缘性：内在纽带

血源性是形成中国“家”文化的内在源头和纽带（见图 2-6）。中国“家”文化的源于儒“家”思想，在以孔子为代表的儒家看来，“家”代表了终极的源泉，具有自身的血脉或具象化的生命，人的终极存在不在于个体，而在原初和真切的人际关系，即家关系。以儒家的“仁”和“礼”为代表的核心思想

[1] 陆大道 . 区位论与区域研究方法 [M]. 北京 : 科学出版社 ,1988.

[2] 西方对“家”的思考更多是源于海德格尔对于“家”存在意义问题的思考，即“存在之“家””与““家”宅之“家”的联系”。

[3] 费正清 . 美国与中国 [M]. 北京 : 商务印书馆 ,1987.

[4] 费孝通 . 江村经济 [M]. 北京 : 北京大学出版社 ,2012.

[5] 自古以来，中国对“家”的理解将“国”称为“国“家””，形成了““家”国同构”和““家”国天下”的共识，如《孟子 · 离娄上》等中所说，“天下之本在国，国之本在“家”，“家”之本在身”，以及孔子关于“有国有“家”者，不患寡而患不均”的说法，亦即“家”庭的命运也就是国和天下的命运。

[6] “家”屋是人类学“家”在研究社会组织和亲属关系时提出的一种解释性理论，亲属关系、等级体系分别是其关注的原始语境和最初限度，随着研究的深入，对“家”屋的关注焦点从其象征意义转变到有形的物质空间结构，本书对“家”屋的研究主要从其空间层面出发，进一步关注空间内的社会功能、关系和情感。

在表达家庭伦理亲情的时候，常能激发大众的强烈归属感和依赖感[1]，因为二者本身就具有血缘基础[2]。“仁”代表维系和谐家庭的生活伦理，如“亲亲，仁也”（《孟子·尽心上》）；而“礼”通过规范来建立伦理社会的秩序，如孔子曰：“丘闻之：民之所由生，礼为大。非礼无以节事天地之神也，非礼无以辨君臣上下长幼之位也，非礼无以别男女父子兄弟之亲、昏姻疏数之交也。”（《礼记·哀公问》）等。因此，中国社会生活中人与人之间的关系的起始原点就在于血缘关系规定的人与人之间的关系，比如父亲、母亲、儿子、女儿等关系，尤其是亲子关系，此类“亲亲”血缘关系形成了实际的、活生生的家庭。因此，中国的家文化是基于血缘之家基础上的亲情之家、父母子女之家、家族之家，乃至家国之家。

而与本书密切联系的家族就是基于血缘性、亲属关系的家庭基础上，跨越家庭，在特定的历史、社会和文化情境而形成。与家庭有所不同，家族更注重家族范围内家庭与家庭之间、族员与族员之间的权利与义务，其内在逻辑是宗族的血缘关系，而这种生物性的逻辑要通过社会关系表现出来（王沪宁，1991）。基于此，呈现出家族结构紧密性、家族权利的等级性、家族规约的约定俗成和约束性、观念传播的潜移默化和持久性等特征（王沪宁，1991）。

### （二）地缘性：外在纽带

地缘性是血缘性的投影，因血缘性而具有意义，是“家”的地理学特征（见图2-6）。地缘性可从地理特征的表征（有形）和非表征（无形）两个层面来认知：一是地缘性的表征，按照传统中国的家文化的思想，人对故土有“生于斯、长与斯”的眷恋感，这样的表达实则将人地关系固定了（费孝通，2012；王沪宁，1987）。家屋或家园因血缘关系和亲属关系作为纽带，整体表现为聚居而住，呈现出封闭性、整体性、边界性较强等表征，这些特征可以直接被感知。二是地缘性的非表征，“家”被看作人地情感联结的地方来理解，因而“家”的建构可基于更广泛的尺度[3]，“家”既是单体建筑的微观家屋（Home），也可以是聚居而住的村寨宏观家园（Homeland）。无论是家屋还是家园，均是关注

[1] 袁阳．中国传统文化的非整合性及其对现代化的社会负功能分析[J].社会学研究，1991(3):74-75.

[2] 王沪宁．当代中国村落家族文化——对中国现代社会的一项探索[M].上海：上海人民出版社，1991.

[3] Dovey K. Home and homelessness[M].//Altman I, Werner C M, (Eds.). Home Environments. New York and London: Plenum Press,1985:33-64.

“家”的重要尺度。据此，家屋或家园承载了人类日常生活的经验与实践、意义与情感、记忆与怀旧和社会关系[1]，是理解社会、情感及空间的关键场所[2]；而且，作为一种动态的人地关系[3]，“家”的空间构成、表征和情感是由资本及权力跨越不同尺度而形塑的[4-5]，与阶层、性别和种族等身份因素有关[6-7]。

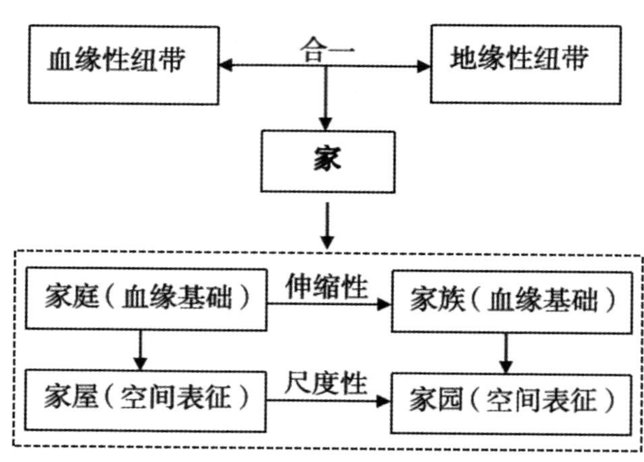


图 2-6　中国情境下家的内涵

综上，血缘和地缘合一形成了“家”的原始状态。血缘关系是形成实际的、活生生的家庭的内在基础，以此延伸出家庭、家族等多种伸缩性极强的家概念，地缘是血缘的投射，可从表征和非表征两个层面来理解，是外在的基础，以此延伸出家屋（Home）、家园（Homeland）和家国（Home country）等不同空间尺度的“家”（见图 2-7）。

[1] Blunt A, Varley A. Geographies of home[J].Cultural Geographies,2004,11(1):3-6.
[2] Domosh M. Geography and gender: Home, again?[J].Progress in Human Geography,1998,22(2):276-282.
[3] Manzo L. Beyond house and haven: Toward a revisioning of emotional relationships with places[J].Journal of Environmental Psychology,2003,23(1):47-61.
[4] Blunt A. Domicile and diaspora: Anglo-Indian women and the spatial politics of home[M]. Oxford:Blackwell, 2005.
[5] Massey D. A global sense of place[J].Marxism Today,1991,35(6):24-29.
[6] Smith N. The new urban frontier: Gentrification and the revanchist City[M].London: Routledge,1996.
[7] Ducan J S, Lambert D. Landscape of homes[M]//Ducan J S, Johnson N C, Schein R H, eds. A Companion to Cultural Geography. Oxford UK: Blackwell,2004:382-403.

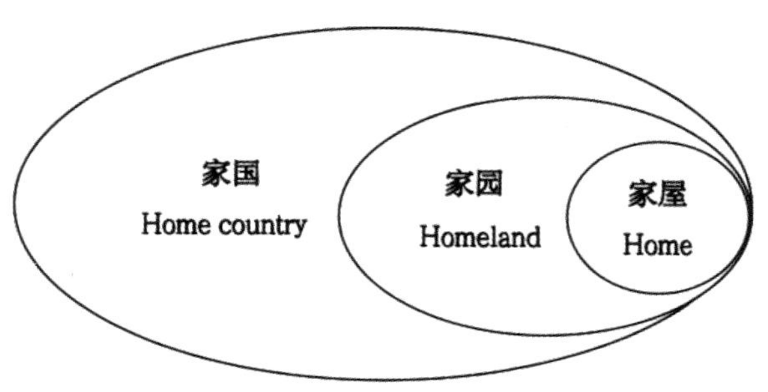


图 2-7 中国语境下“家”的多尺度性

对本书民族社区的研究来看，家庭、家族和村寨合为一体，个人也从属于相关群体，内在地形成了“家庭 → 家族”的伸缩概念，外在地形成了“家屋 → 家园”的空间尺度转换，以此形成了聚族而居的整体景观。因此，血缘和地缘的合一使家屋或家园的地方性得以显现出来，家成为形成感知、归属、认同等人地系统特质（即地方性）的重要基础，反映了现在的自然本底和当下的社会生活、文化逻辑、动力和活力，以此形成一个居住群体，区别于任何一个群体的独特身份。

## 四、理论分析框架的构建：“家”空间的三维空间构成

结合上述研究综述、“家”的理论综述、空间研究转向的理论背景，以及中国语境下“家”的再认识，综合构建本书研究的理论分析框架。

本书认为，“家”首先是提供住所的空间结构，“家”空间内部空间数量、外部家屋建筑数量、大小和组织、可用的服务和设施和美学特征，均是“家”的物质属性的重要组成部分（Despr é s，1991；Sixsmith，1986）。因此，从空间视角来看，“家”是一个物质空间。

同时，“家”并不总是提供了领土（土地）的满足和本体的安全[1-2]，也

[1] Porteous J D. Home: The Territorial Core[J]. Geographical Review, 1976, 66(4):383-390.

[2] Dupuis A, Thorns D. “Meanings of Home for Older Home Owners” [J].Housing Studies,1996,11 (4): 485 - 501.

不是基于内部或外部（inside or outside）二元建构之上[1]，而“家”就是囊括了社会关系现在和未来的一个复杂且变化的地理产品，与政治、经济、文化、制度等公共空间之间有着根本的联系[2]，全球化背景下的“家”并不是安全的、稳定的、有显著边界的，“家”的独特意义并不完全源于一些本质的、内化的历史时刻[3]。相反地，“家”是被动态的、变化的社会关系等所建构的，与具体的社会联系在一起，本质上就是一个由社会关系构成和复制的基本场所[4]，是社会生产的空间，因社会关系通常具有空间形式及内容，存在于空间中并跨越空间。因此，“家”是一个社会空间。

对主体来说，“家”是宇宙和世界的中心、人类存在的重要参考位置及个人意义的来源[5]，“家”提供了安全、亲密和养育的场所[6]，其承载了日常生活的经验与实践、意义与情感、记忆与怀旧[7]；“家”作为理解地方意义的关键场所[8]，个人或群体在此经历了强烈的社会、心理和情感依恋，具有相当大的社会、心理和情感意义[9]，因此，“家”是理解情感意义的关键视角，是一个情感空间。

本书认为，“家”作为一个拥有物质属性、社会属性和情感属性的综合体，是社会实体、心理社会实体或情感空间之一，也是三者的结合[10-12]。空间视角下的“家”就是由物质空间、社会空间、情感空间共同组成的三维空间（见图2-8），对于中国情境下民族社区来说，“家”跨越了家屋和家园两个空间尺度，具体内涵如下。

[1] 封丹，李鹏，朱竑．国外“家”的地理学研究进展及启示[J]．地理科学进展，2015,34(7):809-817.

[2] Rose G. Family photographs and domestic spacings: a case study[J]. Transactions of the Institute of British Geographers, 2003,28(1): 5-18.

[3] Massey D. Space, Place, and Gender[J].Minneapolis, University of Minnesota Press,1994:146-156.

[4] Saunders P, Williams P. The Constitution of the Home: Towards a Research Agenda[J]. Housing Studies 1988,3 (2): 81 - 93.

[5] Relph E C. Place and Placelessness (M). London: Routledge Kegan & Paul, 1976.

[6] Tuan, Y.-F. Home. In Harrison, S., Pile, S. and Thrift, N. editors, Patternedgmun the entanglements of nature and culture[M]. London: Reaktion Books, 2004:164-65.

[7] Blunt A, Varley A. Geographies of home[J].Cultural Geographies,2004,11(1):3-6.

[8] Domosh M. Geography and gender: Home, again?[J].Progress in Human Geography,1998,22(2):276-282.

[9] Easthope H .A place called home[J].Housing, Theory and Society,2004,21(3):128-138.

[10] Giuliani M. “Towards an analysis of mental representations of attachment to the home” [J].The Journal of Architectural and Planning Research,1991, 8 (2): 133 - 146.

[11] Gurney C. “I love Home: Towards a More Affective Understanding of Home” [C].Proceedings of Culture and Space in Built Environments: Critical Directions/New Paradigms, 2000.

[12] Somerville P. “Homelessness and the Meaning of Home: Rooflessness or Rootlessness ? ”, International Journal of Urban and Regional Research[J].1992,16 (4): 529 - 539.

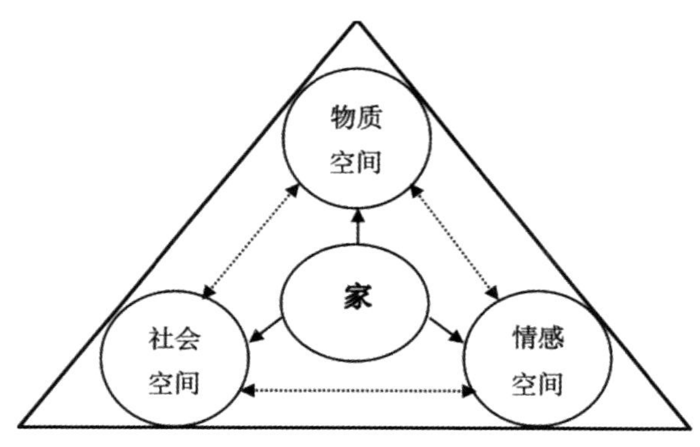


图 2-8　家空间的三维空间构成

（1）物质空间。物质空间指家屋或家园空间的本底空间，是形成社会空间和情感空间的基础，其内涵包括空间形态、大小、数量，以及可用的服务和设施。在本书的研究中，将分别从家屋空间的形态、空间大小、组织关系，家园空间的平面、面积、扩展和重心来反映“家”的物质空间。

（2）社会空间。社会空间是居民和使用者的空间。从家屋的社会空间来看，其包含了家屋内部的功能空间、内部关系和内外部关系和家屋角色等；而家园空间涉及社会结构、功能、生活、管理制度、精神文化，以及旅游空间结构。

（3）情感空间。情感空间是承载居民记忆、怀旧、身份认同等的实体空间和“仓库”。在情感空间中，主体通过家屋或家园的景观、文本或符号等社会文化“情境（context）”的实践、体验、感知和再生产来认知家屋空间或家园空间的情感意义。

（4）在旅游发展背景下，民族社区“家”空间的生产就是指旅游作为外部驱动力推动“家”空间在物质空间、社会空间和情感空间的三维空间的共生产过程，三维空间各自的生产过程和机制存在差异，但存在相互作用和共同演化的过程和机制，而且，家屋和家园两个尺度的生产过程和机制是相互联系的，此即旅游发展背景下民族社区“家”空间生产的整体分析框架。

## 第四节　本章小结

（1）研究综述发现，旅游开发保护、旅游社区参与、旅游可持续性及旅游和村寨文化构成的四大议题及其下面相关议题共同构成了国内外民族社区旅游研究的核心议题——旅游影响，这为本书研究核心议题——旅游发展背景下（或旅游影响下）民族社区的相关研究提供较好的理论和实证支撑。但相关多以社会学、人类学等学科切入，空间视角下民族社区的旅游影响议题却处于缺场状态，相关空间研究多为中观的社区（或群落）的尺度为主，鲜有对微观家空间的研究，尚无结合中观社区尺度家园和微观尺度空间家屋的跨尺度生产或演化研究。此外，民族社区旅游对“家”的研究中，鲜有对“家”空间的生产过程机制的研究，更无家空间生产过程和机制的全局型研究。

（2）理论综述发现，空间维度处于被忽视的状态，空间只是相关议题的背景，而非维度。①“家”的建筑学关注到“家”的空间物理结构和建筑风格的特征，但较少关注空间中的社会关系和存在，空间作为社会关系、日常生活体验、意识、情感和价值等的载体仍被忽视。②“家”的社会学对空间在“家”内外部关系的改造、既有关系的转化、居民的社会角色和情感的形塑等关注较少，常将“家”视为一个系统整体，且主体被视为普遍性质的人，而非差异性的人，仅用于投射社会和团体互动的过程，因而无法反映主体的日常生活经验及其独特性，尤其是情感、认同、感知、创造性等应有位置。“家”的心理学忽略了“家”的空间维度如何反映和形塑居民的社会角色、心理认同和情感归属，集中在个体的心理经验层面，相关心理测量数据也多为静态的截面数据，不能较好反映动态过程。

（3）在空间研究中“区域差异 → 空间分析 → 社会理论”等三次研究范式的变革过程背景下形成的“社会转向”和“情感转向”使我们逐渐认识到：空间不仅仅是科学的对象、空洞的容器、抽象物化的自然空间，更是人文的关怀、权力的媒介、主体的建构及具体情境的社会产物；空间具有政治性和策略性，是弥漫着社会关系与权力博弈的空间。空间既是客观的、又是主观的，可以附着于地表（地域空间），也存在于人的思维意识之中（意识空间），涵盖一切通过社会行动、社会互动或日常生活实践所建构的意义、情感、身份认同、价值以及意识形态，即空间是“多重空间的复合体”，并随历史的演变而重新结构和转化（陆大道，1988；苗长虹，2004）。

（4）中国情境下“家”的概念具有强伸缩性、多尺度性的特征，“家”的内涵和属性具有多重性特征。血缘和地缘合一形成了“家”的原始状态。血缘关系是形成实际的、活生生的家庭的内在基础，以此延伸出家庭、家族等多种伸缩性极强的“家”的概念，地缘是血缘的投射，可从有形和无形两个层面来理解，是外在的基础，以此延伸出家屋（Home）、家园（Homeland）和家国（Home country）等不同空间尺度的“家”。对本书民族社区的研究来看，“家”庭、“家”族和村寨合为一体，个人也从属于相关群体，内在地形成了“家庭→家族”的伸缩概念，外在地形成了“家屋→家园”的空间尺度转换，以此形成了聚族而居的整体景观，因此，血缘和地缘的合一使家屋或家园的地方性得以显现出来，“家”成为形成感知、归属、认同等人地系统特质（即地方性）的重要基础，反映了现在的自然本底和当下的社会生活、文化逻辑、动力和活力，以此形成一个居住群体，区别于任何一个群体的独特身份。

（5）“家”就是由物质空间、社会空间、情感空间共同组成的三维空间，且在民族社区呈现“家”屋空间向“家”园空间的尺度转换。物质空间指“家”屋或“家”园空间的本底空间，社会空间是居民和使用者的空间，情感空间是承载居民记忆、怀旧、身份认同等的实体空间和“仓库”。

旅游发展背景下“家”空间生产就是指旅游作为外部驱动力推动“家”空间在物质空间、社会空间和情感空间三维空间的共生产，三维空间各自的生产过程和机制存在差异，但存在相互作用和共同演化的过程和机制，而且，家屋和家园两个尺度的生产过程和机制是相互联系的，此即旅游发展背景下民族社区“家”空间生产的整体分析框架。

# 第三章　家与家屋：旅游发展情境下家屋空间的生产过程

在本章的研究中，我们将基于不同旅游发展阶段（共时性）村寨及其典型家屋案例，进行现场制图和深度访谈，基于此，结合对空间句法的理论与方法体系的认知，以及质性研究方法，展开对家屋物质空间、社会空间和情感空间的过程性“解码”，最后，通过对不同旅游发展阶段的典型案例进行整合分析，形成旅游发展背景下家屋空间重构过程及其影响的基本结论。

## 第一节　空间句法：理论及方法基础

空间句法（Space Syntax）是一门研究社会空间关系、结构和逻辑的理论及方法。其源于20世纪70年代空间研究的“社会转向”。英国伦敦大学希利尔教授（Hillier）在对人居空间环境研究中注意到空间中的社会因素和社会结构中的空间因素，指出人居空间结构存在社会文化逻辑及空间法则[1]。1984年，希利尔（Hillier）和汉森（Hanson）在《空间的社会逻辑》（*The Social Logic of Space*）一书中对空间句法的概念、理论和方法进行了更为深入的阐释，认为建筑及城市的内在空间逻辑会对人类活动、社会交往的方式和强度产生影响[2]，空间句法正式提出。随后，希利尔在1996年在其所著的《空间是机器——建筑组构理论》一书中则将空间句法理论发扬光大。

[1]　杨滔．说文解字：空间句法 Looking inside “Space Syntax”[J]. 北京规划建设，2008(1):75-81.
[2]　Hillier B,Hanson J.The Social Logic of Space[M].London: Cambridge University Press,1984.

## 一、理论要义

空间句法提供了一种描述空间组合关系的方式，而将空间作为组织自身的关键和必要资源是空间语法的出发点[1]，从人类社会和空间的关系的角度来研究居住空间形式的结构（Bafna，2003），强调了从整体的角度分析空间形态。同时，空间句法是关于元素与关系的哲学思辨，有助于分析空间形态[2]，具体如下。

### （一）空间本体的关联性

空间句法以人们日常生活可以使用的物质虚体（对立面为物质实体形态[3]），即空间本体作为研究对象[4]。空间本体的形成如同自然界天然形成一样，也具有自在特性[5]，这与地理学、建筑学学科视野下的空间属性研究存在差异。而且，通过挖掘不同的空间安排的产生发生，空间句法还能进一步反映空间本体的基本形式、功能及其之间的关系[6]。可以这样说，在空间句法的逻辑中，空间本身属性并不重要，重要的是空间与空间之间的关系，这种关系决定了某一空间的功能。

### （二）空间的社会属性

列斐伏尔（Lefebvre）认为，由于社会关系存在于空间之中，人们在对空间进行塑造的同时，也被空间所形塑（Lefebvre，1991）。据此，希列尔（Hillier，1984）指出，在社会经济活动过程中形成的人造空间本身就具有社会属性，而这种社会属性与特定空间形态有着内在、固有的联系，社会结构本质上是

[1] Bafna S. Space syntax:A brief introduction to its logic and analytical techniques[J].Environment and Behavior,2003,35(1):17-29.

[2] 黄子云 . 湖南古镇建筑群形态的空间句法研究 [D]. 长沙 : 湖南大学 ,2013.

[3] 物质是不依赖于人的意识、并能为人的意识所反映的客观实在。相对于物质的具体形态（实体）来说，它是共性；而物质的具体形态（实体）则是个性。物质的具体形态（实体）是物质，但不能反过来说物质就是物质的具体形态（实体）。

[4] Hiller B. Credible mechanisms or spatial determinism[J].Cities,2013, 34 (10):75-77.

[5] 白艺佳 . 基于空间句法的荣巷古镇街区空间特征分析 [D]. 无锡 : 江南大学 ,2009.

[6] Dalton N S , Peponis J , Dalton R C .To tame a TIGER one has to know its nature:extending weighted angular integration analysis to the descriptionof GIS road-centerline data for large scale urban analysis[J].Proceedings of International Symposium on Space Syntax.ucl, 2003.

空间的，空间与社会通过人类活动得以联结、不断进行动态修改和重构，因此，居住空间的配置具有其基本的社会逻辑。通过挖掘建筑形式与社会功能之间的关系，不仅能将社会和空间关联起来，而且能理解空间自身的配置，尤其其形成过程和社会意义、社会模式，使人们更好地认识空间，指导空间的实践（杨滔，2008；Bafna，2003）。简而言之，空间句法的目的在于借助已有的空间本体关系来透视其背后的社会文化逻辑（Bafna，2003）。

## 二、关键概念

### （一）空间构型

空间构型是由一系列相互依赖的关系组成的系统，系统中某种关系的性质取决于其与其他关系的“关系”[1]，因而，空间关系之间的“关系”是空间构型的核心要义。如同系统或结构概念一样，空间关系要素间的“关系”形成了“牵一发而动全身”的关系，如同系统或结构的整体与部分辩证关系一样，构型是普遍存在的现象[2]。此外，希列尔认为房屋的庇护功能只是一方面，批判了将房屋原始属性作为庇护场所的主流观点，因为房屋建造初期的内外之别就说明其具有更为深刻和复杂的空间“关系”属性和社会属性。

总之，作为一种空间研究范式，空间构型具有不可言的特性 (Hiller，1996)，其强调了空间及空间系统相互关系，不仅弥补了以往空间研究中重个体而忽略空间本体间关系的不足，也使人们能直接认知空间本体的物理结构，反映空间中的主体行为及社会关系，更能深层次挖掘空间本体所承载的社会文化内涵及逻辑[3]。

### （二）空间分割

空间分割本质就是一种量化空间、具象化空间的方法和手段，也是进行

[1] Hiller B. Space is the Machine: A Configurational Theory of Architecture[M].Cambridge:Cambridge University Press,1996.

[2] 杨凯 . 旅游影响下丽江古城空间演化研究——基干形态、功能及行为视角 [D]. 昆明 : 云南大学 ,2015.

[3] 丁传标 , 古恒宇 , 陶伟 . 空间句法在中国人文地理学研究中的应用进展评述 [J]. 热带地理 ,2015,35(4): 515-521.

空间句法分析的第一步[1]。空间句法将拓扑学作为空间分割的学理基础，以元素间相互关系作为研究对象，能较好地量化关系间的空间构型，进而提取建筑（或城市）空间形态的基本特征。同时，空间句法从主体空间感知出发，将空间划分为大尺度空间和小尺度空间，分别对应整体空间和局部空间，通过对局部空间关系的整合，主体对整体空间得以认知。其中，凸状法（Convex Map）、轴线法（Axial Map）和视域法是（Segment Map）空间句法中三种空间分割方法[2]。

所谓凸状是指在欧式几何的凸状区域中，连接每一对点的直线上的每一个点都在该区域内[3]，例如，一个固体立方体就是一个凸状区域，但是任何空心的或有缩进的东西（如新月形）都不是凸集。在空间句法中，如果连结空间中任意两点的直线都在该空间中，则该空间为凸状空间（张晓瑞，2014）。此处的凸状空间为上述的小尺度空间，即主体可以感知的局部空间（见图 3-1）。因此，凸状法就是将空间系统类的每一凸状作为关系节点，通过各个凸状之间的相互关系，为句法模型的测度奠定基础。从认知角度讲，凸状空间表达了人们相对静止的使用和聚集状态[4]。

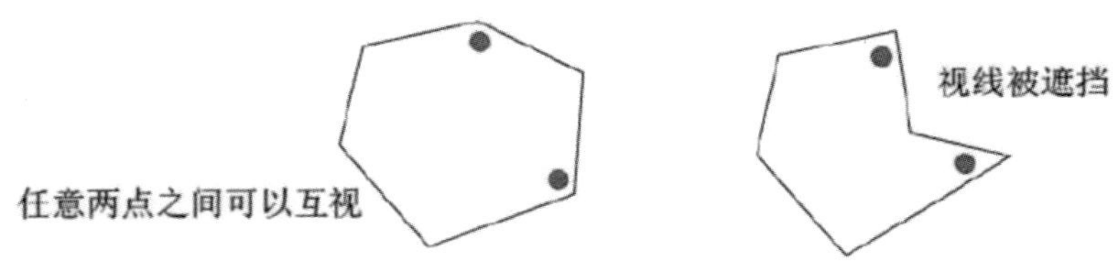


**图 3-1　凸状空间的定义**

图片来源：希利尔（2008）[5]

[1]　张晓瑞，程志刚，白艳．空间句法研究进展与展望 [J]. 地理与地理信息科学，2014,30(3):82-87.

[2]　由于本书主要以建筑空间作为研究对象，因此，仅对凸状空间进行详细说明。

[3]　Wikipedia.Convex set(EB/OL].[2018-04-26]. https://en.wikipedia.org/wiki/Convex_set.

[4]　刘文艳．基于空间句法理论的中日传统民居室内空间组织特征比较研究——以黟县屏山村和弘前市仲町为例 [D]. 合肥：合肥工业大学，2014.

[5]　比尔・希利尔．空间是机器：建筑组构理论（原著第 3 版）[M]. 杨滔，张佶，王晓京，译．北京：中国建筑工业出版社，2008.

## 三、指标运算

### （一）连接值（Connectivity Value, CN）

连接值是指在全局空间系统中，与第 $i$ 个局部空间相交的空间数量，即与某一空间组构要素相邻要素数量的数值，属于描述建筑局部结构特征的数值。在连接图中，连接值就是与第 $i$ 个要素节点相连的节点数，其反映了局部空间的渗透性和可达性。因此，某一空间的连接值越高，意味着该空间渗透性和可达性较好，其周围空间的连接程度越高，反之，则意味着该空间在网络中处于相对孤立或受限的位置。连接值的计算公式为：

$$C_i = \sum H_{ij}$$

其中，$H_{ij}$ 为局部空间 $i$ 和 $j$ 之间的关系，当两者相交时 $H_{ij}$=1，不相交时则 $R_{ij}$=0。

### （二）深度值（Depth Value，DV）

深度值表示空间系统中某一局部空间 $i$ 与其他空间的最短距离，主要用于观察相邻空间之间的相互关系，可分为全局深度值和局部深度值。比如，在某个全局空间系统中，局部空间 $i$ 和 $j$ 相邻，则深度值为 1，如果空间 $i$ 到 $k$ 需要透过 $j$，则深度值为 2，以此类推。因此，节点深浅代表空间距离之间的远近。需要说明的是，深度值表达的是拓扑学意义上的可达性，即空间的转换次数或便捷度，而非实际距离。通过深度值可以看出建筑空间的私密性，本书采用平均深度值，其表示了建筑内部某一凸空间 $i$ 与其他凸空间的拓扑距离之和的均值，深度值的计算公式为：

$$D_i = \sum_{j=1}^{t} d_{ij} / (n-1)$$

其中，$d_{ij}$ 为凸空间 $i$ 到 $j$ 所经历步距，当 $j$=1 为最短步距，且 $j$ 不等于 $i$。

### （三）整合度值（Integration Value，IV）

整合度值也称集成度值，是描述建筑整体结构特征重要的指标，也是最常用到的技术参量，整合度值表示局部空间 $i$ 与其他空间的集聚或离散程度，其反映了空间的可达性。如果某一局部空间的整合度值越高就说明该空间在整个全局空间中的可达性越高，反之，整合度值越低则表明该空间的可达性越差。当空间系统中所有局部空间距离越近，且相互间的联系受障碍物干扰较少，则该空间系统就较为聚集。与深度值一样，整合度值也同样分为全局整合度值和局部整合度值。前者表示空间节点与整个系统内所有空间节点联系的紧密程度，故所有空间节点均在句法计算之中；而后者表示某节点与其相邻空间节点间（而并非所有空间节点）的紧密程度。

在计算中，整合度值由平均深度值标准化后得到，其剔除了凸空间数量 $n$ 对平均深度值（$MD_i$）的影响，整合度值的计算公式为：

$$RA_i=2(RA_i-1)/(n-2)$$

$$D_n=2\{n[log_2(\frac{n+2}{3})-1]+1\}/(n-1)(n-2)$$

$$RRA_i=RA_i/D_n$$

$$I_i=1/RRA_i$$

其中，为了使参数正态分布，$RA_i$ 为 $MD_i$ 归一化的结果，$RRA_i$ 为使用 $D_n$ 进行二次归一化的结果。

## 四、相关实证研究

旅游领域的空间句法研究主要涉及空间可达性分析、空间形态分析、城市游憩空间分析和主体认知探讨四个方面的研究，具体内容如下。

### （一）空间可达性分析

张琪等（2015）[1] 等利用空间句法从客观层面和主观层面的可达性对武汉市景点的全局可达性、局部可达性及感知可达性进行了评价。李登飞等 [2] 对阆中古城的可达性分析发现，古镇空间构型的整合值、控制值、开放值等较高，意味着可达性较高，其人流量也较高。

[1]　张琪，谢双玉，王晓芳，等．基于空间句法的武汉市旅游景点可达性评价 [J]. 经济地理，2015,35(8):200-208.

[2]　李登飞，严贤春，余燕，等．基于空间句法的阆中古城游览空间可达性分析 [J]. 西华师范大学学报（自然科学版），2016,37(4):456-460.

### （二）空间形态分析

杨凯（2015）认为丽江古镇空间的演化和分布就是形态适应功能的过程，而游客则是两者相互作用的基础，因此，古镇空间的演化是形态、功能与行为模式相互作用的结果。周佳颖等（2018）[1]结合空间句法和核密度方法对历史街区的空间结构与商业发展关系的研究表明，景点与商业的线性集聚大致与可达性相关，而商业的空间集聚则对人的流动和行为有较大影响。王浩锋等[2]基于街道网络对古镇功能演化影响发现，认为空间隔离使得丽江古城与城市缺乏有机联系，进一步导致古城功能异化为游客集散中心，而游客成为空间的主要使用者。

### （三）城市游憩空间

钱冶澄（2014）[3]对厦门岛游憩空间的研究发现，厦门岛游憩空间呈相对集中、有机分散的形态，有明显的集成度中心；而主体对空间可达性信息较为容易理解和观察，游憩空间具有较好的可理解性。陶伟等（2015）[4]等对空间句法在城市游憩系统空间规划中的应用进行了探讨，但相关研究注重空间类型、结构演化及其机制的课题研究，较少关注主体性研究。

### （四）主体认知探讨

鲁政（2013）[5]把历史街区空间句法集成度及主体认知地图的调研结果进行发现，无论是转换前或转换后的集成度指标与主体关于节点、标志物等意象出现频率均有相关性，因此，空间构形对人们结构性意象的形成有着重要的影响力。在探讨空间结构和社会关系中，吴荣华等（2014）[6]通过对夫子庙道路、景点与商铺等要素之间的空间关联发现，以夫子庙为代表的城市历史

[1] 周佳颖，张景秋．基于空间句法的历史街区空间形态研究——以北京前门地区为例 [J]. 北京联合大学学报 ,2018,32(1):22-27.

[2] 王浩锋，饶小军，封晨．空间隔离与社会异化——丽江古城变迁的深层结构研究 [J]. 城市规划，2014 ,38 (10) : 84-90.

[3] 钱冶澄．基于空间句法的城市游憩空间形态研究——以厦门岛为例 [D]. 厦门 : 厦门大学 ,2014.

[4] 陶伟，丁传标，古恒宇．空间句法理论在城市游憩系统空间规划中的运用 [J]. 规划师 ,2015 (8) :26-31.

[5] 鲁政．认知地图的空间句法研究 [J]. 地理学报 ,2013,68(10):1401-1410.

[6] 吴荣华，张宏磊，张捷，等．城市历史文化旅游地的小尺度空间结构及关联——以南京夫子庙景区为例 [J]. 地理研究 ,2014,33(12):2427-2436.

文化旅游地的道路在针对游客、居民和城市人群等群体明显分化为三类道路，且在空间区位、空间句法值、使用人群上有所差别。

综上可以看出，空间句法研究在旅游领域已有一定的涉及，但是多为城市或社区尺度的研究，较少对旅游领域类建筑空间内部的研究，本书将结合这一研究缺口，展开旅游发展背景下民族社区家屋空间的重构过程的研究。

## 第二节　研究过程

### 一、案例的选取

案例的选取依据研究将基于相同的文化背景和资源特征、相近的地理区位，以及可进入性及可操作性较强等原则[1]，在前期的跟踪调查中，初步选取南贵村、平寨村、羊排村、东引村、干荣村、营上村、开觉村、麻料村、控拜村和乌高村10个村寨作为研究案例的候选村寨。通过对案例地进行多次了解和调研的基础上，最终确定南贵村、平寨村、羊排村、东引村、干荣村和麻料村6个村寨作为案例地，其中，南贵村、平寨村、羊排村、东引村位于旅游发展的核心区，干荣村位于旅游发展的过渡区，麻料村位于旅游发展的边缘区。进一步结合村寨旅游发展实际情况[2]（见表3-1）及相关研究的划分[3]，将确定的6个村寨旅游生命周期划分为旅游发展探索阶段、参与阶段，以及发展阶段，分别对应“家”空间的过去和现在，空间上则分别对应边缘区、过渡区和核心区等旅游影响程度不同的空间区域，突出旅游作为主要驱动因子的作用过程，力图全面、多方位反映不同旅游发展阶段民族社区居民家屋空间重构的共时性过程，村寨具体情况及选取缘由如下。

[1]　李瑞，吴殿廷，殷红梅，等．民族村寨旅游地居民满意度影响机理模型与实证——以社区、政府和企业力量导向模式的比较研究[J]．地理学报，2016,71(08):1416-1435.

[2]　相关数据源于笔者参与的相关科研项目。

[3]　蔡溢．旅游影响下民族村寨居民文化依恋的时空变迁机制研究[D]．贵阳，贵州师范大学，2015.

表 3-1 典型案例地旅游发展实际情况

| 案例地点 | 与景区距离（千米） | 受访者旅游就业数量及比重 | | 旅游经营户的数量及比重 | | 生命周期 | 空间范围 | 旅游辐射程度 |
|---|---|---|---|---|---|---|---|---|
| | | 数量（户） | 比重（%） | 数量（户） | 比重（%） | | | |
| 平寨村 | 0.48 | 93 | 35.6 | 125 | 28.4 | 发展阶段 | 核心区 | 强<br>↓<br>弱 |
| 南贵村 | 0.51 | 135 | 48.9 | 197 | 43.2 | | | |
| 羊排村 | 0.99 | 72 | 34.0 | 57 | 13.0 | | | |
| 东引村 | 1.1 | 29 | 23.2 | 16 | 3.6 | | | |
| 干荣村 | 2.6 | 19 | 42.0 | 11 | 2.5 | 参与期 | 过渡区 | |
| 麻料村 | 6.4 | 1 | 4.2 | 1 | 0.2 | 探索期 | 边缘区 | |

注：数据于 2017.08 通过入户调查获取。

### 1. 旅游探索期

选取麻料村为旅游发展探索期（边缘区）案例地（图 1-1）。麻料村位于西江苗寨东北部，海拔 970 米，距离西江苗寨 13 千米。全村由 10 个村民小组、180 户人家组成，共有 800 多人，其中 98% 以上为苗寨人口，村寨总面积 3.71 平方千米，耕地面积 556 亩，人均耕地面积 0.79 亩。选取麻料村作为案例地的理由如下：①处于西江苗寨旅游辐射的边缘区域，整体属于旅游发展的探索阶段，旅游并非村寨家庭空间演化的主导力量，村寨房屋多为自住型，家屋基本传承了传统苗族吊脚楼的基本内涵及意义[1]；②作为雷山县 3 个银匠村之一，麻料村从事银饰制作的人口占了全村人口的 80% 以上，银饰制作和外出务工成为村民的主要收入来源，极小部分来源于种植养殖收入，旅游收入占比较低。综上，选择此区域案例能较好反映在旅游发展前（初期）苗族家屋空间所呈现的背后的社会逻辑及意义。

### 2. 旅游参与期

研究选取干荣村为旅游发展过渡区的案例地（图 1-1）。干荣村位于西江

[1] 案例所在地麻料村因 1972 年发生大火，大部分房屋被烧，村里大部分房屋是在大火后修建而成。

苗寨北部，距离西江苗寨 3 千米。全村总面积 8 平方千米，耕地面积 419 亩，森林覆盖率达 80% 以上。2010 年第 6 次全国人口普查统计数据显示：全村由 5 个村民小组、186 户人家组成，共 810 人，其中，苗族人口占 99.8%，农业种植、外出务农旅游接待是村民收入的主要来源。选取干荣村的作为过渡区样区的原因如下：①干荣村与旅游发展的核心区空间距离近，文化背景相同，便于对比研究；②因朗西公路[1]的影响，假日或旅游高峰期干荣村会受到核心区部分外溢游客涉入的影响，居民对旅游影响的感知逐渐显现，部分居民开始利用自家房屋改造进行餐饮和住宿接待，尽管旅游接待成为村民的收入来源之一，但生计方式的兼业现象显著；③受旅游波动的影响，村寨家庭建筑既包含了边缘区的传统居住型，也包含了因旅游波动影响的混合型家屋，村寨家庭空间的形态、功能、内涵和意义因旅游不完全开始发生重构。

**3. 旅游发展期**

旅游发展期[2]主要涉及南贵村、羊排村、平寨村及东引村 4 个位于景区内部的村寨（图 1-1）。与旅游探索期和旅游参与期的村寨相比，旅游发展期村寨家庭的空间形态、内涵、意义等方面不断重构，家庭空间类型除了前述的旅游探索期的传统型和旅游参与期的过渡型外，出现了游客与家庭成员深度交融的融合型家屋，以及完全商业化的商业型家屋两种主要类型。本书在对多个案例中分别抽取了以下两个典型案例进行实证分析。

## 二、数据的获取

在前期调研的基础上，结合前述分类原则和实际情况，初步确定拟选取典型案例。然后于 2017 年 5 月 31 日—6 月 3 日对西江苗寨村落群进行调研，后于 2022 年和 2023 年 7 月前往案例地进行补充调研（见附录 5）。

### （一）现场绘图

调研组现场一方面对典型房屋的基本结构、布局及其功能等基本现状进行手绘，并及时将手绘图在 Auto CAD（Computer Aided Design）平台进行电子示意图的转换，确保绘图的准确性和及时性，为后续量化研究做好准备。

[1] 2008 年修建的西江苗寨通往凯里市的朗西旅游公路自北向南跨越干荣村。

[2] 旅游发展核心区的简介此处不再作重复介绍，详见前文研究区概况。

### （二）深度访谈

在进行现场绘图的同时，调研组从典型家屋居民[1]的空间体验和使用、家庭内外部关系和情感建构等方面切入，利用设计好的访谈提纲进行半结构式的深入访谈，访谈主要涉及以下三个开放式问题。

问题1：平时您喜欢待在家里的哪个地方？在哪里？（如卧室，堂屋，厨房，美人靠等）

问题2：为什么会感到喜爱？（情感空间意义）

问题3：这个地方对你来说意味着什么？

访谈过程中，尽量在开始保持一个轻松愉快的交流，当谈话进入状态之后，访谈者逐渐渗入问题，访谈者根据受访者的回馈进行追踪提问，每个访谈持续30分钟左右，为了保证研究的准确性，辅助使用事先准备好的西江苗寨代表性地方图片，帮助受访者理解与感知。调查过程中进行笔录访谈内容，在访谈者允许的情况下进行录音。

## 三、分析步骤

### （一）凸空间划分

基于任意两点相互可见的凸空间划分原则（希利尔，2008），结合房屋的基本结构、布局、功能及其实际使用情况对苗族家庭内部空间的堂屋、卧室、客房、厨房、粮仓、洗手间等进行矩形凸空间的划分，按照从房屋入口向其他空间延伸的顺序，形成数量不一的凸空间并对其进行编号，并借助AutoCAD软件平台形成凸空间示意图，将形成的凸空间示意图另存为“.dxf”格式文件，为凸空间的联结及量化分析做好准备。

### （二）凸空间的联结

凸空间的联结是家庭空间内部形态得以量化的基础，目的在于反映空间之间的联结及拓扑关系（希利尔，2008）。研究过程中基于案例家庭空间的实

[1] 抽样对象并不局限于典型研究案例。

际情况，将形成的“.dxf”格式文件导入空间句法软件“Depthmap”[1]，在“Link”和“Unlik”功能板块对房屋分层和整体空间进行连接，形成联结关系图（见图3-2）[2]。凸空间联结关系图能够直观地反映某一凸空间与之相联结空间数量，及其到达房屋任一空间的拓扑步数。

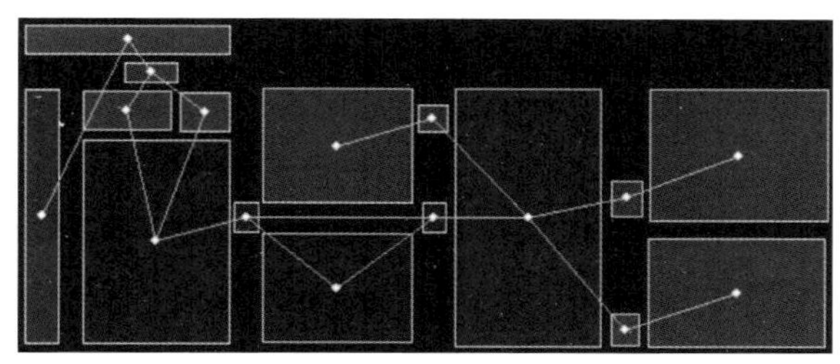

图3-2　凸空间联结图

## （三）分析结果的解读

通过“Depthmap”软件工具栏的“Convex”模块中的“Run Graph Analysis”子模块进行数据的运行，根据运行后的报表进行数据解读和分析，一般凸空间分析主要从其连接值（Connectivity Value）、控制值（Controllability）、整合度值（Integration Value）、深度值（Depth Value）、集成值（RRA值）进行单案例的数值解读，通过均质（Average）、最大值（Maximum）、最小值（Minimum）和标准方差（Standard Devotion）对不同旅游生命周期的案例进行对比研究。分析结果按照数值从高到低用红色到蓝色的颜色变化对凸空间着色，颜色越暖表示数值越高，越冷则表示数值越低。

[1] Depthmap是由英国空间句法公司基于空间句法理论而开发的软件。软件主要用于空间的网络分析，以此理解建构空间环境的社会过程。Depthmap可以对微观建筑、中观区域、宏观城市或地区等不同尺度的分析。在每个尺度上，Depthmap的目标是生成一个开放空间元素的映射，通过一系列的关系将它们连接起来（比如互连或重叠），然后对产生的网络进行图形分析。分析的目的是得到可能具有社会或经验意义的变量（源自：https://www.ucl.ac.uk/bartlett/architecture/research/space-syntax/depthmapx）。

[2] 该图仅作为描述凸空间的实际连结步骤过程实例。

### （四）定性分析和解读[1]

通过对访谈的文本定性分析也叫质性分析，是研究者在自然情景下对文字、图片、语音和影像等定性材料进行归纳和整理并形成主题、概念和理论的一种方法。定性分析强调对研究结果的“真实性”和“可靠性”进行探究，而且能够深入了解微观社会文化的结构[2]。

## 第三节　家屋空间重构过程分析

### 一、旅游探索期：传统型家屋

案例为三代扩大家庭[3]（见图 3-3）。户主夫妇二人共育三个子女，有四个孙子，子女均外出打工，现留有一名学龄孙子由户主夫妇抚养，属于典型的农村留守或空巢家庭。房屋建于 1972 年，至今已有 40 余年，为苗族传统 3 层木质结构吊脚楼，即底层饲养牲畜、中间层为家庭成员的活动层，顶层堆放谷物及杂物，除子女外出务工的家庭补给外，银饰制作也是收入来源之一。

[1] 由于家园情感空间的类目较多，家屋空间和家园空间之间的情感空间特征存在交叉，因此定性分析方法的步骤详述请见第四章的第一节进行详细描述。

[2] Anderson D H, Fredrickson L M. A qualitative exploration of the wilderness experience as a source of spiritual inspiration. Journal of Environmental Psychology, 1999, 19(1): 21-39.

[3] 扩大家庭是由有共同血缘关系的父母和已婚子女，或已婚兄弟姐妹的多个核心家庭组成的家庭模式。

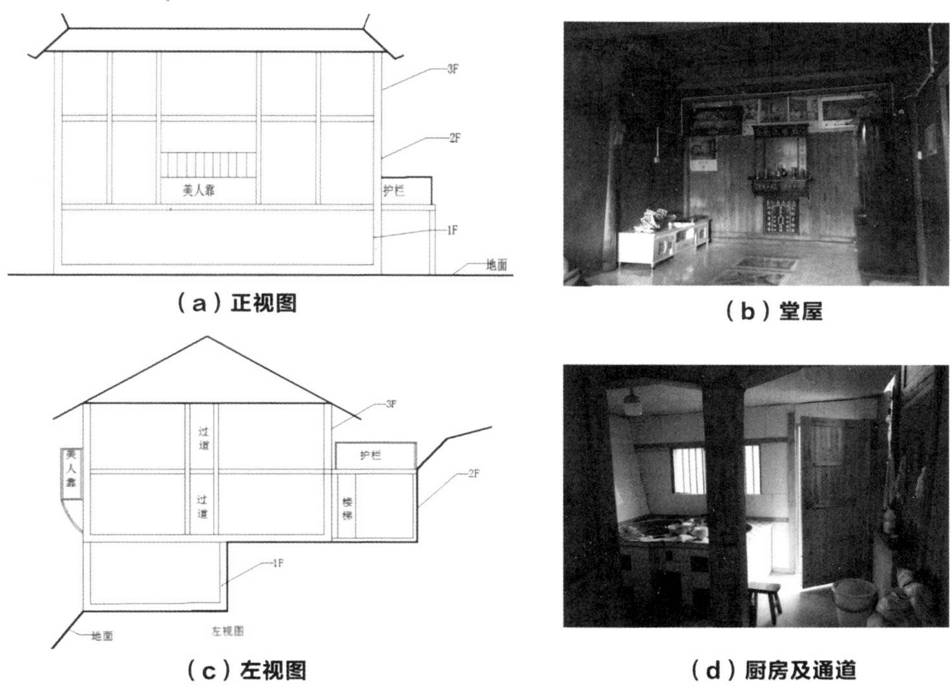


（a）正视图

（b）堂屋

（c）左视图

（d）厨房及通道

图 3-3　传统型家屋基本情况

## （一）家屋物质空间

结合图 3-4、图 3-5、图 3-6 和表 3-2 可知：①连接值。堂屋（7）和厨房（2）的颜色最暖，对应的连接值最高（均为 4），渗透性和可达性也较强。②深度值。卫生间和卧室的颜色最暖，对应的卫生间（13）深度值最高，其次为主要卧室（10、11、6），反映这类空间的私密性强，而深度值较低的为厨房，基本遵循连接值较高，深度值较低的关系。③整合度值。厨房和堂屋的颜色最暖，对应的整合度值前三的依次为厨房（2）、次堂屋（2）和堂屋；整合度较低的空间位于房间的左下侧的卫生间（整合度值为 0.33），说明卫生间在房屋整体空间格局的地位较低。④ RRA 值。房屋 2 层 RRA 值为 1.95，一般高于此数平均数值意味着此类空间较为隔离，这类空间涉及卫生间（12），以及房屋深处的卧室（8、9、11）、储物室（11）。

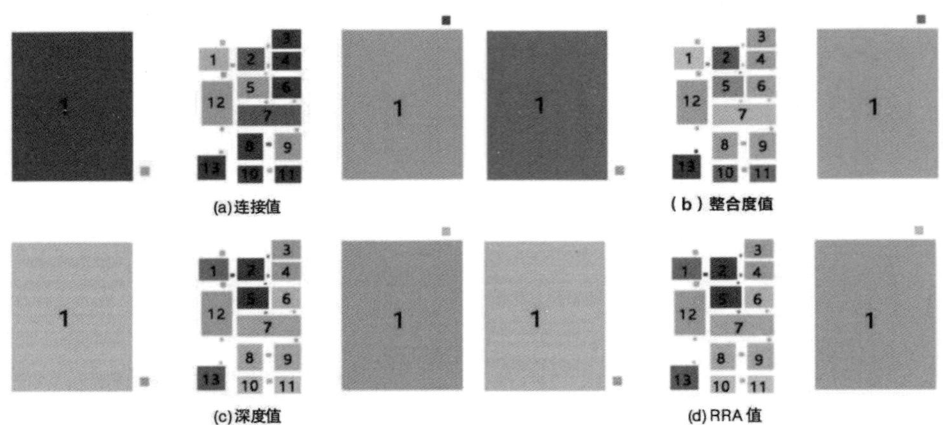


图 3-4　传统型家屋平面凸空间组构

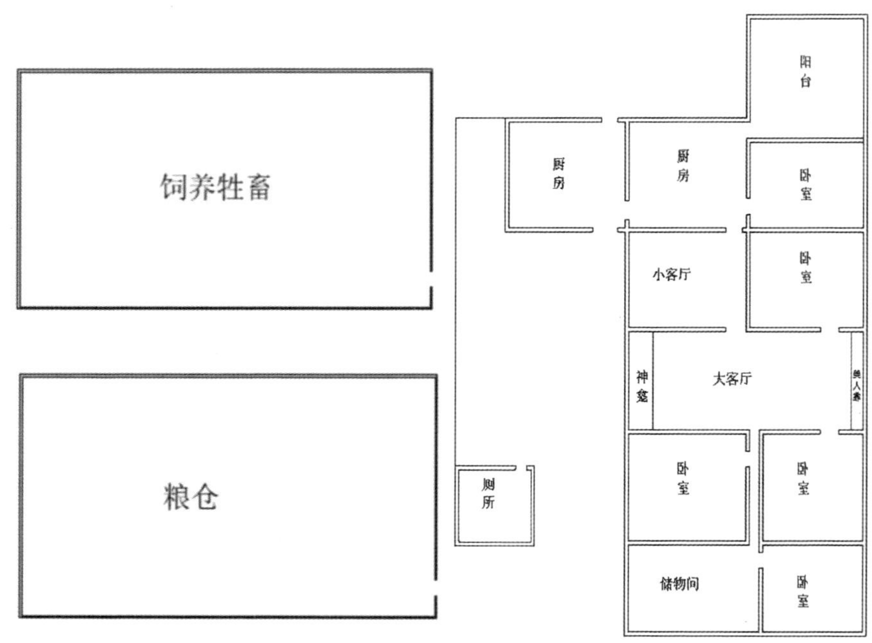


图 3-5　传统型家屋平面功能

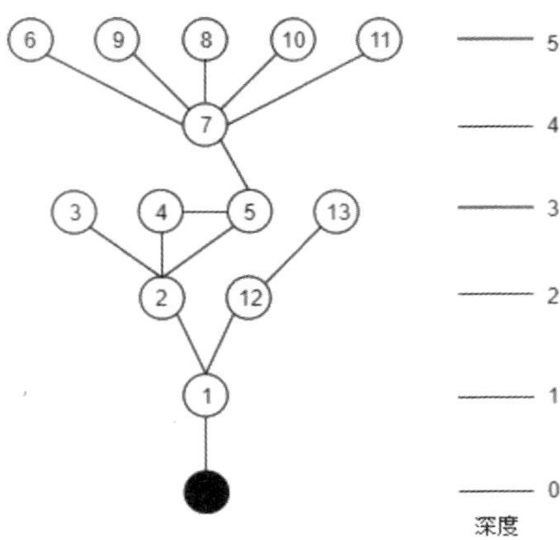


图 3-6　传统型家屋拓扑深度（第 2 层）

表 3-2　传统型家屋空间句法指标

| 楼层 | 序号 | 名称或功能 | 连接值 | 整合度值 | 深度值 | RRA 值 |
|---|---|---|---|---|---|---|
| 1 层 | 1 | 牲畜饲养 | 1 | 0.41 | 7.1 | 2.41 |
| 2 层 | 1 | 厨房—1 | 3 | 0.71 | 4.55 | 1.40 |
| | 2 | 厨房—2 | 4 | 0.83 | 4.06 | 1.21 |
| | 3 | 阳台 / 美人靠 | 1 | 0.51 | 5.93 | 1.95 |
| | 4 | 次卧 | 1 | 0.51 | 5.93 | 1.95 |
| | 5 | 次堂屋 | 2 | 0.74 | 4.41 | 1.34 |
| | 6 | 主卧—1 | 1 | 0.43 | 6.90 | 2.33 |
| | 7 | 堂屋 | 4 | 0.63 | 5.03 | 1.59 |
| | 8 | 次卧 | 1 | 0.45 | 6.62 | 2.22 |
| | 9 | 主卧—2 | 2 | 0.46 | 6.55 | 2.19 |
| | 10 | 储物室 | 1 | 0.39 | 7.45 | 2.55 |
| | 11 | 次卧 | 1 | 0.39 | 7.45 | 2.55 |
| | 12 | 杂物间 | 2 | 0.51 | 6 | 1.97 |
| | 13 | 卫生间 | 1 | 0.33 | 8.69 | 3.03 |
| 3 层 | 1 | 谷仓 | 2 | 0.49 | 6.14 | 2.03 |

## （二）家屋社会空间

家屋的楼层空间布局与传统吊脚楼基本一致，基本功能是生产和生活（见图 3-5），空间的增减等重构以生活质量的提升为主要目的。从家屋各层功能分布来看，1 层空间以往主要用于饲养牲畜，但在家庭生命周期演进的过程中，因户主年纪增大，子女外出打工，收入结构的改变，1 层空间现已停止使用；3 层空间为农业生产层，主要为谷物堆放。2 层是家庭的生活和居住空间，基本保留了传统功能：堂屋正中央为祭祀空间，美人靠左右两侧为主卧。基于生活质量改善的目的，近几年不断添置了现代化的家具、电视，并于 2016 年在房屋右后侧增加了独立的卫生间，尽管现代化的电磁炉已进入厨房，烹饪过程中仍使用柴火。此外，户主还拥有村里另一处住房，主要功能为满足春节等节日家庭外出打工归家的居住成员的居住。

从家屋关系来看，由于案例家屋的主要青壮年外出打工，除节假日外，家庭的内部的基本关系类型为祖孙关系[1]。在家屋内外关系中，社区关系构成了自己的社会关系，基本属于传统的熟人关系，表现为家屋与外部的边界并不明晰，除了私密性较强的卧室和卫生间外，家屋与家园（社区）基本自成一体，家园就是家屋（受访者：反正整个麻料村的人我都认识，所以我们出去干农活都不上锁的，有人来我家直接推门进来就行了……）。

## （三）家屋情感空间

作为情感的重要载体，处于堂屋正中央显著位置的神龛是联结家人记忆和情感的重要记忆景观空间；处于堂屋两侧的照片墙则是寄托情感记忆的重要物体，照片内容涉及亲人、社区活动和节日等（受访者：……这张照片是改革开放那一年的鼓藏节……这是今年 3 月份在村子芦笙场跳芦笙……村子里面搞活动我都会去参加，这样更开心……这是以前去守寨树下面去烧香，现在都很少去了……）；此外，堂屋作为是日常生活实践体验和情感来源的中心，男主人的银饰打制、女主人的刺绣，以及孙子的娱乐活动均在堂屋进行（受访者：以前我们早上起来就去上山干农活，现在早上起来我就打银饰，老伴就是做家务活，或者刺绣）。

[1] 案例地家庭关系多为祖孙关系为主、亲子关系为辅的家庭关系模式。

### （四）小结

以传统型为代表的探索期家屋在物质、社会和情感特征层面是最接近传统苗族建筑的区域，基本传承了传统苗族家屋的基本结构、功能、情感，具体来看：①物质空间。连接值和整合度值较高的空间处于水平交通空间的初始端及中端位置，其中，连接值和整合度值最高的均为堂屋，显示了堂屋作为家庭生活的中心，最整合的空间为厨房和堂屋，是家庭活动的中心，对其他空间的聚集性较强，显示了家屋的生活功能，处于部分处于房屋深处的卧室 RRA 值较低，显示了此类房间私密性较强。②社会空间。呈现生产和生活功能的特征，1 层和 3 层为农业生产层，分别为牲畜饲养和谷物堆放，而 2 层空间主要为生活层，尽管增加了洗手间等空间，但是都是基于生活质量的提升而非旅游需求，家屋内外关系单一性显著，以祖孙关系和亲子关系构成的内部关系，以及熟人为主的外部关系，家与外界没有显著的边界，家园就是家屋。③情感空间。堂屋是建构情感意义来源的重要体验空间，堂屋的祭祀空间、两侧的照片墙则是寄托情感的重要物体景观、记忆空间，照片多为涉及亲人、社区活动和节日等与家屋和家园有关的内容，家屋与家园紧密联系。

## 二、旅游参与期：过渡型家屋

案例属于三代主干家庭[1]（见图 3-7）。房主夫妇育有一儿一女，儿女均已成家且各育有两个小孩。房屋为户主夫妇 1978 年结婚时修建的传统 3 层木质结构吊脚楼（见图 3-7），至今刚 40 周年。2010 年，在政府的支持下，对房屋进行了基本的翻修，开始以农家乐的形式接待旅游旺季（如劳动节、国庆节等节日）发展期（核心区）村寨外溢的游客，旅游活动开始涉入到家庭生活之中。由于家庭的部分田土在景区建设过程中已被征收，农闲时期户主夫妇便会到核心景区打工来维持生计，家庭收入从 2010 年之前多以农业种植为主，到现在的务农、旅游接待，以及打工等多元收入，兼业现象显著。

[1] 主干家庭（直系家庭）：是指以父母为主干的一种家庭形式，又具体分为：由父母和一对已婚子女组成的家庭；由父母、一对已婚子女及子女的子女共同组成的家庭；由父母、一对已婚子女及其他家属（主要是子女的未婚兄弟姐妹）组成的家庭。

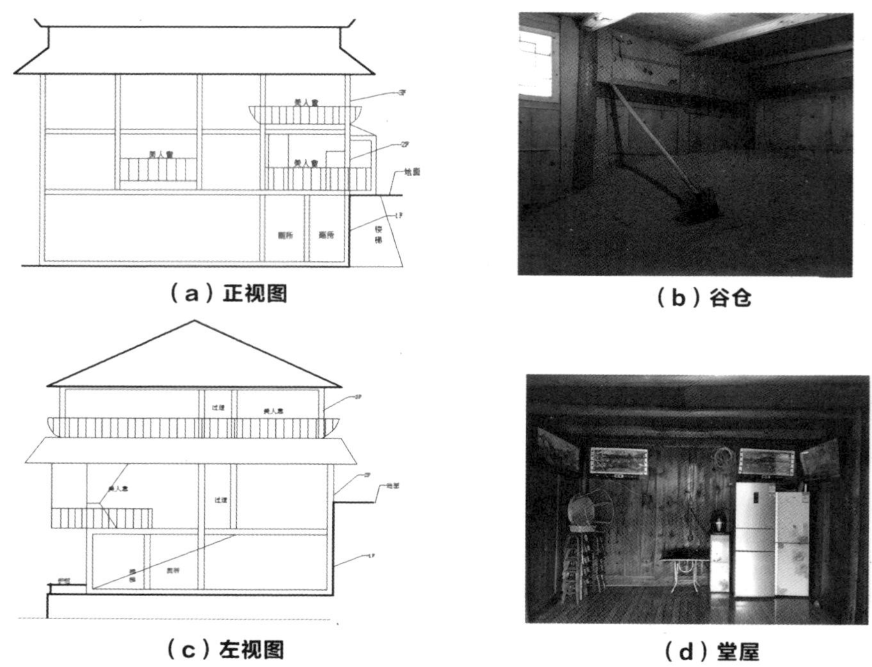


图 3-7　过渡型家屋基本情况

## （一）家屋物质空间

总体来看（见图 3-8、图 3-9、图 3-10，表 3-3）：①连接值。整个房屋中颜色最暖的为房屋通道（3-11），连接值为 8，其次为颜色较暖的为进门通道（2-1、2-2、2-3）和堂屋（2-6），连接值较低的为可达性较弱的主卧（4、7）和次堂屋（5）。②深度值。整个房间的平均深度值为 7.27，高于此数值的为主卧（2-4、2-7）、次堂屋（2-8）、堂屋（2-4）、客房（3-2、3、4、5、6）、粮仓（3-7、3-8），以及 1 楼的卫生间，说明这些空间较为隔离，私密性较强。③整合度值。颜色较暖的区域为 2 层和 3 层左侧通道区域，如 3 层通道（3-9、3-10）、阳台（3-1）和 2 层的通道（2-1、2-2），说明通道开始成为家屋空间的中心空间之一。除通道之外，整个房屋 2 层的杂物间（2-3）、3 楼的客房和粮仓和 2 楼的堂屋（2-4）的整合度颜色偏暖，整合度值较高，中心性较强。④ RRA 值。整个房屋的平均 RRA 值为 2.24，而房屋中部和右侧（除了通道外）的凸空间值均高于此数值，房间的隔离性强，较难到达。

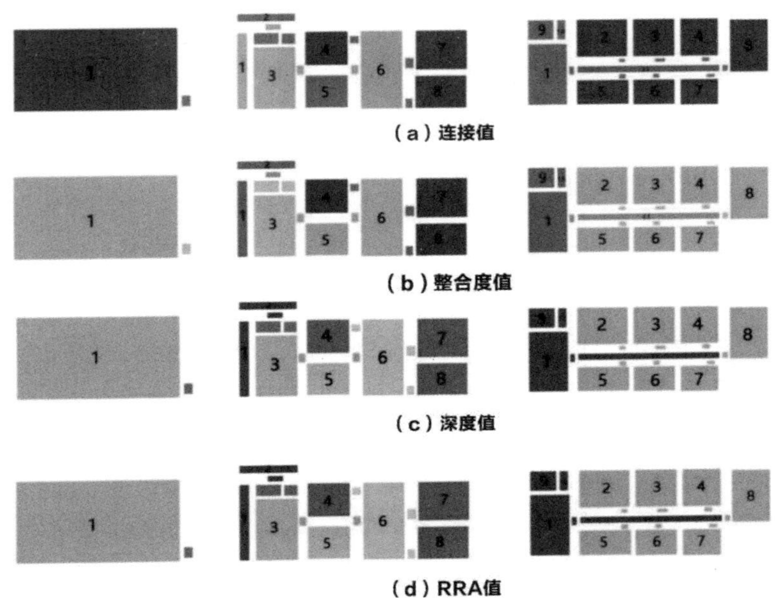


图 3-8　过渡型家屋平面凸空间组构

图 3-9　过渡型家屋平面功能

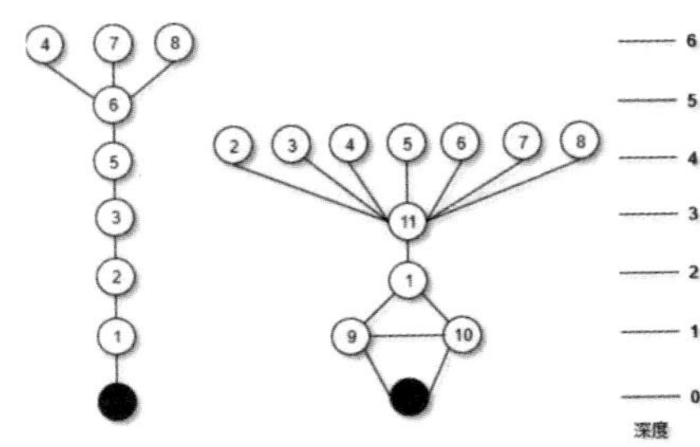


图 3-10　过渡型家屋空间拓扑示意

表 3-3　过渡型家屋空间句法指标

| 楼层 | 序号 | 名称或功能 | 连接值 | 整合度值 | 深度值 | RRA 值 |
|---|---|---|---|---|---|---|
| 1 层 | 1 | 卫生间 | 1 | 0.44 | 7.36 | — |
| 2 层 | 1 | 楼梯通道 | 1 | 0.63 | 5.47 | 1.59 |
| | 2 | 楼梯通道 | 2 | 0.60 | 5.67 | 1.66 |
| | 2-1、2-2 | 进门通道 | 3 | 0.53 | 6.28 | 1.88 |
| | 2-3 | 杂物间 | 3 | 0.50 | 6.64 | 2.01 |
| | 4,7 | 主卧 | 1 | 0.30 | 10.19 | 3.28 |
| | 5 | 次堂屋—1 | 2 | 0.41 | 7.86 | 2.44 |
| | 6 | 堂屋 | 4 | 0.38 | 8.31 | 2.61 |
| | 8 | 次堂屋—2 | 1 | 0.30 | 10.19 | 3.28 |
| | 1 | 阳台 / 美人靠 | 2 | 0.61 | 5.56 | 1.63 |
| | 2、3、4、5、6 | 客房 | 1 | 0.41 | 7.78 | 2.42 |
| | 7、8 | 粮仓 | 1 | 0.41 | 7.78 | 2.42 |
| | 9、10 | 楼梯通道 | 2 | 0.63 | 5.47 | 1.59 |
| | 11 | 房屋通道 | 8 | 0.57 | 5.87 | 1.74 |
| 3 层 | 1 | 谷仓 | 2 | 0.49 | 6.14 | 2.03 |

### （二）家屋社会空间

与旅游探索期生产生活功能的家相比较，旅游参与期的家屋开始出现空间功能的异化，逐渐演变为融合了生产、生活及旅游接待功能的家屋空间类型，家屋的空间功能不仅提升了家庭生活质量，也满足了旅游接待的需要。如图 3-9 所示，家屋 1 层原为牲畜饲养空间，于 2014 年停止饲养牲畜，并将其改建为卫生间。家屋 2 层功能空间的分布与边缘区基本分布一致，即美人靠左右两侧为主要卧室，靠近神龛左右两侧的房屋为休息用的次堂屋，但空间的使用功能却发生变化，堂屋除了家人日常生活和娱乐空间，成为旅游高峰期的接待空间，放置了用于旅游接待的长桌宴的木凳，家中购置了冰箱、消毒柜和饮水机，厨房烹饪主要是用电，较少使用柴火。在第 3 层空间中，传统 3 层谷仓逐渐让位于旅游接待空间，以往用于堆放谷物的空间由于旅游的介入而改造成为客房，除保留了 2 个用于堆放谷物的空间，隔离出 4 个用于旅游接待的客房，谷物堆放功能逐步让位于旅游接待的客房。

从家屋关系来看，案例属于由户主及其已婚儿子共同组成的主干家庭，较旅游探索期的祖孙关系为主、亲子关系为辅的家屋关系模式相比较，参与其家屋内部关系多为由户主夫妇及儿子儿媳构成的双横向夫妻关系，加上祖孙关系，家屋内部关系进一步丰富，日常生活中，男主人和儿子儿媳平时外出打工，女主人平时在家带小孩（受访者 1：我们平时就去西江打工的，我的妻子她来守（照看）这些小孩，这是我的大女儿的孩子，这是我那个儿子的小孩……）。尽管社区关系中仍属于熟人关系，但在旅游因素的扰动下，村寨多数人前往西江打工，农闲时间之间被旅游务工取代，熟人社区关系有生疏化倾向（受访者 2：现在大家都出去忙去了，都不会走家串户了，也很少有人讲话吹牛了，大家除了种田，好多都去上班了，大家各忙各的……现在老的人都没有多少人了，年轻的人都去找钱去了，都没有好多人了）。同时，在旅游旺季游客的入住，家庭关系和社区关系加入了关系开始多元起来（受访者 3：在 7、8 月份，重庆和四川来的有些游客在这里避暑会住上一两个月，我们做好饭，他们就和我们一起吃）。在上述背景下，前往房屋的通道空间增多，意味着家屋与外部环境的边界逐渐清晰。

### （三）家屋情感空间

与旅游探索期相比较，多数旅游参与期的家屋并无显著的祭祀空间，只有节假日或者吃新节插秧时会供神、供祖，作为联结家人记忆和情感重要记忆的景观空间逐渐消退。对节日的记忆和体验仍然是联结情感的重要载体，但开始融入了旅游经济要素（受访者 4：我们这里过苗年很热闹，跳芦笙，很开心……现在过节人来多得很，除了热闹活动多，好多游客就会住下来，我们收入就高了）。

对于户主来说，家屋也是建构情感记忆的载体（受访者 5：我们建房前会有一些念鬼的仪式阿，烧香烧纸、杀猪阿这些，保佑身体好啊），同时，与旅游探索期一样，位于处于堂屋两侧的照片墙则是寄托情感记忆的重要物体，照片内容基本以家庭成员或者自己为主。此外，家屋内的物品也成为承载情感的重要载体（受访者6：……就像我们家的柜子，很有年代感，这柜子从我小的时候就有了，我几岁开始就一直有。是我妈跟我家里爷爷他们去买的还是咋个，用得很久很久了，都舍不得丢了，以后就没有这种古董了哈……）。

### （四）小结

与旅游探索期家屋相比，家屋空间的重构受生活质量提升和旅游接待需求双重因素的影响。①物质空间。与旅游探索期堂屋作为最整合空间相比，旅游参与期最整合的空间变为作为过道空间的阳台（3-1），随着家屋空间的增加，通道成为整合性和连接性较高的空间，堂屋的整合度降低。除通道外，2层空间中最整合的空间为杂物间，最不整合的空间仍为卧室和靠近卧室的次堂屋（2-8），这两个空间也是隔离性较强的空间。②社会空间。呈现生产、生活和旅游接待混杂功能的特征，房屋功能变化最大源于原本3层谷仓变为客房或谷仓混用功能的空间，除了日常生活和娱乐功能，堂屋开始作为旅游接待空间空能。家庭内部关系变为由双横向夫妻关系、祖孙关系和亲子关系的多元关系，家屋内部关系也进一步丰富，社区的熟人社区关系有生疏化倾向,家屋与外部环境的边界开始清晰起来。③情感空间。情感空间隐秘性增强、记忆载体中开始融入旅游要素。

## 三、旅游发展期：融合型家屋及商业型家屋

### （一）案例1：融合型家屋

案例1位于东引村（见图3-11），家屋成员包括户主夫妇、户主父母、两个儿子，以及三个孙子，为四代同住的扩大家庭（扩大家庭是指由拥有共同血缘的父母及已婚子女，或已婚兄弟姐妹的多个核心家庭组成的家庭模式）。房屋修建于20世纪90年代初期，为3层楼的木式吊脚楼，因处于西江苗寨内较好的观景区域，政府在20世纪90年代初期就选择此户作为接待政府及零星旅游者的食宿点，但当时处于旅游探索期的西江苗寨交通不便，游客较少，

生产生活是家屋的基本功能。随着家庭生命周期的演进及旅游业的不断发展，户主于 2010 年在房屋原有基础上改建为 4 层砖混结构吊脚楼，2017 年在原有吊脚楼左后侧增加 2 层钢筋混凝土结构的独立厨房及卫生间，并与扩建后的房屋第 3、4 层衔接，形成现有房屋结构主体（见图 3-11）。家庭成员的收入主要来自参与景区管理、务农、刺绣、旅游接待等方面，收入方式比较多元。

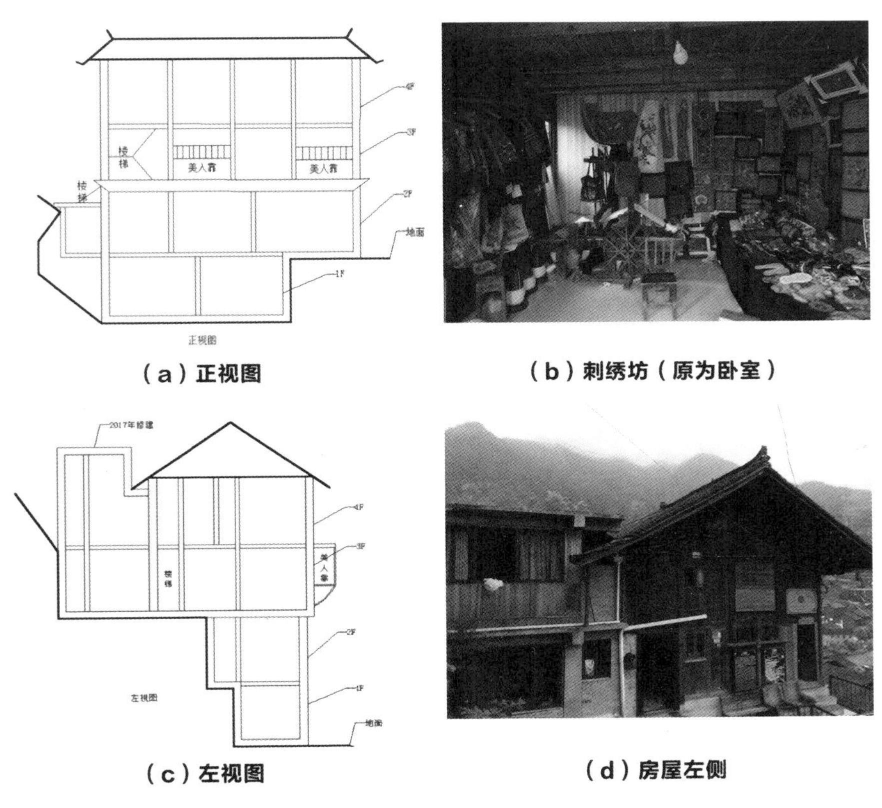


（a）正视图　（b）刺绣坊（原为卧室）

（c）左视图　（d）房屋左侧

图 3-11　融合型房屋基本情况

### 1. 家屋物质空间

结合图 3–12、图 3–13、图 3–14 和表 3–4 可知：①连接值。作为连接相关凸空间的中心空间，堂屋（2）是除通道（2–2、3–1、4–2）外颜色最暖的区域。②深度值。颜色最暖的区域为卫生间（3–11、3–8）和卧室（3–5），其余颜色较暖的也多为卫生间和客房，此类空间可达性较弱、私密性较强。③整合度值。整合度值最高的为 3 楼的通道（3–1），因为此通道是连结楼间和家屋内外的中心通道，接下来，颜色较暖的空间为堂屋（3–2）、次堂屋（3–7）、厨房（3–10）、刺绣制作销售室（3–3）等。需要说明的是，3 层刺绣制作及销售空间（3）原为家庭的主卧，现已改为刺绣商品制作与销售，与仍为卧室（5）的空间相比，整合度值由 0.40 提升到 0.50，可达性增强，由私密空间变为开放空间，在房屋空间总的整合作用提升。④ RRA 值。整个房屋 RRA 平均值为 2.22，最暖的为卫生间（3–11、4–8）及第 4 层的卧室（4–5），说明空间较为隔离，此外，2 层卧室、3 层卧室、杂物间等空间颜色也较暖，空间也难以到达。前述整合值增加的卧室（5）的 RRA 值由 2.48 降为现在的 1.98，低于本层 RRA 均质 2.22，说明空间的隔离性减弱，开放性增强。

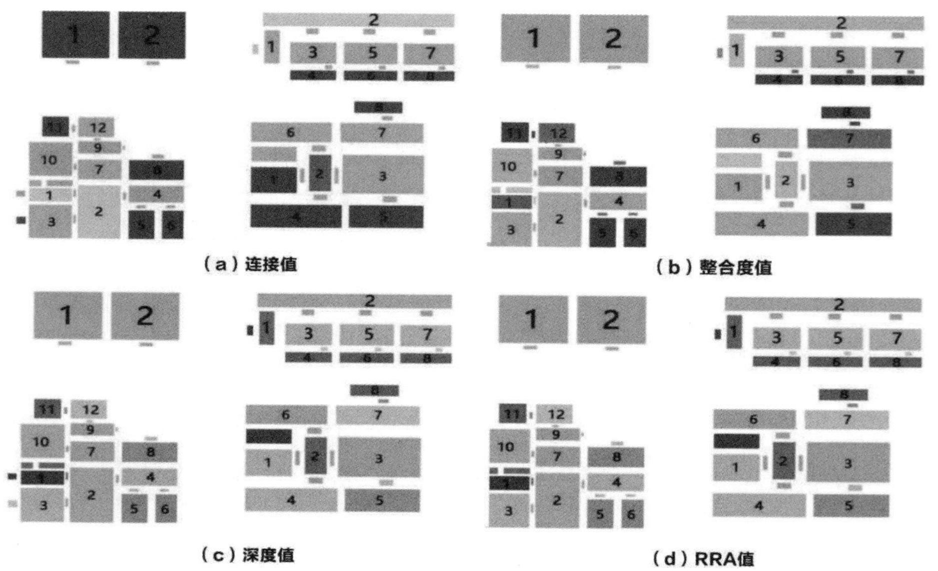

（a）连接值　（b）整合度值　（c）深度值　（d）RRA值

图 3–12　融合型家屋各层平面凸空间组构

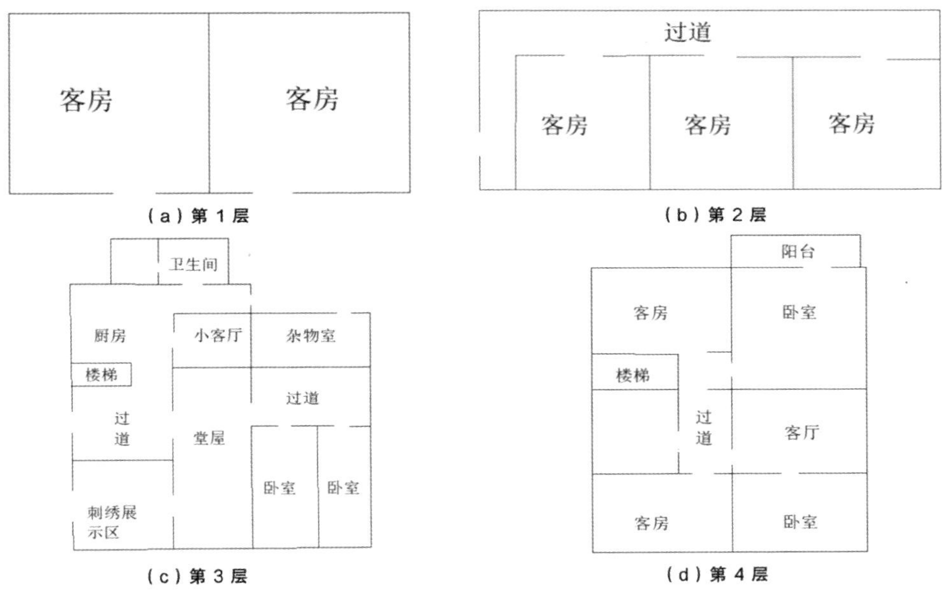


图 3-13　融合型家屋平面功能

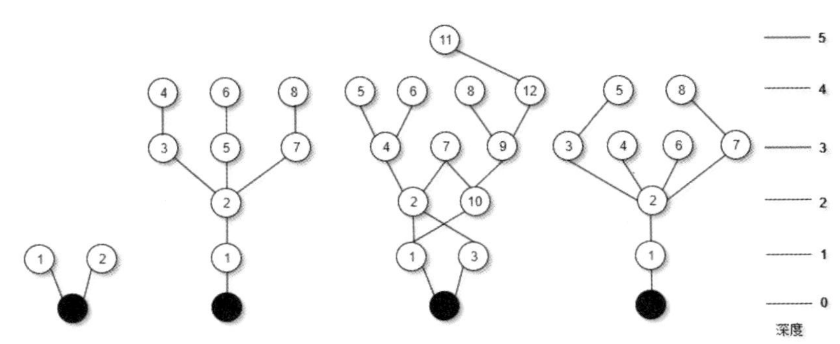


图 3-14　融合型家屋拓扑深度
(由左至右依次为 1、2、3、4 层)

表 3-4 融合型家屋空间句法指标

| 楼层 | 序号 | 名称或功能 | 连接值 | 整合度值 | 深度值 | RRA 值 |
|---|---|---|---|---|---|---|
| 1 层 | 1、2 | 客房 | 1 | 0.49 | 8.03 | 2.04 |
| 2 层 | 1 | 通道—1 | 2 | 0.61 | 6.64 | 1.27 |
| | 2 | 通道—2 | 4 | 0.55 | 7.22 | 1.80 |
| | 3、5、7 | 卧室 | 2 | 0.43 | 9.02 | 2.33 |
| | 4、6、8 | 洗手间 | 1 | 0.35 | 10.95 | 2.89 |
| 3 层 | 1 | 楼梯间 | 4 | 0.78 | 5.39 | 1.27 |
| | 2 | 堂屋 | 4 | 0.69 | 5.97 | 1.44 |
| | 3 | 刺绣制作 | 2 | 0.50 | 7.83 | 1.98 |
| | 4 | 通道 | 3 | 0.52 | 7.63 | 1.92 |
| | 5、6 | 主卧 | 1 | 0.40 | 9.56 | 2.49 |
| | 7 | 次堂屋 | 2 | 0.61 | 6.61 | 1.63 |
| | 8 | 杂物室 | 1 | 0.33 | 11.59 | 3.08 |
| | 9 | 通道 | 3 | 0.44 | 8.75 | 2.25 |
| | 10 | 厨房 | 2 | 0.49 | 6.61 | 2.03 |
| | 11 | 洗手间—1 | 2 | 0.30 | 12.47 | 3.33 |
| | 12 | 洗手间—2 | 1 | 0.36 | 10.54 | 2.77 |
| 4 层 | 1 | 楼梯间 | 2 | 0.58 | 6.90 | 1.71 |
| | 2 | 通道 | 4 | 0.48 | 8.08 | 2.06 |
| | 3 | 客房—1 | 2 | 0.38 | 9.88 | 2.58 |
| | 4 | 客房—2 | 1 | 0.38 | 10.01 | 2.62 |
| | 5 | 卧室 | 1 | 0.32 | 11.81 | 3.14 |
| | 6 | 客房—3 | 1 | 0.37 | 9.92 | 2.59 |
| | 7 | 卧室 | 2 | 0.39 | 9.85 | 2.57 |
| | 8 | 洗手间 | 1 | 0.32 | 11.78 | 3.13 |

### 2. 家屋社会空间

此案例 1 层和 2 层均是在 2010 年在原有 1 层饲养空间的基础上改扩建而成，扩建后的 1 层现由两个旅游接待用的客房构成，现 2 层空间主要为户主儿子婚后的住房。3 层为家庭生活和旅游活动的主要活动空间，与旅游探索期和发展期的一样，原本堂屋左右两侧为户主及其父母的卧室，但在 2009 年旅游的影响下，户主将原本左侧主卧改为用于制作和销售刺绣的刺绣坊，进行民族文化产品的销售和展演，原本私密性极强的空间打通直接形成与家屋外的通道，游客可以直接进入家屋进行参观，家屋受旅游活动影响程度进一步加深，4 层空间为新修房屋与原有房屋的连接层（见图 3-13），此层为游客住房和家人卧室相互融合空间。

在旅游发展背景下，家屋的改造不仅以生活质量提升为目的，也受到外来力量的影响。例如，主人对美人靠安装了玻璃以取暖和防止雨水进入，但这与政府制定的文物保护规定中对景观的要求存在冲突，案例家屋的文物补贴[1]因此被减少（户主：如果不搞这个玻璃，下雨吹风都到屋子里面来了，为此，我的房屋的文物保护费被减少了，被扣掉 5 分，1 分将近 100 块，这一年会扣 1000 块钱左右，但是没有办法嘛，游客说家里面吹风下雨的……），家屋的改造受到外来权力的制约。基于旅游者的需求，户主将传统隔音效果较差的木质地板改造为水泥地板（户主：房屋地板这按我们这边来说是纯木的，都是三层的，它比较干燥，但是隔音不好，所以去年就把这木房重新弄了一层木板），3 层空间的后侧的厨房和卫生间都是按照现代化家庭的需求形式来修建和装饰，能同时满足家庭和游客的需要，房屋的第 4 层空间原为谷仓，现已改为卧室和客房，并设有独立卫生间。

从家屋关系来看，案例属于四代同住的扩大家庭，家屋内部关系涉及户主夫妇、户主父母、父子儿子夫妇等多个核心家庭共同组成的扩大家庭，因此，在房屋改造过程中，考虑到各个核心家庭的需求，户主及户主父母住 3、4 楼，儿子组成的家庭住在 2 楼，房屋的分层性增加，且自住的家屋卧室深度值较高，家屋关系逐渐由扩大家庭内部的纵向父子关系转变成多重纵横向关系相结合。随着游客活动的涉入，家屋分层性增加的同时，公共性在增加，厨房不再作

[1] 按照规定，当地政府及公司会在每年门票收入中抽取 18% 用于保护当地建筑和房屋，每户根据房龄、家庭人数、房屋景观保存情况进行评估，进行文化保护费的发放。

为主要的通道空间，取而代之的是连接内外各层之间的通道。尽管部门家屋空间的对外开放性和公共性增加，但家屋内部的私密性也被强化，卧室和卫生间的私密性增强，意味着家屋与外部环境的边界开始清晰起来。

随着旅游发展的逐渐推进，旅游邻里关系变得复杂（户主：现在做旅发之后，邻里之间出现了好多矛盾……像因为田土矛盾争吵纠纷很多，现在好像都缺少人与人之间的感情，以前大家多占你一点田土没关系，现在因为多占了一点点，亲兄弟也会为此争得脸红脖子粗……），社区关系在保持一定的熟人关系同时，关系更加多元，户主通过旅游接待认识了全国各地的朋友（户主：有些朋友来我们家住了，说下次还来我们家住，说我们家做的饭菜很好吃）。

### 3. 家屋情感空间

与旅游参与期一样，融合型家屋的祭祀空间隐蔽性增强，家屋的祭祀物品的置放位置由以往堂屋正中央转换到房屋头顶区域，甚至取消，隐蔽性增强（户主：一般就在堂屋嘛，但现在发展旅游了，你看我那上面还有小竹子，那些就是供老人的地方，过年或过节就会在左边或右边角落那插上秧苗）。在融合型的家屋，照片仍然是建构家庭情感空间的重要载体（户主：照片中那3张照片的同一个小孩都是现在我抱着孙子的爸爸，就是下面穿红鞋这个，当时是我抱着照的相，现在这个小孩都30岁了，时间太快了），刺绣也是被赋予了较多情感意义（南贵村村民一般情况，我就是自己缝缝补补一点给女儿作嫁妆啊，我们但是我们苗家事情比较多都要去干农活啊什么的，都没有时间绣太多，就绣一点够自己用，绣这些东西都是花很多时间的。我绣了一天才绣了这一点，那些老衣服更不要说了，绣一件就将近要一年左右，如果有时间绣的话最短时间就是七八个月）。

综上，核心区融合型家屋受旅游影响程度显著增强，旅游与家屋功能呈深度融合特征，表现为：①家屋物质空间异化加深。与过渡型家屋相比较，融合型家屋演变为家庭生活及旅游接待功能深度融合的功能空间，通道空间成为连接家屋内外部间的核心空间，除了自住的卧室和卫生间外，客房也成为深度值较高的空间。与过渡型家屋一样，通道是家屋最整合的空间，其次为堂屋（3–2）、次堂屋（3–7）、厨房（3–10），这三个空间均是家庭成员和旅接待活动的空间，以往卧室变为制作及销售空间，开放性增强，私密性降低。②家屋社会空间。家屋的分层性增加，传统3层吊脚楼在演变成为改良的4层房屋，原本1层牲畜饲养空间演变为游客（1层）和家庭成员（2层）的居住空间，3层空间受旅游活动的涉入影响较大，除通道外，整合度值前三的空间为堂屋、次堂屋和厨房，出现了专门用于旅游经营的空间坊，家庭通道空间的增加意味着与外界的接触更广泛，与过渡型家屋受旅游波动影响不同，融合型家屋功能受旅游的涉入强度和影响程度加深，谷仓等功能空间在4层空间（案例2的3层空间）让步，逐步演变为融合了家庭成员居住和客房的功能层。从社会关系来看，家屋关系逐渐由扩大家庭内部的纵向父子关系变成多重纵横向关系相结合，家屋空间对外开放性和公共性增加的同时，内部的私密性也被强化，家屋与外部环境的边界开始清晰起来。同时，旅游邻里关系变得复杂，社区关系在保持一定的熟人关系同时，关系更加多元，户主通过旅游接待认识了全国各地的朋友，家屋情感空间的表达因游客的介入隐蔽性开始增强。

### （二）案例2：商业型家屋

案例位于南贵村（见图3-15），家庭成员包括了户主、户主父母及其已婚弟弟，户主与家屋成员居住于西江苗寨的另一处房屋，偶尔也会居住在本案例家屋预留的卧室，因此，本案例的家屋现有功能则是商业型的空间。案例家屋为户主2005年从部队退伍回家后修建，修建时按照传统三层结构的木式结构传统吊脚楼修建。随着2008年贵州省旅游产业发展大会的召开及其带来的预期可观收益，2010年户主将房屋进行改造，增加卫生间，改建为商业化客栈经营至今，家屋传统功能由生产生活向旅游功能转变，客栈的经营为户主的主要收入来源。

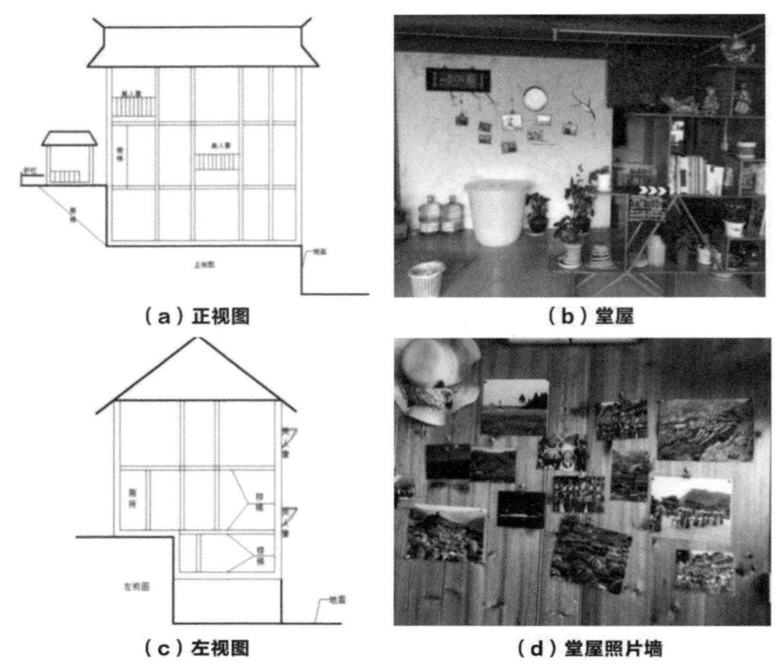

（a）正视图　（b）堂屋
（c）左视图　（d）堂屋照片墙

图 3-15　商业型家屋基本情况

### 1. 家屋物质空间

结合图 3-16、图 3-17、图 3-18 和表 3-5 可知：①连接值。家屋空间中通道空间颜色较暖，以 3 楼的通道空间最暖，共连接了 10 个凸空间，除通道空间外，房屋整体连接度颜色较暖的是堂屋（2-4），其余空间的色调较冷，连接度较低。②整合度值。与连接值一样，整合度值较高的为通道空间，其次为堂屋以及含有卫生间的客房，暖色调区域主要位于 2 层堂屋左侧区域，与此区域是进入堂屋右侧区域及 3 楼的关键区域有关。③深度值。深度值较高的均为客房以及客房中的卫生间，这与这些空间的私密性和可达性较弱有关。④ RRA 值。颜色最暖的为含有卫生间的客房，尤其是 2 层房屋卫生间（2-10、2-11）颜色最暖，整体来看，2 层堂屋右侧及 3 层通道上侧的空间 RRA 值较高，私密性较强。

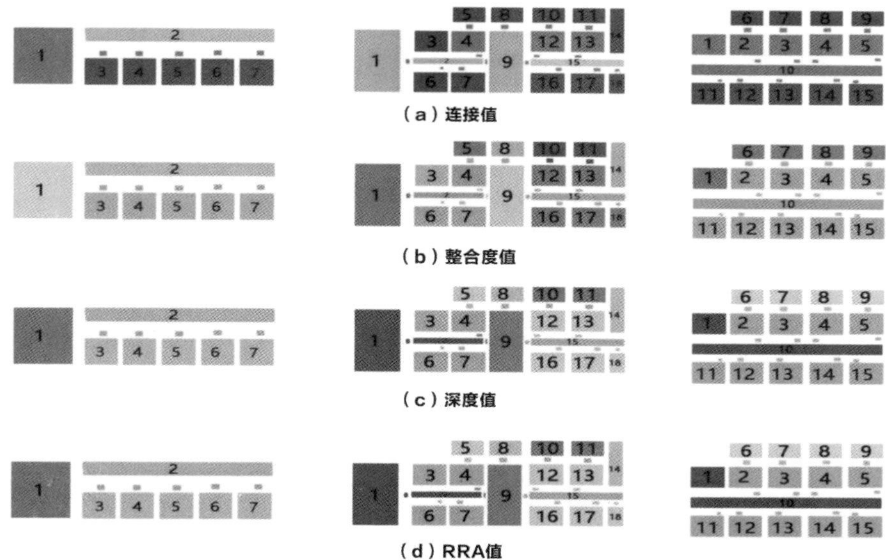


图 3-16　商业型家屋各层平面凸空间组构分析

（由左至右依次为 1、2、3 层）

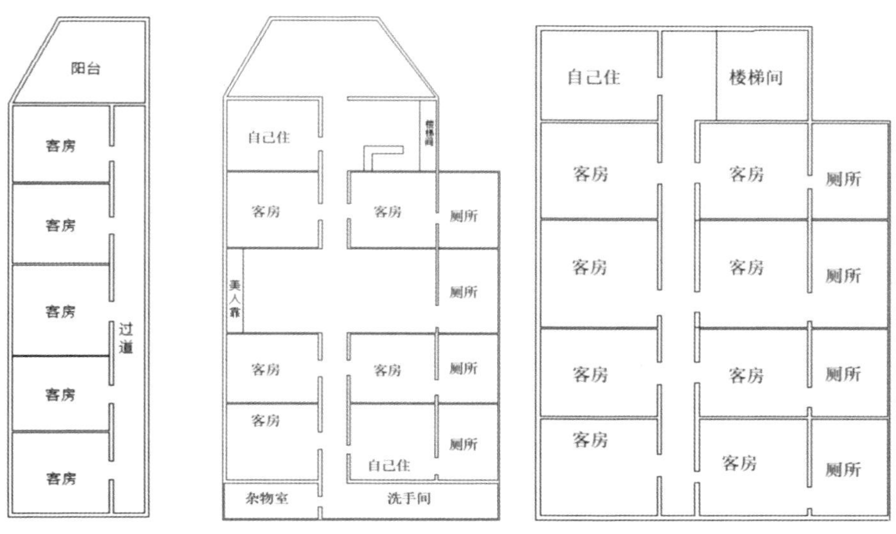


图 3-17　商业型家屋平面功能

（由左至右依次为 1、2、3 层）

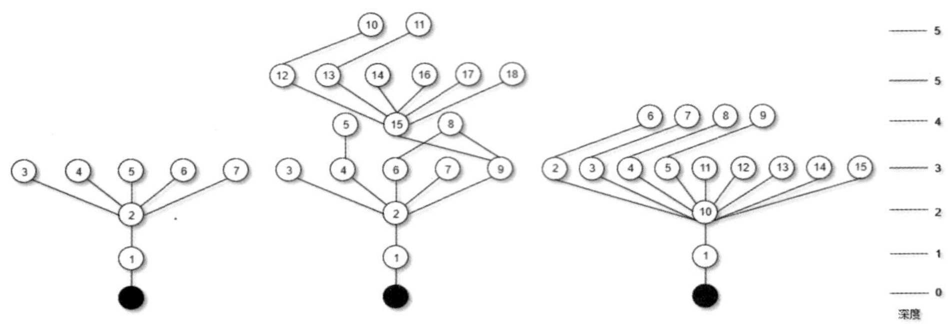


图 3-18 商业型家屋拓扑深度
（由左至右依次为 1、2、3 层）

表 3-5 商业型家屋空间句法指标

| 楼层 | 序号 | 名称或功能 | 连接值 | 整合度值 | 深度值 | RRA 值 |
|---|---|---|---|---|---|---|
| 1 层 | 1 | 阳台 | 1 | 0.86 | 5.33 | 1.17 |
| | 2 | 房屋通道 | 6 | 0.74 | 6.04 | 1.36 |
| | 3、4、5、6 | 客房 | 1 | 0.53 | 7.99 | 1.88 |
| 2 层 | 1 | 入门空间 | 1 | 1.02 | 4.65 | 0.99 |
| | 2 | 左侧通道 | 6 | 0.94 | 4.93 | 1.06 |
| | 3 | 客房—1 | 1 | 0.63 | 6.88 | 1.58 |
| | 4 | 客房—2 | 2 | 0.64 | 6.76 | 1.55 |
| | 5 | 客房卫生间—1 | 1 | 0.48 | 8.70 | 2.08 |
| | 6、7 | 客房 | 1 | 0.63 | 5.82 | 1.58 |
| | 8 | 堂屋卫生间 | 1 | 0.55 | 7.76 | 1.82 |
| | 9 | 堂屋 | 3 | 0.77 | 3.47 | 1.30 |
| | 10、11 | 客房卫生间—2 | 1 | 0.38 | 10.71 | 2.62 |
| | 12、13 | 客房 | 2 | 0.48 | 8.76 | 2.09 |
| | 14 | 杂物间 | 1 | 0.54 | 7.92 | 1.87 |
| | 15 | 右侧通道 | 7 | 0.63 | 6.93 | 1.60 |
| | 16、17、18 | 客房 | 1 | 0.47 | 8.88 | 2.12 |

续表

| 楼层 | 序号 | 名称或功能 | 连接值 | 整合度值 | 深度值 | RRA 值 |
|---|---|---|---|---|---|---|
| 3 层 | 1 | 楼梯间 | 1 | 0.95 | 4.89 | 1.05 |
| | 2、3、4、5 | 客房—1 | 2 | 0.62 | 6.99 | 1.61 |
| | 6、7、8、9 | 卫生间 | 1 | 0.47 | 8.93 | 2.14 |
| | 10 | 房屋通道 | 10 | 0.89 | 5.15 | 1.12 |
| | 11、12、13、14、15 | 客房—2 | 1 | 0.61 | 7.10 | 1.64 |
| | 平均值 | | 1.97 | 0.62 | 7.24 | 1.68 |

### 2. 家屋社会空间

家屋第 1 层原为牲畜饲养的功能空间，2010 年后转变为住宿功能，空间数量增加。尽管家屋 2 层的基本格局与边缘区和过渡区案例一致，但是其基本功能已经置换（见图 3–17），以往从屋外进入屋内的第 1 个空间多为通往堂屋的通道及厨房，现已改造为通往 3 层及 1 层空间的通道及游客接待空间（前台），原有 2 层空间的卧室、厨房、杂物室等空间全部转变为客房，户主仅留一间自己偶尔居住的卧室，此外，堂屋的休闲、娱乐等功能主体由家庭成员变为游客，户主在房屋后侧近堂屋部分增加了独立空间，家里的装饰尽量按照游客需求和想象来进行装饰，家屋 3 层空间是由谷仓变为完全的旅游住宿空间，功能的转变使得空间数量增加。因权力而形成的对家屋的感知也比较明显（户主：以前我们这里房屋之间还能看到田，田与田之间还能看到树。现在我们还能看到什么？除了房屋就是房屋了还能看见什么？这就是规划的问题。今年规定下面的房子必须按照规定盖成那种木房子不准盖成那种砖屋，而且房屋高度，严格控制）。

在本案例家屋空间的社会关系中，由于户主父母与其已成家的弟弟居住在另一处房屋（户主：我现在基本是处于和父母分开住了，因为我弟弟成家了，按照我们这边的规矩，老人都是跟小儿子住一起，分家，不管怎么分，家产也只传给小儿子……我还没有成家，我一个人在住在二楼最边上的那个房间……），属于主干家庭[1]，除了户主与父母及其兄弟之间的偶尔家屋内部关系

[1] 本案例属于由父母、一对已婚子女及其他家属（主要是子女的未婚兄弟姐妹）组成的主干家庭形式。

外,该案例家屋内部关系更多的是与外来游客之间的社会关系。需要说明的是，在旅游发展和安全需求的情况下，户主家屋形成了与外界隔离的防护栏，家屋与外界隔离现象更为显著，但是以往私人的堂屋变成公共关系生产的空间，游客在此观景、聊天等。社区关系在保持一定的熟人关系同时,关系更加多元，户主通过旅游接待认识了全国各地的朋友。

**3. 家屋情感空间**

在建构家屋情感的重要载体中，与前述家屋堂屋左右两侧的照片墙的节日、家庭成员、社会关系等内容不同，本案例商业“家”空间的照片内容以西江苗寨风情、服饰、银饰、长桌宴等旅游化的照片内容（户主：说实话，现在家里面的装饰，包括墙上挂的照片，都是为了满足游客的需求挂的，如果要挂的话，我肯定会挂一些自己出去旅游的照片或者全家福等家庭照片，这也是没有办法），照片作为建构家屋情感重要载体，内容及意义已发生了变化。同时，祭祀空间已在家内消失，堂屋作为以往家庭成员日常生活体验的空间变成游客体验，参观和交流的空间，形成情感体验空间消失乃至弱化。

### （三）小结

综合上述研究，在房屋功能演变过程中，由传统生产生活功能转变为纯旅游接待的商业型家屋，形成“家”与房分离的商业型家屋，具体表现为：①商业利益是家屋的功能意义。基于旅游客观的收益，户主将房屋改建为商业化的客栈，家屋的基本功能意义已不是生活、娱乐、隐私等功能，1 层饲养牲畜的空间变为客房，2 楼客房空间继续异化，在家屋使用主体由家庭成员向游客让渡的过程中，堂屋功能不再是满足家庭成员休息、娱乐、聚会等的功能空间，而是成为游客观景、休憩、餐饮等功能空间，卧室等私密空间被赋予了现代化的意义，卫生间的增加。②通道连接功能增强。随着房屋空间数量不断增加，需要相应的房屋通道来连结各房屋，因此，房屋通道（1-2、2-2、2-15、3-10）成为连接值和整合度值较高的凸空间。③最整合空间。除通道外，最整合空间堂屋、杂物室和卫生间。除了按照游客需要而增加的卫生间之外，堂屋和杂物室空间的基本功能已经完全异化。同时，家屋的祭祀空间消失，堂屋内的装饰按照游客的需求进行装饰，情感表达变得更加私密。

# 第四节　生产过程整合分析

## 一、家屋物质空间

（1）不同发展阶段家屋空间数量急剧增加，反映其背后不同的生产逻辑。如图 3-19 所示，从“探索期（传统型）→ 参与期（过渡型）→ 发展期（融合型和商业型）”来看，家屋的空间数量整体呈迅速增加的态势。其中，以“探索期 → 参与期”和“参与期 → 发展期”的组间对比为例，后者空间数量的增加要多于前者，究其本质，在于“参与期 → 发展期”发展中游客数量的增加速度较快，而传统苗族吊脚楼缺乏基本的旅游接待服务设施，在游客的需求影响下，户主在原有房屋基础上改建、扩建或重建家屋，增加了较多附属的客房及卫生间。（受访者：因为我们这个房子的话以前没有设计卫生间，我们的房子都是用旱厕，旱厕都是通往外面地里面，有一个专门收集粪便什么的，发酵以后，用来施肥，现在是为了方便客人，人家游客来没卫生间要新建……）

总之，探索期家屋空间数量的增加以生活质量的提升为主要驱动力；参与期因旅游波动的影响，生活质量提升和旅游发展是家屋空间数量增加的主要驱动力，满足游客基本住宿需求是其基本导向；而发展期家屋空间数量的增加则因旅游作为主导驱动力而形成，在多元化需求游客的到来，旅游涉入程度加深，家屋不仅要满足基本的住宿功能，还需要增加更多的旅游接待服务的客房和卫生间。房屋内外通道逐渐取代堂屋成为家屋最连接、最整合的空间，最整合、最连接的空间分布由规则向不规则分布演变。

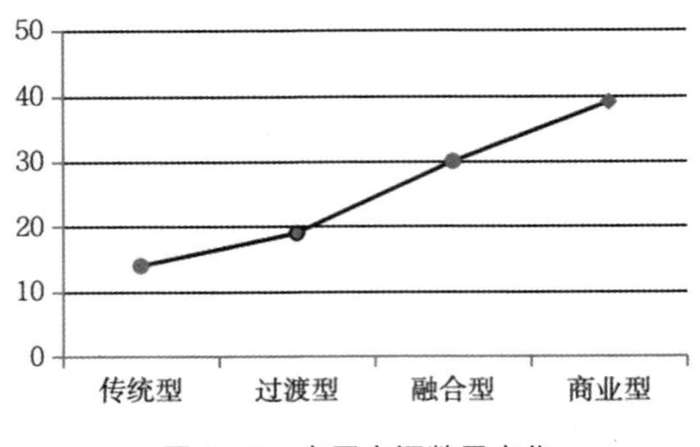


图 3-19　家屋空间数量变化

（2）按照“探索期 → 参与期 → 发展期”的重构过程，家屋最连接和最整合的空间从探索期的厨房、堂屋，到参与期的通道和杂物间，再到发展期的通道和堂屋，连接家屋内外的通道空间逐渐取代堂屋或厨房成为最整合的空间（见图 3-20）。整体来看，探索期连接值和整合度值较高的空间处于水平交通空间的初始端及中端位置，而到了参与期和发展期，因通道的增加，此情况呈不规则分布的态势。

实际调研发现，传统型家屋多为农业生产生活，厨房既是重要的生活空间，也是饲养牲畜所需要经常使用的通道空间，而堂屋是日常居住和娱乐的空间，家屋主人在厨房的活动频率较高，家屋连接值和整合度值较高的为厨房，其次为堂屋。而过渡型家屋因对家屋 3 层的改造，连接值最高和整合度值最高的空间由厨房、堂屋变为通道。到了发展期，旅游发展背景下家屋空间数量急剧增加，空间的增加意味着需要更多的房屋连接通道连接各楼层和家屋内外的中心空间，这一情况继续延续并继续加深。

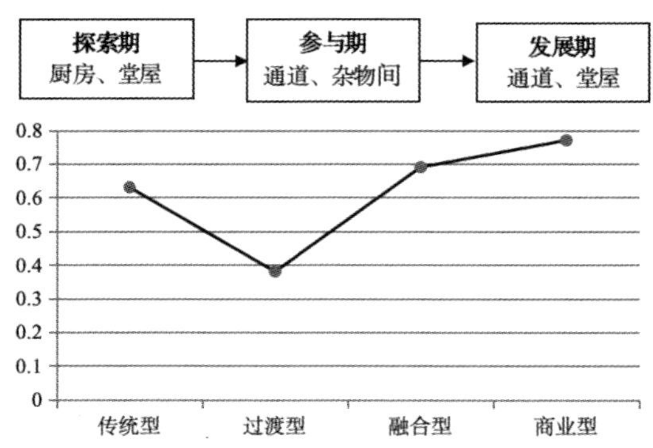


图 3-20　家屋最整合空间的生产及堂屋整合值的变化

## 二、家屋社会空间

### （一）家屋社会功能空间急剧置换，空间的异化现象显著

结合图 3-21 和前述可知，按照“探索期→参与期→发展期”的重构过程路径，家屋社会功能空间重构呈现以下特征 :1 层空间的重构过程路径为“ 牲畜饲养 → 卫生间（或闲置）→ 客房”；2 层空间的流变过程路径为“居住 → 居住 + 接待”；3 层空间的过程路径为“谷仓 → 谷物堆放 + 客房 → 客房 / 主客混住”，综合家屋的各层空间演变过程路径，形成了“传统型家屋 → 过渡型家屋 → 融合型 / 商业型家屋”的家屋社会空间重构过程路径。反映的是家屋由“农业生产 → 半农业生产 → 商业空间”的重构逻辑。

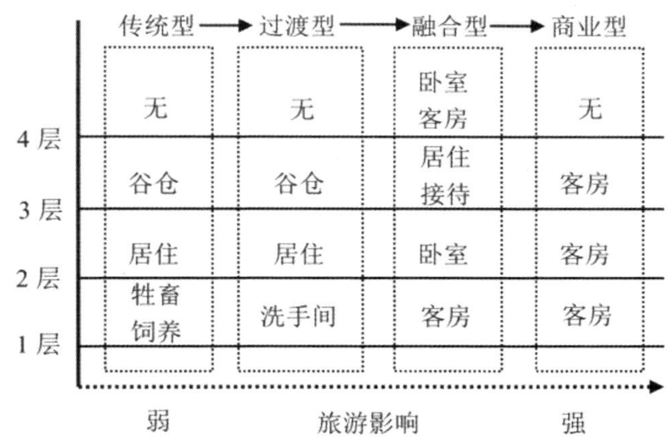


图 3-21　家屋社会功能空间的生产过程

### （二）家屋社会关系的丰富化、关系程度弱化或强化

结合图 3-22 和前述案例分析，按照“探索期 → 参与期 → 发展期”的重构过程路径，在家屋内部主客关系逐步融入代际关系、夫妻关系和亲属关系等基础社会关系空间重构过程中，亲戚关系逐渐弱化，并出现以主客关系为主导的家屋社会关系空间（商业型）。在家屋内外部，游客—居民关系、居民—商人关系逐渐融入以邻里关系和社区关系为核心的关系空间中，前两者不断强化，后两者不断弱化（受访者：……以前我们的亲戚就会经常来啊，但是

现在亲戚都是比较忙赚钱的话，现在这个社会都是钱比较重要的。全部去赚钱了，基本没人来串门了……）。

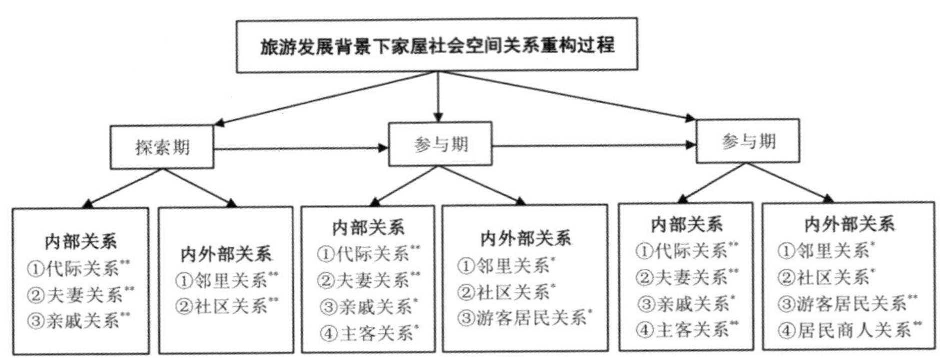


注：*代表强度一般，**代表强度较强。

图 3-22　旅游发展背景下家屋社会空间关系生产过程

### （三）家屋空间内外的边界逐渐清晰，家屋的私密性越来越强

结合前述案例分析可知，在探索期，单一的家屋内外社会关系使得家与外界没有显著的边界，对当地居民来说，家园就是家屋。到了生产、生活和旅游接待混杂的参与期，由于家屋原有农业生产层改为旅游住宿层，形成了更多的通道连接空间，家屋内部关系多为家屋内部关系进一步丰富，社区的熟人社区关系有生疏化倾向，家屋与外部环境的边界逐渐清晰起来。再到发展期，在旅游发展和安全需求的情况下，户主家屋形成了与外界隔离的防护栏，家屋与外界隔离现象更为显著。

## 三、家屋情感空间

在进行家屋情感认知访谈分析结果发现（此处分析步骤及方法详见第四章第一节）（表 3-6），家屋情感空间由情感景观、情感记忆和情感体验构成，情感景观包括了显性景观、隐性景观和空间景观三个亚类目；情感记忆包括日常记忆、符号记忆、仪式记忆和交往记忆构成；情感体验包括生计体验和日常体验。类型目录多与家屋日常生活实践相关，尤其是构建家屋情感特征的相关景观、文本及符号密切联系，具体内容如下。

表 3-6　居民情感空间的认知特征

| 序号 | 主类目 | 亚类目 | 举例 |
|---|---|---|---|
| 1 | 情感景观 | 显性景观 | 芦笙 **、银饰 **、绣片 *、杉木▼、小竹子▼、房角插秧▼ |
| | | 隐性景观 | 敬酒歌 **、古歌 *、放炮声 **、跳芦笙 ** |
| 2 | 情感记忆 | 怀旧记忆 | 坎（烧）柴▼、挑柴▼、挑水▼、织布▼、结婚、搬家、嫁女儿、杀年猪、吃酸▼、稻香鱼 |
| | | 符号记忆 | 照片 **、老房子▼、柜子▼、蝴蝶妈妈▼、祭神▼、祭祖先▼ |
| 3 | 情感体验 | 生计体验 | 做活路▼、喂猪牛马▼、堆粮食▼、挑草▼、干农活▼、栽秧下田▼、打银饰 **、刺绣 *、搞农家乐 **、跳芦笙 **、长桌宴 **、高山流水 ** |
| | | 生活体验 | 鼓藏节、吃新节、苗年、堂屋▼、卧室 *、美人靠 **、带小孩、照顾老人、干活、厨房 *、烧酒 *、煮饭、砌房子 ** |

注：* 表示被强化程度较强，** 表示被强化程度强，▼表示被弱化，没有标注表示没有变化。

## （一）家屋空间情感景观的消弭与生产，所承载的情感意义不断发生流变

从构建情感景观的关键词来看，家屋情感空间既包含了稻作祭祀物品、服饰、房屋原料等显性景观，也有歌曲、仪式等隐性景观，这些景观符号均是各个旅游发展阶段居民与家屋空间的情感联结的重要纽带。随着家屋传统农业生产生活功能向旅游生产生活的让渡，上述基于居民情感认知的情感景观被不断被解构和重构，例如，以“小竹子”“房角插秧”等为代表的稻作祭祀景观在家屋空间逐渐消弭[1]，而以“芦笙”“敬酒歌”“跳芦笙”等为表达的

[1]　周永健（2006）认为，苗族持万物有灵观，认为谷有谷魂，稻作亦由稻神掌控。无论是春耕祈福还是秋收酬神，对神灵的祭祀涵盖了备田、下种、插秧诸环节，在因祭祀祈请而友朋往来和家人团聚，体现了农耕时代苗族人与自然、人与社会、人与人的和谐。

传统宗教祭祀或聚会仪式在游客的凝视下不断被强化和生产，从神圣转向世俗乃至日常，居民与芦笙作为重要的情感联结纽带逐渐弱化，所承载的情感意义不断发生流变。

以前只有在苗年或鼓藏节才能吹芦笙，现在每个搞农家乐的都是天天吹，吵死了，我不喜欢下来玩（住山顶），他们这样吹也不想一下会不会影响老祖宗。

——羊排村，男，60 多岁

……芦笙在发展以前都要吹的，现在吹有一种经济需要……

——羊排村，男，40 多岁

像我们就是吃完午饭就开始绣，我们爱绣花的人很可惜时间嘛！比如说那些老的衣服绣一件就将近要一年左右。如果有时间绣的话最短时间就是七八个月。基本上是供不应求，有人上来买的，现在也做不了多少，因为绣花绣得不是那么快。

——南贵村村民，女，40 多岁

### （二）旅游情境下，记忆和怀旧成为建构家屋情感空间意义的重要途径和诉求

记忆类目包括怀旧记忆和符号记忆两个亚类目，怀旧记忆主要为传统农耕时代的日常生活事件，符号记忆则涉及日常被赋予重要意义的物品、符号和仪式等。在这类记忆载体中，“坎柴”“挑柴”“稻香鱼”“吃酸”等农耕时期的日常实践在探索期还有存在；到了参与期，实践频率开始减少（如“坎柴”“挑柴”）；而到了发展期，因旅游的现代化需求，这些日常实践基本缺位了。

传统西江苗寨居民家屋堂屋的两侧都会挂满照片，是家屋记忆的重要符号，照片多涉及家庭成员、重要节日活动及其社会关系等内容，在“探索期→参与期→发展期”的推进过程中，相关旅游活动在家庭照片内容的出现，或相关家庭照片都会被作为私人物品收藏起来，抑或商业化的照片是整个苗寨的风光照片。家屋照片内容也在改变的同时，家庭情感表达私密性和含蓄性增强，主体的情感认知、内涵及意义不断发生重构。

这是他（受访者丈夫）年轻 19 岁在广东打工的时候的照片，那个时候流行郭富城的发型，那时候我妈说这个是广东人（哈哈哈）……这是我们在广东打工时抱着女儿的照片……在广东打工了才得钱来盖这房子……

——东引村村民，女，40 多岁

说实话，现在家里面的装饰，包括墙上挂的照片，都是为了满足游客的需求挂的，如果要挂的话，我肯定会挂一些自己出去旅游的照片或者全家福等家庭照片，这也是没有办法……

——南贵村村民，男，30 多岁

总之，居民对家屋空间情感意义的探索更多的是通过记忆和怀旧的情感诉求途径来实现，村寨居民对家屋的想象则被清晰构建，家屋也赋予了心理意义。

### （三）日常生活和生计体验的杂糅化，情感体验空间磨损和销蚀显著

情感体验类目包括生计体验和生活体验两个亚类目。与生计体验亚类相关的主要为传统农耕时期的生产以及当下的旅游接待实践和体验，前者正逐渐消失，后者则不断被强化。生计体验亚类相关举例包括了旅游发展前后基于家屋的生活体验，旅游前“喂猪牛马”“堆粮食”“挑草”为主要的生计实践方式，旅游后“搞农家乐”“跳芦笙”“长桌宴”则成为主要生计实践方式，变化显著。生活体验类目生活体验亚类总体受旅游影响类目不多，但与居民家屋相关的空间类目变化显著，如“堂屋”“美人靠”等传统休闲和娱乐中心成为游客休闲和娱乐中心，“砌房子”旅游利益驱使下当地居民获取利益的重要实践方式。

以敬酒歌、长桌宴为例，两者均是苗族居民在重要节日家人或家族之间聚会的重要仪式，被苗族居民赋予了深厚的情感意义，但在旅游急剧发展过程中，敬酒歌和长桌宴成为日常接待游客的标准化仪式，而随之迎合游客体验的“高山流水”在西江苗寨的每个餐馆成为必备项目，成为西江苗寨吸引游客的核心产品之一，从家人或家族人之间情感沟通的桥梁流变为接待游客

的标准化餐桌仪式，记忆内容不断被重构与生产，所承载的情感意义随之发生流变。

以前都是过年过节才会吃长桌宴，现在所有农家乐都会搞长桌宴……敬酒歌他们好多唱都是用客家话唱出来的嘛，要不然就是普通话唱出来的，唱得乱七八糟，音都不准，我平时到下面（到主街）听到他们唱的都是上气不接下气，不知道我们是老了吗，还是怎么样，他们唱那个音调一下子都是高，一下子都是低，现在只有 50 岁以上的唱起来好听。

——东引村村民，女，50 岁

“高山流水”以前我们是没有的，我们也不搞的，如果是一大桌的话就从我们这边开始从左开始喝，另外一边也是，然后喝完又碰杯。就是搞自己的习俗，碰杯酒，手腕喝酒，挺好玩的。特别是自己的女儿，姐姐，嫂嫂回家过年都经常喝的，家里面的人在一起都经常喝，为了好玩，寻个开心，热闹。

——羊排村，男，40 多岁

需要说明的是，游客的闯入使得家庭成员在情感交流的时间、方式、地点、程度等方面会悄然发生改变，尤其是一些带有私密性的情感交流在游客面前不得不收敛。

## 第五节　本章小结

### 一、家屋物质空间

不同发展阶段的家屋数量家屋空间数量急剧增加，其背后反映了不同的空间重构逻辑。从“探索期（传统型）→ 参与期（过渡型）→ 发展期（融合型和商业型）”，家屋的空间数量整体呈迅速增加的态势。其中，在“探索期 → 参与期”和“参与期 → 发展期”的组间对比中，后者空间数量的增加要多于前者。总之，探索期家屋空间数量的增加以生活质量的提升为主要驱动力；

参与期数量增加则是以生活质量提升和旅游发展是家屋空间的主要驱动力；而发展期数量的急剧增加反映的是旅游影响程度的加深。

房屋内外通道逐渐取代堂屋成为家屋最连接、最整合的空间，最整合、最连接的空间分布由规则向不规则分布演变。按照“探索期→参与期→发展期”的重构过程，家屋最连接和最整合的空间从探索期的厨房、堂屋，到参与期的通道和杂物间，再到发展期的通道和堂屋，连接家屋内外的通道空间逐渐取代堂屋或厨房成为最整合的空间。从整体区域来看，探索期连接值和整合值较高的空间处于水平交通空间的初始端及中端位置，而到了参与期和发展期，因通道的增加，此情况呈不规则分布的态势。

## 二、家屋社会空间

家屋社会功能空间急剧置换，空间的异化现象显著，形成了“传统型家屋→过渡型家屋→融合型/商业型家屋”的家屋社会功能空间重构过程路径，反映的是家屋功能由“农业生产→半农业生产→商业空间”的重构逻辑。

家屋社会关系的丰富化、关系程度弱化或强化。在家屋内部空间中，主客关系逐步融入代际关系、夫妻关系和亲属关系等基础社会关系空间重构过程中，亲戚关系逐渐弱化，并出现以主客关系为主导的家屋社会关系空间。在家屋内外部社会空间中，游客—居民关系、居民—商人关系逐渐融入以邻里关系和社区关系为核心的关系空间中，前两者不断强化，后两者不断弱化。

## 三、家屋情感空间

家屋情感空间由情感景观、情感记忆和情感体验三个主类目构成，情感景观包括显性景观、隐性景观和空间景观三个亚类目；情感记忆包括日常记忆、符号记忆、仪式记忆和交往记忆三个亚类目；情感体验包括生计体验和日常体验，类型目录多于家屋日常生活实践三个亚类目。

家屋空间情感景观的消弭与生产，所承载的情感意义不断发生流变；旅游情境下记忆和怀旧成为建构家屋情感空间意义的重要途径和诉求；日常生活和生计体验的杂糅化，情感体验空间磨损和销蚀显著。

## 四、讨论

中国传统乡土社会中“家”的性质与村寨社群或“小家族”息息相关，其主体是依托家屋生产生活的“家庭”，而家庭具有结构性与功能性[1]，因此，西江苗寨家屋空间重构的实质是家庭内部社会结构及其功能再构（见图3-23）。

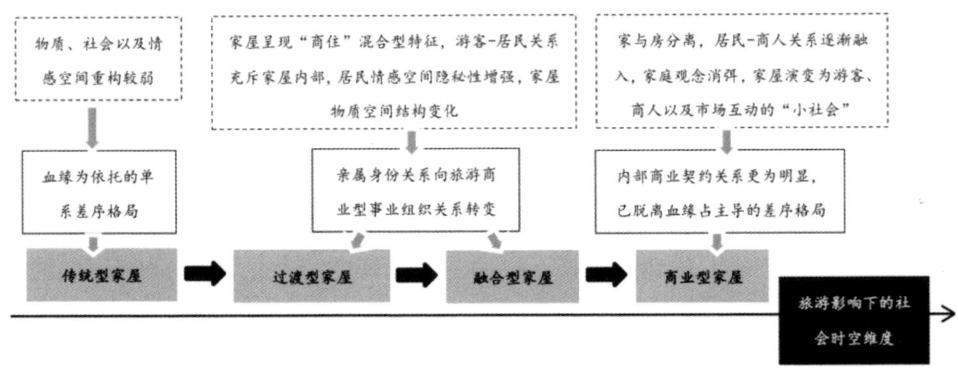


图 3-23　旅游与西江苗寨家屋空间生产过程特征关系

首先，传统型家屋（旅游探索期）承载着旅游影响较小的西江苗寨原生家屋的特质，即以血缘和地缘为依托的单系差序格局。长期封闭的稻作生产方式使得家屋关系的维系由父子权利或长幼权利来决定，并呈现农事生产生活事业组织的特性。家屋内人口结构转换、流动较弱，夫妻、子嗣，以及长幼关系连续性强，导致在传统型家屋关系多基于简单的农事事业，家庭纪律或法则相对原始，社群传统社会文化保留较好。因此，从家屋空间来看，家屋数量变化不大，空间功能仍以传统农业生产和生活方式为主；家屋社会关系与外界没有显著的边界，邻里关系和社区关系仍然较为和谐；家屋内居民情感体验与实践仍凸显传统农业生产、生活的特征。

其次，随着旅游经济的逐渐发展，家屋内部以血缘和地缘为基础的差序格局的单一结构关系开始松动，商业契约关系开始融入家屋内部，但因旅游发展程度不同，家屋内部结构的变化也存在差异。过渡型家屋（旅游参与期）

[1]　费孝通．乡土中国 [M]. 北京大学出版社，2012.

在旅游发展辐射刺激下，家屋内居民关系逐渐由单一的血缘关系变为融合了血缘和旅游商业生产的关系。农忙时，夫妻开展农事活动，而农闲时，男人外出做活或参与景区旅游接待，妇人在家带孩子，经营旅游住宿或外出参与景区表演等，夫妻角色“复杂化”。从空间层面来看，居民在原有房屋基础上改建、扩建或重建房屋，增加了更多附属的客房，以实现利益的最大化；家屋呈现“商住”混合型特征，游客—居民关系充斥家屋内部，家屋内“自家”与“游客”的边界开始清晰起来，情感空间隐秘性增强，居民记忆逐步旅游载体化，而在上述这些方面，融合型家屋（旅游参与期）特征表现更加明显。

最后，承前所述，商业型家屋（旅游发展期）内部商业契约关系更为明显，已脱离血缘占主导的差序格局。家屋内居民向外迁移，房屋以出售或租赁形式全部用于旅游，传统生产生活功能转变为纯旅游接待的商业化家，家与房分离，家屋背后的社会价值意义因结构的变化而异化。为了迎合大众旅游发展的需要，商业型家屋转变为市场化运作模式，家屋即游客、商人，以及市场互动形成的“小社会”，家庭观念消弭，居民－商人关系逐渐融入以邻里关系和社区关系为核心的关系空间中；家屋内“栖居”商人的日常生活和生计体验失去原生的“在家”感，居民情感空间更具标签化、符号化，缺失记忆根基的情感体验逐渐世俗化或“建构的乡愁”化。

# 第四章　家与家园：旅游发展情境下家园空间的生产过程

在前述家屋空间生产过程研究的基础上，本章将从历时性的角度对家园空间生产历时性过程进行研究。首先，基于西江苗寨多时段遥感影像图（1990—2015年）的解译，结合参与式访谈、问卷调查等方法来推演西江苗寨物质空间和社会空间的生产过程。其次，通过深度访谈和质性分析的方式对情感空间的情感过程性编码，形成基于主体感知的情感空间特征及意义。最后，结合家园的物质空间、社会空间和情感空间的生产过程事实，整合形成旅游发展背景下家园空间的生产过程。

## 第一节　研究方法与数据来源

### 一、研究方法

#### （一）物质空间扩展强度指数测算

扩展强度指数是指某空间单元在一定时段内土地利用的扩展面积占其土地总面积的百分比，扩展强度指数越大，表示扩展越快。基于扩展强度指数的测算可以达到分析和描述聚落建成区用地扩展状态的目的，并且能够比较不同时期不同方位聚落建成区面积扩展的强弱、快慢和趋势。扩展强度指数的公式为[1]：

$$\beta_{i,t-t+n}=\frac{(ULA_{i,t+n}-ULA_{i,t})/n}{TLA_i}$$

式中：$\beta_{i,t-t+n}$、$ULA_{i,t+n}$、$ULA_{i,t}$ 分别为空间单元的年均扩展强度指数、在 $t+n$ 及 $t$ 时的聚落建成区面积。

### （二）物质空间扩展各向异性衡量

村寨在研究期内各个时段的空间扩展向异性测量可以采用等扇形分析方法来实现[2]。扇形分析是指以研究区的几何重心为中心，选取适当半径将研究区划分成若干面积相等的扇形区域，并且与各时期用地图层进行 GIS 叠加，在此基础上，提取村寨空间在不同时段不同扇形区域的扩展面积，计算不同时期各个方位上空间扩展强度指数，并对空间扩展强度指数数据进行统计分析。

### （三）GIS 地理空间分析方法

此方法用于村寨社会空间功能专项研究，将遥感图像作为底图配准后进行矢量化，通过对不同时期家屋用地扩展面积的获取来表征各阶段聚落用地扩展的总体规模，以及空间扩展的趋势。此外，对聚落内部的土地功能进行分区并矢量化，并结合核密度测算等方法，立足家屋“点数据→斑块”模拟，实现对研究期内西江苗寨社会空间结构功能的变迁分析。

### （四）定性分析

文章涉及的西江苗寨家园主体情感空间生产研究，即为少数民族村寨这一微观空间社会文化结构的探究，因此，定性分析较为适合本研究。本书定性分析主要涉及初始编码、聚焦编码、家园地方特征和地方意义构成要素的获取，以及信度检验和效度检验四个步骤，研究采用 NVivo 8 对访谈资料进行编码。

[1]　刘盛和，吴传钧，沈洪泉．基于 GIS 的北京城市土地利用扩展模式 [J]. 地理学报，2000,55(4):407-416.
[2]　刘纪远，王新生，庄大方，等．凸壳原理用于城市用地空间扩展类型识别 [J]. 地理学报，2003,58(6):885-892.

第一，初始编码。通过将访谈文本“打碎”，对涉及与家园空间特征和地方意义有关的关键词、句子、段落及事件进行逐级编码、归纳及整理，使主题和概念从文本中浮现。第二，聚焦编码。对已标记的编码进行二次审视，还原编码当时所处的语境与社会文化背景，最终选取了出现频率较高和较为重要的编码条目作为村寨家园情感空间特征的亚类目。第三，家园地方特征和地方意义构成要素的获取。计算每个亚类条目对应的资料中文字记录量的频次及其占全部文字记录量的百分比，也就是通过细化亚类条目以获取要素。第四，信度检验和效度检验。采用 Holsti 组间信度检验[1]和三角校正法分别对编码结果的信度和效度进行检验。

## 二、数据来源

### （一）家园物质与社会空间生产研究数据来源

研究数据从两方面获取：①通过对西江苗寨不同时间段的遥感影像进行解译及 GIS 空间分析，对村寨家园整体形态的变迁和物质空间扩展程度进行评估；为保证遥感数据质量，研究过程中选取少云、植被生长初期或末期的遥感影像作为分析数据源。遥感影像数据时间起于 2000 年，止于 2023 年，涵盖 6 个年度的时间节点（2000 年、2005 年、2010 年、2015 年、2020 年和 2023 年）和 5 个时间段，跨度为 23 年（见表 4-1）。②参照参与式农村评估方法，于 2022—2023 年分别对研究区进行入户访谈及问卷调查（详见附录 1），一方面借助访谈资料还原村寨家园历史过程中家屋，以及房屋土地利用类型、功能的变迁情况，并结合 GIS 空间分析法对村寨家园（社会空间）结构功能的变迁进行评估，另一方面，借助入户深度访谈获取的质性文本数据对旅游发展背景下村寨家园社会空间进行剖析。

[1] Wynveen C J, Kyle G T, Sutton S G. Natural area visitors' place meaning and place attachment ascribed to a marine setting[J].Journal of Environmental Psychology,2012, 32(4): 287-296.

表 4-1　研究所需遥感数据

| 研究区 | 数据类型 | 获取时间 |
|---|---|---|
| 西江苗寨 | Landsat TM | 2000 年、2005 年、2010 年 |
| | Landsat ETM | 2015 年、2020 年 |
| | Landsat OLI | 2023 年 |

### （二）家园情感空间生产研究数据来源

调研采用深度访谈的方式，受访者为西江苗寨本地居民。调研时间跨度为 2015—2018 年，其间共开展了 5 次田野调查。后于 2022 年和 2023 年进行补充调研。调研初期主要利用参与式观察与非参与式观察熟悉村寨的空间布局现状，并展开初步的开放式访谈，以设计半结构式访谈提纲。中期调研主要利用半结构式访谈和参与式制图深入了解居民对村寨家园情感空间特征要素及空间分布情况。后期调研主要围绕前期获取访谈文本资料进行外推，以及“查漏补缺”，以提升访谈文本资料的信效度。调查样本的选取以西江苗寨 1500 余户居民作为调查抽样的全集 $N$，采用简单不重复随机抽样的方式选取调查对象 [1]。

$$\frac{Z^2P(1-P)}{e^2+\frac{Z^2P(1-P)}{N}}$$

式中：$n$ 为待求的样本量；$N$ 为样本全集；$e$ 为期望的误差界限，取 0.05；$P$ 为置信水平，取常用的 95% 置信度，其对应的 $Z$ 值为 1.96；通过计算得出 $n$ 为 260。为了更有效地揭示西江苗寨旅游发展前后，村寨主体关于“家”情感空间生产特征，抽样调查对象主要选取核心区羊排、平寨、南贵，以及东

[1]　赵振斌，褚玉杰，郝亭，等．汉长安城遗址乡村社区意义空间构成 [J]. 地理学报，2015,70(10)：1606-1621.

引4个村,调查组将260个总样本量分配给每个自然片区50～60个调查指标，并以4个村寨的主要村域区位向四周均匀扩散进行判断抽样。利用设计好的访谈提纲进行半结构式的深入访谈，访谈主要涉及以下三个开放式问题。

问题1：您平时在村寨的时候，喜欢到什么地方去玩，什么地方能让你感到舍不得离开？在哪里？（家园情感空间特征）

问题2：为什么会感到舍不得？（家园空间意义）

问题3：这些地方对你来说意味着什么？（家园空间意义）

访谈过程中,尽量在开始保持一个轻松愉快的交流,当谈话进入状态之后，访谈者逐渐渗入问题，访谈者根据受访者的回馈进行追踪提问，每个访谈持续30分钟左右，每天完成25～30个访谈（4名调查人员）。为了保证研究的准确性，调查人员会事先让受访者熟悉地图，如寨门、白水河、芦笙场、观景台等主要标志物，同时，辅助使用事先准备好的西江苗寨家园代表性图片，帮助受访者理解与感知。调查过程中进行笔录访谈内容，在访谈者允许的情况下进行录音。

# 第二节　家园物质空间生产过程

## 一、平面扩展维度

基于遥感影像图斑提取法，利用目视解译和人机交互解译的方法提取西江苗族聚落的信息，以及村寨群落扩展过程中对周边土地利用的影响[1]。以2000年聚落遥感数据作为本地数据，建立西江苗寨2000年的村寨建成区矢量图，按照上述方法重复完成2000—2023年村寨扩展动态和各年度村寨建成区矢量图，获取六个时段村寨建成区扩展动态（见图4-1），并呈现如下特征。

[1]　罗光杰，李阳兵，王世杰．岩溶山区聚落分布格局与演变分析：以普定县后寨河地区为例[J].长江流域资源与环境,2010,19(7):802-807.

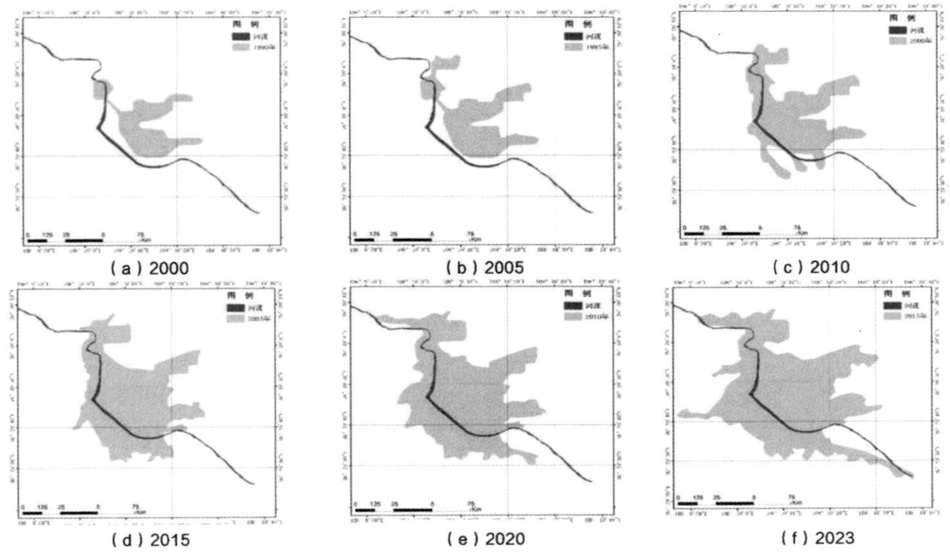


图 4-1　物质空间平面扩展变迁（2000—2023 年）

（1）村寨空间以白水河（图中示意河流）东北方向的平寨村、羊排村为核心向外辐射扩展。在自然地理要素背景下，聚落沿河流外延扩展，呈现带状扩张的空间态势，扩展方向呈西北—西南—东南向。

（2）白水河南岸的南贵村由 2000 年的小规模聚落（东北角）顺山势、沿河流逐渐向东南方向扩张，尤其是 2008 年西江旅游大规模发展后，南贵村由于较好的观景地理位置（西南—东北向观景视角)，新增房屋数量较多，聚落规模与面积增加明显。

（3）位于核心区的平寨村逐渐向河边扩展并与河流对岸的南贵村在空间上形成“接壤”趋势；羊排村在空间形态上变化不大，但自身面积存在明显的外溢特征；正东方向的东引村较其他三个村寨而言，物质空间面积和空间形态在时空尺度上变化较小。

（4）村寨空间形态平面扩展与旅游发展的强度、周期呈现明显的线性相关性，村寨房屋群落逐渐由生产生活功能转向生产、生活，以及旅游者凝视、体验的混合型功能；此外，村寨家园景观不断变迁，为了更方便旅游接待，以及景区建设，家园物质空间生产也通过家屋群落建筑景观表征而出（见图 4-2)。

（a）

（b）

图 4-2　西江苗寨家园整体景观变迁

注：（a）为笔者田野调查过程中收集（20 世纪 90 年代），（b）为笔者拍摄（2018 年）。

## 二、面积扩展趋势

西江苗寨家园物质空间扩展的规模变化表现出明显的阶段性特征（见表 4-2）。（1）2000 — 2005 年，物质空间规模从 0.3166 平方千米增加至 0.447 平方千米，空间扩展较为缓慢，空间格局在时间尺度上相对保持一致，差异性不明显，这主要源于村寨较封闭的农业生产格局；（2）2005 — 2010 年，物质空间面积由 0.447 平方千米增加至 0.523 平方千米，空间扩展速度逐渐增加，最大增速达 29.30%，这与村寨这一时期逐渐发展民族旅游有着一定的关系；（3）2010 — 2015 年，物质空间由上一时期数量值增加到 0.690 平方千米，本阶段聚落扩展速度较上一期虽有所下降，但物质空间面积较 2000 年基期而言，其规模已经扩大 2.18 倍，西江苗寨家园空间基本格局形成；（4）2015 — 2020 年，物质空间面积增长至 0.742 平方千米，空间扩展保持缓慢平稳的增长态势；（5）2020 — 2023 年，物质空间较基期已扩大 5 倍，达到 0.932 平方千米，此外，本期物质空间扩展速度较上一期而言逐渐增大，面积增长值为上一期的 1.25 倍，由此可见，旅游快速发展给西江苗寨所带来的社会文化影响逐渐显现。

表 4-2　近 23 年以来家园面积变化

| 时间 | 2000 年 | 2005 年 | 2010 年 | 2015 年 | 2020 年 | 2023 年 |
|---|---|---|---|---|---|---|
| 面积（平方千米） | 0.316 | 0.447 | 0.523 | 0.690 | 0.742 | 0.932 |

## 三、空间扩展强度

结合西江苗族空间扩展的各向异性特征（见图 4-3）及扩张强度指数（见表 4-3、表 4-4）可以看出：① 2000 — 2005 年，西江苗寨家园空间整体扩展翼为多翼快速扩展，以北西北—南西南向（NNW-SSE）为主要扩展主翼。② 2005 — 2010 年期间，4 个村寨总体扩展趋势为单翼缓慢扩展，其中，扩展强度指数平均值为 0.02，平均值和标准差均为最小值，数据相对波段范围较小，显示不同方位扩展强度差异减小。③ 2010 — 2015 年，4 个村寨总体扩展趋势呈现西西南—东东北向（WSW-ENE）的单翼高速扩展，扩展强度指数平均值为 0.03，数据相对波段范围较小，不同方位扩展强度差异开始增加，要素往核心区域聚集的同时开始往其他方向扩展。④ 2015 — 2020 年，家园物质空间总体扩展趋势呈现西北向（NW）单翼高速扩展，以及东—西向（E-W）的次要扩展翼，扩展强度指数平均值为 0.03，波段范围不大，但扩展变异系数为 1.82，这与西北向（NW）单翼高速扩展有关。⑤ 2020 — 2023 年，流动性仍在匀速扩展，空间总体扩展趋势呈现向东（E）单翼高速扩展，次要扩展翼较多，扩展强度指数平均值为 0.05，显示数据相对波段范围开始增加，扩展变异系数为 1.28。尽管较上一个周期减缓，但变异系数显示高位运行，其与向西北（NW）单翼高速扩展有关。通过对比研究总结，家园物质空间扩展属于扇翼扩展模式，并依次经历了多翼快速扩展、双翼匀速扩展、单翼快速扩展这 3 种空间扩张类型（见表 4-4）。村寨空间扩展强度与西江旅游发展影响的强弱息息相关，由此可见，旅游发展对于民族村寨家园物质空间演变影响较大，村寨空间生产呈现乡村城市化演化趋势，村寨空间扩展强度与转移方向与资本、土地、设施、服务等旅游渗入的强度、方向基本保持一致，旅游作为全球化的商业活动，成为民族村寨空间生产、功能异化与表征的最主要牵引力。

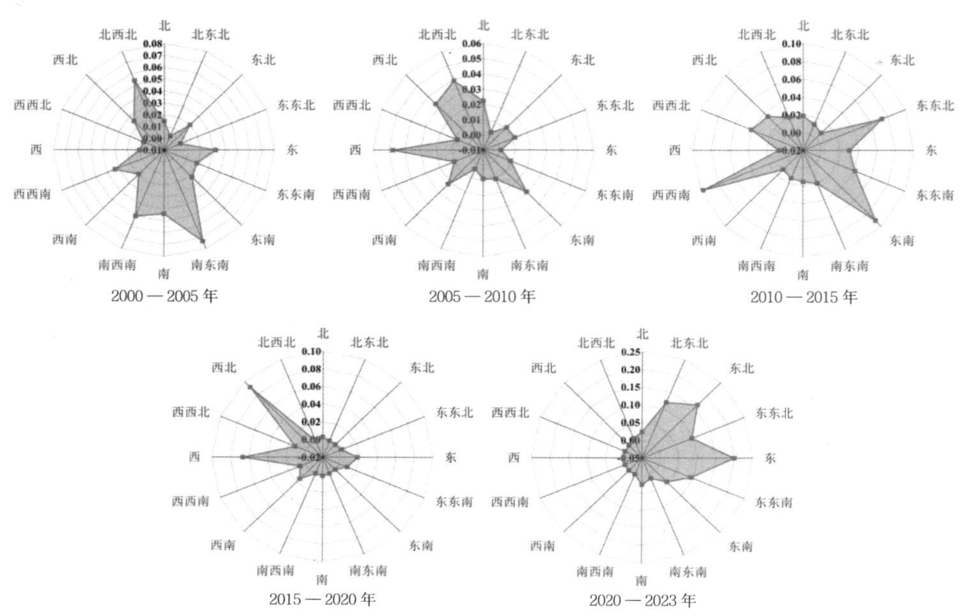


图 4-3　不同方位家园物质空间扩展强度（2000 — 2023 年）

表 4-3　不同时期各方位家园物质空间扩展强度指数差异统计

| 时段 | 最小值 | 最大值 | 均值 | 标准差 | 变异系数 |
| --- | --- | --- | --- | --- | --- |
| 2000 — 2005 年 | 0.01 | 0.73 | 0.27 | 0.02 | 0.71 |
| 2005 — 2010 年 | 0.01 | 0.05 | 0.02 | 0.01 | 0.80 |
| 2010 — 2015 年 | 0.01 | 0.10 | 0.03 | 0.03 | 0.85 |
| 2015 — 2020 年 | 0.01 | 0.10 | 0.01 | 0.03 | 1.82 |
| 2020 — 2023 年 | 0.01 | 0.20 | 0.05 | 0.06 | 1.28 |

表 4-4　不同时期家园物质空间扩展模式

| 时段 | 总体扩展趋势 | 主要扩展翼 | 次要扩展翼 |
| --- | --- | --- | --- |
| 2000 — 2005 年 | 多翼快速扩展 | 北西北—南西南（NNW-SSE） | 南北向（S-N） |
| 2005 — 2010 年 | 双翼匀速扩展 | 向西（W），西北—东南向（NW-SE） | 西南—东北向（SW-NE） |
| 2010 — 2015 年 | 单翼快速扩展 | 西西南—东东北向（WSW-ENE） | 东南—西北向（SE-NW） |
| 2015 — 2020 年 | 单翼快速扩展 | 西北向（NW） | 东—西向（E-W） |
| 2020 — 2023 年 | 单翼快速扩展 | 向东（E） | 东南—东北向（NNE-NE） |

## 四、空间重心转移

家园物质空间不同时期几何重心迁移存在方向上的变化（见图 4-4）：① 2000—2005 年，空间重心向偏北方向迁移，羊排、平寨村逐渐向进村交通道路方向扩展，即空间呈现向景区大门方向（北门）延伸扩展趋势；② 2005—2015 年，空间重心向西南方向迁移，可以看出，随着西江旅游发展的推进，平寨村沿河分布区域（表演场地附近）逐渐成为西江苗寨核心区域；③ 2015—2023 年，村寨空间重心在原有基准点上向西北以及西南侧的南贵村迁移，观景台至景区新大门（西门）沿线成为家园空间延伸发展的核心区域；④整体来看，家园空间物质功能的流变与旅游发展明显相关。近年来，西江苗寨空间重心大规模持续向村寨西向转移，以满足多种旅游者体验的需求，同时受限于核心区 4 个村寨空间面积难以持续开发的现实因素，空间逐渐向西扩展至营上村，并与凯雷高速公路相连接。西江旅游发展进入新的时期，传统封闭的民族村寨与外界连通性越来越强。

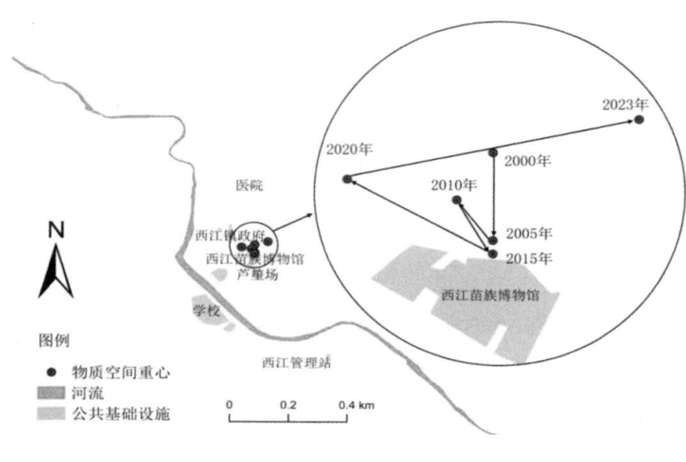


图 4-4　家园物质空间重心位置变化趋势
（2000—2023 年）

# 第三节　家园社会空间生产过程

## 一、家园结构功能

基于西江苗寨 1510 余户典型民族旅游社区社会文化调研统计数据（2017 年），西江家园空间在旅游不断深入发展影响下，其社会空间结构呈现如下特征（见图 4-5）。

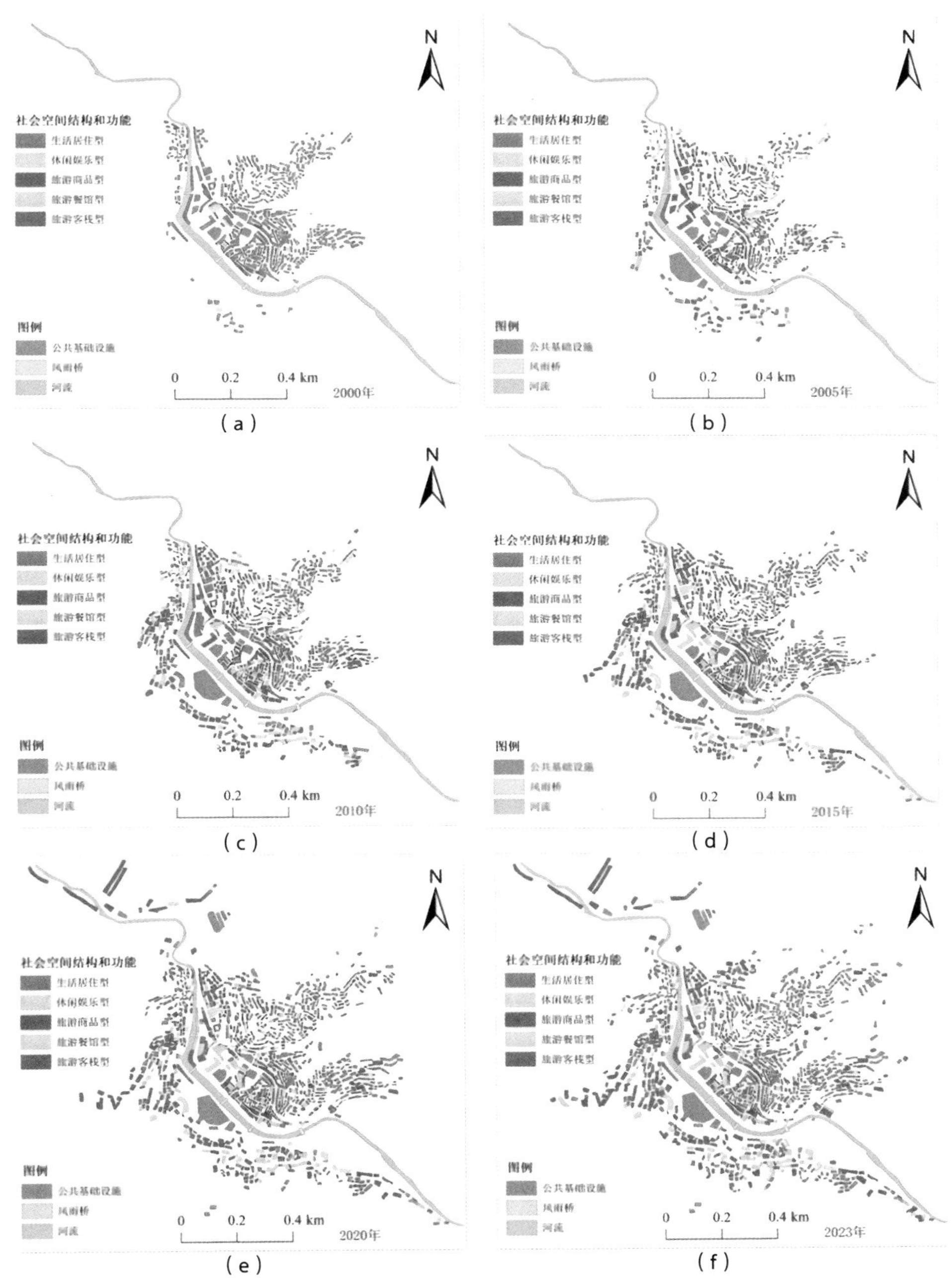


图 4–5　家园社会结构功能空间生产过程

（2000—2023 年）

（1）产业结构方面，家庭直接或间接从事旅游业的户数为770余户，旅游业已逐渐成为民族村寨核心支柱产业，居民生产生活俨然围绕旅游开展实践。

（2）人口置换与流转方面，旅游发展导致部分本地居民的外溢，但规模不大，1016户住家仍为原主居民，平寨村人口置换最为明显，且多以旅游商品经营为主；从人口地域流向来看，以“贵州省内→西江苗寨”（112余户）、“湖南→西江苗寨”（82余户）等形式为主；从置换人口旅游参与情况来看，贵州省内流动人口多以旅游客栈、餐饮为主，湖南流动人口多以旅游商品经营为主。

（3）居民社会活动空间特征方面，304户住家辐射距离为邻里半径，585户住家辐射距离为房屋周边，410余户住家辐射距离为整个村寨，村寨居民家庭社会关系往来仍较为活跃；743户住家认为邻里关系不会因旅游发展而优化，542户住家认为邻里关系因旅游发展而优化，居民社会交往的旅游负向影响较弱。

（4）居民权利感知方面，762户居民认为政府权利对于居民而言更为重要，从个人权利感知来看，鼓藏头等传统权力象征的影响力逐渐减弱，仅42户仍将寨老视为权利拥有者。

（5）居民社会身份认同与意识方面，692户仍以“农民”自居，737户认为自身为商人或潜在商人；旅游对家庭居民身份意识与认知影响较大，大部分居民身份认同围绕“家园”生产或旅游展开，仅188户欲外出。

（6）女性参与社会分工方面，1190余户家庭女性直接或间接参与到村寨旅游发展，西江苗寨家庭传统社会分工改变较为明显。

（7）居民婚姻惯习方面，293户家庭逐渐认为外地人能够成为自身婚姻选择的对象，大部分居民仍然倾向本地人为主。

通过挖掘访谈文本资料和还原村寨社会结构演变的历史沿革发现，旅游影响下西江苗寨社会结构由“生产居住型”转化为“旅游生产型”，空间功能逐渐向满足旅游发展所需的“食、住、行、游、购、娱”等综合性方向转变。

（1）2000年之前，西江苗寨生产、生活围绕稻作农业展开，传统社会空间结构较为稳定，村寨家园空间功能同质性和文化根植性较强。与此同时，在政府的引导下西江苗寨开始尝试发展民族旅游活动，但由于交通可进入性较差，“苗家乐”为初期旅游接待形式的家庭不足20户。

（2）2000—2005年期间，村寨旅游发展进入转型期，村寨社会结构开始改变，沿河、沿路区域位置较好的家庭开始发展旅游接待，受制于西江苗寨整体规划开发尚未展开，村寨社会结构功能形式较为单一，多以粗放的住宿、餐饮接待为主。

（3）2005 — 2010 年期间，借贵州省第三届旅游发展大会契机，西江苗寨民族社区旅游发展进入整体规划与开发阶段，社会功能从农业生产主导开始转向旅游活动主导。

（4）2010 — 2020 年期间，民族旅游深入发展，村寨社会空间趋于“全球—地方”特征，空间内外要素加速联通与交流，旅游商业性推动村寨内部功能不断细化，其社会结构朝复杂多样性转化。

（5）2020 年后，西江苗寨旅游为主导的社会功能格局基本形成。对比历史情况与当下社会结构特征，在旅游不断驱导、变化的社会结构中，村寨家园逐渐异质，传统社会空间解构、生产与再构，居民“现代性”生产生活意识快速形成，尤其体现在自我身份认同、社会参与，以及对村寨政府、景区企业权利的依附与再认识上。另外，我们也可以看到西江苗寨血缘、业缘，以及地缘等社会属性牢固，村寨社会文化基因渗透性强，族群认同聚拢，旅游虽不断冲击村寨社会空间的各方面，但村寨居民人口置换转移较弱，自居型传统家园的本底得到保留，村寨社会空间呈现“形变质未变”的特征，家园精神犹在。

西江苗寨内部社会空间功能异化较为剧烈，4 个村寨又体现出差异（见图 4-5）：① 2000 年以来，平寨村依托优势地理位置基本实现功能的转换，由生产生活主导转向旅游主导；旅游驱动下，平寨村内部社会功能发生较大变化，本地居民与外来商人人口置换明显，社会空间功能形成服务型主导。② 2000—2023 年间，羊排村社会空间内部功能分异明显，自村寨中心交通线路延伸至山腰区域（景区入口—西江烧烤城—也东寨一线至山腰区域）的空间逐渐由生产生活转化为以住宿、餐饮为主的旅游服务功能，而山腰至山顶的大部分空间仍以居住与农业生产为主。③南贵村内部空间功能转向最为明显，自 2000 年以来，村寨空间逐渐由耕地、林地转变为以住宿、餐饮和观景等为主导的旅游空间，并逐步向西大门方向（西江新的旅游发展方向）延伸。④东引村较其他 3 个村寨而言，社会空间功能在时间尺度上变化较小，仍以居住、农业生产功能为主。

## 二、家园管理制度

列斐伏尔认为社会空间不是抽象的自然物质以及外在于人类活动的静止“平台”，它是社会关系与社会实践的产物，特定的社会、生产模式与关系能够生产出自己特殊的空间（Lefebvre,1991）。随着旅游发展对于西江苗寨传统社会关系和社会结构的冲击与影响，村寨社会空间的异化、生产与实践也发生了显著变化。村寨旅游化进程中，政府、景区规划专家等通过自身权利推动着空间的表征。虽然，西江苗寨文化认同和族群意识较强，然而“规模空前”的旅游生产活动打破了村寨相对简单原始的权利空间规则。政府、资本等多维权利嵌入村寨社会空间，并占据空间实践的主导，西江苗寨社会空间管理制度呈现如下特征。

（1）传统农业生产管理体制保留并延续。68.60% 的住家户认为农业生产应该继续采用“活路头”等传统农业生产管理制度。

（2）传统自然管理体制逐渐弱化，居民权利感知“矛盾”突出。72.20% 的住家户认为寨老、地方榔头、鼓藏头等传统村寨管理权利者影响效力逐渐减弱；对于保有原有村寨管理体制态度而言，大多数居民持中立的态度，所占比重为 66.40%；现代管理制度不断冲击传统村寨管理体系，居民被迫接受新的管理体制，但现代制度下的“棱角分明”使得居民矛盾心理较为明显。

（3）权利空间非正义现象较为明显。67.80% 的居民认为旅游发展过程中，村寨内部平衡打破，61.20% 的居民认为自身属于较为弱势的群体。

（4）传统、和谐的社会规范逐渐简化、淡化。779 户住家居民认为村寨传统的社会规范逐渐变化，86.60% 的住家居民认为旅游使得西江苗寨居民思想观念得到更新与开放；从旅游产生的社会效益来看，353 户住家居民认为村寨传统社会规约开始瓦解，社区逐渐出现犯罪、赌博等不良现象，现代世俗的社会特征“进驻”村寨。

## 三、居民社会生活

旅游发展过程中，村寨居民社会生活实践受之影响，家园精神延续背景下，西江苗寨居民社会生活呈现如下特征。

（1）居民家庭内部日常生活中普遍使用方言的比重仍然较高，占比达到88.20%，苗族语境交流程度依旧较高。

（2）74.40% 的居民擅长或者知晓本民族的歌舞形式；336 户住家会将民族性活动作为自我娱乐方式，519 户住家认为本民族特色性活动的意义仍为节事需要，鲜有居民认为本民族特色性民族歌舞、节庆活动的意义仅仅用于社交或旅游盈利；84.60% 的住家居民认为西江苗寨传统的仪式或活动在日常生活中是否仍然占据重大意义。

（3）70.20% 的居民会仍会借助唱歌、刺绣、蜡染等传统方式打发自己的业余生活；在作为“地方”的村寨家园，既是西江苗寨居民传统生活延续的归属，也是自身民族文化认同方面，85.60% 的居民认为学校教育中有必要涉及本民族历史文化。此外，82.00% 的居民认为家庭内部应该借助歌舞、刺绣、银饰、建筑等元素载体传承苗族传统文化。

（4）民族文化自觉方面，85.20% 的住家居民会认为游客能接受并喜欢自身文化，87.40% 的住家居民认为西江苗寨民族文化资源值得开发；对于旅游介入自身生活方式而言，86.40% 的住家居民认为应该发展村寨旅游，综合而言，居民文化自觉性较高，旅游发展态度较为积极。

随着旅游的不断发展，其塑造出蕴含着地缘和血缘观念的“全球—地方”特征社会网络，在延续着传统苗族社会文化意义的同时，也建构着新的社会关系。当下，西江苗寨旅游被政府、企业，以及居民分别建构为“发展经济、提升效应”和“摆脱贫困、融入现代”的主要功能意义，传统民族文化在居民生活体验之外叠加出资本属性。借助民族文化资源与特色，村寨地方属性在开放、动态，以及与外界的紧密联系中生产为具有新的意义的时空载体；但村寨家园本土性更不能简单等同于家园地方性，西江苗寨新的地方性是在居民、游客等主客互动中营造出的。

## 四、居民精神文化

西江苗寨在旅游影响的背景下，其家园精神文化演化呈现如下特征。

（1）821户住家保留传统婚恋习俗，如游方、抢亲、哭嫁、偷亲等（见图4-6）。

（2）896户住家保留传统丧葬习俗，如守孝、唱丧歌、送垫尸帛、扇魂赴阴等。

（3）962户住家保留传统生育习俗，如送背带、打外婆花脸、送红鸡蛋和糯米饭等。

（4）1508户住家均保留传统的原始宗教祭祀，其中，1005户住家祭鼓，897户住家祭龙，484户住家祭树或岩。相较于核心区，边缘区村寨家园精神文化保留更好，且在现代旅游发展的影响下建构出新的地方意义，如边缘区麻料村招龙节在当地政府组织策划、居民参与，以及游客互动的过程中，将传统以宗教祭祀为特征的节日改造为持续时间较长的新时代背景下的“旅游文化活动节”（见图4-6）。

（5）对于西江苗寨居民而言，鼓藏文化是其精神世界以及 价值惯习形成的核心构成；而鼓藏头既是鼓藏节宗教祭祀的权利承载，也是村寨族群内部尊崇、礼待，以及价值认同的对象。家族世袭制的鼓藏头通过原始宗教理法、权利规训维系着村寨居民精神想象世界的平衡。随着旅游的发展，鼓藏和鼓藏头文化符号被建构为西江苗寨原始权利的最高层级，并借助神秘、仪式感的旅游营销手段迎合游客对于山地环境中“苗王”的地理想象。数据结果显示，906户住家认为当下的鼓藏头更多会借助自身身份形象增加收入，通过拍照收费、苗族文化解说、苗药销售等形式主动参与旅游（见图4-7）。604户住家认为鼓藏头在自身内心的位置依然很重要，430户住家知晓铜鼓平（芦笙场，也是宗教祭祀场所）及其意义，更多的住家只知晓铜鼓平作为芦笙场的功能意义，而其宗教意义了解甚少。

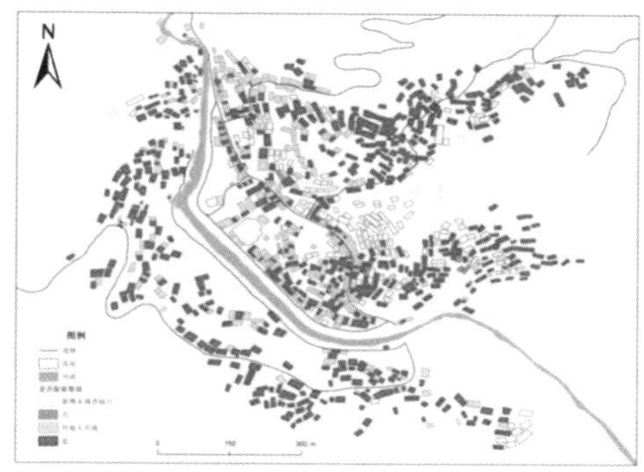

（a） 家园主体传统习俗保留（扇魂赴阴）　　（b） 主体原始宗教祭祀保留（祭鼓）

（c） 旅游影响下西江苗寨家园边缘村寨——麻料村招龙节演变

图 4-6　家园空间祭祀文化

（a）

（b）

图 4-7　西江苗寨鼓藏头家旅游接待情况

## 五、家园旅游空间

在旅游的不断发展与影响下，西江苗寨的传统空间结构转化为以旅游为主导的空间结构。剖析其内部异质性规律，旅游发展语境下的村寨家园结构呈现如下特征（见图 4-8）。

（1）旅游空间结构转化的时间序列方面，40 户住家在 2000—2008 年从事旅游经营，597 户住家自 2008 年后开始从事旅游经营。

（2）旅游经营融资渠道方面，400 户住家通过私人租赁形式发展旅游，330 户住家户通过自家改造或自筹资金开展旅游生产，42 户住家户通过政府出资扶持政策或向政府租赁方式参与旅游，旅游产业发展中融资渠道较为单一。

（3）旅游商品经营方面，185 户住家户采用自产自销方式开展旅游经营；111 户住家户采用当地批发方式开展旅游经营；51 户住家通过外来引入的方式开展旅游经营；西江苗寨产销经营仍以内源式为主；55 户住家参与银饰类旅游产品销售，26 户住家参与蜡染、刺绣类旅游产品销售，62 户住家参与土特产类旅游产品销售，222 户住家参与大众旅游类产品销售，本地特色文化产业挖掘有待提升。

（4）旅游经营业态及雇佣结构方面，663 户住家尚未直接参与旅游经营，仍然从事传统农耕型生产，158 户住家从事旅游餐馆型经营，297 户住家从事旅游客栈型经营，276 户住家从事旅游商品型经营，34 户住家从事休闲娱乐型经营；其中，377 户住家雇用本村人，35 户住家雇用外地人，280 户住家无雇用。

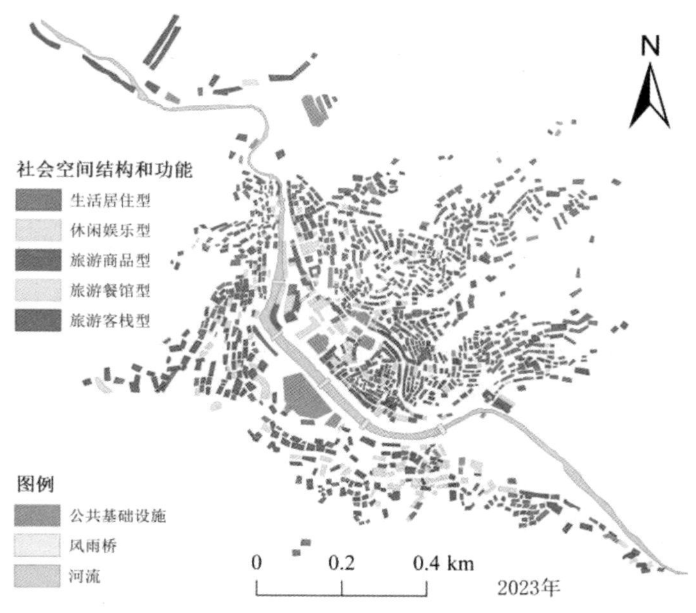


图 4-8　西江苗寨家园旅游空间结构特征 (2023 年 )

可见，西江旅游空间结构仍然处于大众旅游发展阶段，外部资本与要素流动性较弱。近年来，随着景区空间范围的扩展和旅游空间模式的多元化打造，西江苗寨旅游发展逐渐由大众旅游向休闲体验型旅游过渡，村寨旅游空间与居民生活空间混杂呈现扩张趋势。

## 第四节　家园情感空间生产过程

对访谈获取的文本进行逐级编码、归纳及整理，将有关西江苗寨家园空间特征与地方意义的关键词、句子、段落及事件归类并概念化、范畴化；共建构出包含关键词、句子、段落及事件的 2057 条编码，并对核心编码条目进行量化聚类。统计结果发现，村寨家园空间特征目录共包括 6 个主类条目，21 个亚类条目（见表 4–5）。

表 4–5　居民家园情感空间的认知特征

| 序号 | 主类目 | 亚类目 | 举例 |
| --- | --- | --- | --- |
| 1 | 功能意义 | 安全感 | 不关门▼、种田▼、相互帮助▼、搞点旅游提高收入 **；田土被征收无收入 * |
| | | 精神愉悦性 | 聊天▼、唱苗歌 **、纳凉▼、休息▼、烤火▼、看热闹▼、摘野果▼、绣花▼、谈天说地▼、吹芦笙 **、跳苗舞 ** |
| | | 生活便利性 | 高铁通了 **、买东西 **、小孩就地上学 **、串门 |
| | | 生计来源 | 种地▼、餐馆唱敬酒歌（高山流水）**、餐馆做服务员 **、景区搞接待 **、景区表演 **、卖东西 **、景区打扫卫生 **、摆摊 **、跑面包车 **、卖米酒 **、年轻人出门打工▼、染布▼ |
| | | 居住条件 | 吊脚楼、木房子冬暖夏凉、木房子住得踏实▼、木房子洗澡、做饭不方便 **、砖楼隔音好 **、砖木结构 ** |
| | | 地方特色 | 田土肥沃▼、空气新鲜 *、森林多、风景漂亮 *、气候好 *、山泉水、田▼、梯田美丽、干净美丽的村寨 * |

续表

| 序号 | 主类目 | 亚类目 | 举例 |
| --- | --- | --- | --- |
| 2 | 情感联结 | 幸福的 | 开心 **、幸福 *、骄傲 *、自豪 * |
| | | 喜爱的 | 漂亮 **、民风淳朴▼、欢乐 ** |
| | | 留恋的 | 舍不得离开；故土难离、留恋 |
| | | 矛盾的 | 收入提高 *、环境更美 **、旅游发展不公平 **、安静▼、田地被征收 ** |
| 3 | 社会关系 | 邻里关系 | 和谐▼、相互关心▼、有重要事情邻居都会帮忙、一起上山干农活▼、邻里关系没以前那么好了 |
| | | 亲情关系 | 亲情、一大家子住在一起、感情很深、女儿就嫁在这个寨子 |
| | | 友谊关系 | 朋友、一起出去打工、小伙伴感情很好、相互照顾 |
| | | 自然领袖 | 寨老很有权威▼、寨老调节关系▼、尊敬寨老▼、节庆和祭祀时间由寨老定、认可唐家世袭鼓藏头▼、有能力的年轻人来管事 ** |
| 4 | 历史记忆及文化意义 | 历史悠久 | 百年历史、祖先迁徙、挖田开荒▼、河边居住▼ |
| | | 文化遗址 | 风雨桥、芦笙场▼、祭鼓的山▼、村寨▼ |
| | | 家庭历史 | 苗歌 **、芦笙 **、刺绣 **、银饰 **、蜡染▼ |
| | | 个人经历 | 久居、世代居住、老房子居住▼、未曾离开 |
| 5 | 个人价值与意义 | 存在意义 | 土生土长▼、我的一切▼、房子是爷爷的父亲修建的▼、家族的碑就在那边▼、这条小路我们小时候就经常走▼ |
| | | 态度及行为 | 老人有恋想，还是舍不得拆建▼、希望祖传风俗能保留下去 *、村寨就是我们的命根 **、要好好保护苗寨的一砖一瓦，有必要投入资金促进文化传承 ** |
| 6 | 宗教信仰 | 宗教信仰 | 蝴蝶妈妈、大石头和枫树▼、重大节日会祭拜鼓、斗牛 |

注：* 表示被强化程度较强，** 表示被强化程度强，▼表示被弱化，没有标注表示没变化。

同时，为保证条目的信效度，研究过程中对其分别进行检测，以获取较为稳定的质性分析结果，具体内容如下。

1. 信度检验

$$\frac{3 \times N}{N_1 + N_2 + N_3}$$

式中，$N$ 是编码过程中三组意见一致的编码数量，$N_1$、$N_2$ 和 $N_3$ 是三组各自的编码数量。结果显示，3 个小组的编码数量 $N_1$、$N_2$ 和 $N_3$ 分别为 2002、2125 和 2044，一致的编码数量 $N$ 为 2057，将结果代入公式，得出本研究的编码信度为 0.91，说明组间编码的一致性较高，达到可接受水平，可进行下一步的统计分析。

2. 效度检验

一般而言，效度检验涉及外部效度和内部效度，但对定性分析而言，内部效度是其需要解决的重要问题。研究采用“三角校正法”中的研究者三角交叉校正对效度进行检验，即从不同研究者的角度审视研究发现。在调研开始前，3 组研究成员阅读了大量与苗族有关的相关质性材料，如《贵州六山六水民族调查资料选编 · 苗族卷》。3 组成员均参加了两次调研，对案例地的实际情况和社会文化背景较为了解，讨论形成了半结构式访谈提纲，对编码标准较为统一。在编码过程中，3 组成员首先对访谈文本进行编码，然后，第 2 和第 3 组成员按照标准将文本进行编码，最后交给第 1 组成员进行比较和检验，并形成最终编码结果，对那些未能达成共识的部分，再通过讨论加以解决。

从研究结果可以发现，家园情感空间特征与意义较为丰富，既从历时态演化方式下表征其特有的乡土性，又从“全球—地方”互动的共时态演化生产方式中不断生产家园空间的意义。其中，村寨、族群主体、家屋，以及文化景观等物质功能性载体构成了家园空间的主体，而依附之上的主体情感、社会关系、历史记忆与文化归属、个人价值与地方宗教信仰则为家园情感空间的意义组成部分，即家园情感空间生产过程效应更多从村寨“人、时间、空间”耦合的地方意义层面显现。旅游发展与空间生产共同建构了村寨新的情感空间结构，从研究结果来看，不同情感空间要素变化程度受旅游影响较为不同。

（1）功能意义构成，如安全感、精神愉悦性、生活便利性、生计来源，以及居住条件受旅游发展影响显著。依靠田地为生的生产方式逐步置换为依靠旅游带动的生计模式，居民一方面需要强化能够服务于旅游的民族歌舞的参与性，另一方面又需压缩“聊天”“纳凉”“绣花”等的精神性娱乐时间。旅游发展逐步改变了村寨生活便利性，居民对村寨的认识不仅体现在“家”的单一性情感属性，更是扩宽了居民生计来源，居住主体在村务工的形式更加多样，家园情感空间逐步与“空间的利益”画等号。而对于自身赖以居住的家屋与建筑，既迎合旅游市场、政府规划所需，又满足自身习惯的混合型砖木结构成为居民更为喜好的形式。旅游给居民地方居住带来最大的变化是提升了主体对于“美丽村寨”价值意识的感知（如下访谈），旅游发展与美丽乡村建设在西江苗寨逐步成为演化为一种模式。

那你看现在村寨多干净了啊，原来都是泥巴路，很脏的；那种路，你们都不愿意来的，现在好看多了。

——平寨村，女，40 多岁

（2）居民家园情感空间是人的个人经历、情感与认知对空间互动关系的体系。随着旅游给予村寨物质功能意义的流变，居民情感连接与旅游建立紧密、必然的联系，那些“喜爱的”“留恋的”既包含了族群身份认同的地域属性，也因旅游的价值性不断深化，并反馈为居住的恋地情结。旅游非均衡发展和强权的涉入，使得村寨家园空间异化明显，自我“矛盾的”和族群相互“矛盾的”情感充斥空间（如下访谈），以上均说明居民情感空间生产与地方意义存在互动和共享的特征，受地方性形成的双重机制[1]，家园情感空间生产与个体、族群经历、认知有关的同时，外部权利、资本的推拉也形塑了空间的非均衡性生产。

怎么说呢，有客人来这里他们会给我们带来收入，这也是一个好方法。但是可能来说，也对我们这里也有一定的破坏。就比如来这里开发的老板，

[1]　周尚意，杨鸿雁，孔翔．地方性形成机制的结构主义与人文主义分析：以 798 和 M50 两个艺术区在城市地方性塑造中的作用为例 [J]. 地理研究，2011, 30(9):1566-1576.

他们不会把这里当家。去年以前，所有的污染物都往河里排，那个河去年、前年都变成什么样。而且贫富差距很大，山下沿街的相对过得好很多。

——平寨村，女，60 多岁

以前我们这里房屋和房屋之间还能看到田，田与田之间还能看到树。现在我们还能看到什么？除了房屋就是房屋了，还能看见什么？这就是规划的问题。今年规定下面的房子必须按照规定盖成那种木房子不准盖成那种砖屋，而且房屋高度,严格控制。它是村里下的文件嘛。因为修高的话会有影响。对，以前修房的话都是修 4 层或者楼就很高，然后就会把后面的那些挡住。挡住了它一个没有那个景观，然后他也会破坏一些布局。本来以前我们这里都是依山而建，越建越高，就往上面走，现在反而是在下面越建越高，肯定不行，没有这个层次感。

——平寨村，男，40 多岁

（3）旅游发展给予家园空间社会关系的变化在亲情、友情等关系内容上并不显著，影响较大的是邻里关系和村寨自然领袖的认同（如下访谈）。如前讨论所述，个人情感多反映空间功能意义，居民对于亲人、友谊这些历代沿袭的社会制度价值铭心珍视，加之西江苗寨族群“好客”观念的影响，家园地方社会关系大体延续了这个族群繁衍生息的大地之于主体的思想道德观念，它是家园精神凝固的黏合剂，是家园空间生产免予瓦解的地方性本源。诚然，家园情感空间社会关系因现代性、利益冲突等的冲击而“变质”，但动态的文化多样性视角需要我们辩证看待村寨家园社会关系的异化。在市场化运作下，村寨绝对公平的社会关系环境势必不会存在，传统自然领袖的管理体制也未必适应新的社会规则与法律制度体系，唯有合理地处理空间矛盾问题，挖掘地方人性的本质（如下访谈），在不可逆的家园情感空间生产过程中方能找到平衡的关键点。

他们唐家（鼓藏头家）也还好，没有什么特别的，也不存在尊敬什么的，他们也就是在过鼓藏节的时候第一个进芦笙场，其他也没有什么了。

——羊排村，男，50 多岁

这个只能说是相对公平，就是看你有没有能力。现在基本上就是看地势，就是看你之前住的地方，有没有优势。比如你住在街上，你做着都能挣钱。

——羊排村，男，40 多岁

（4）文化遗产、家庭历史使得居民能够明确自身的族群身份。然而，随着旅游文化价值生产性与复制性的推动，文化遗址、文化遗产、家庭历史符号被不断用于生产与资本运作的环节。芦笙场被改建为用于旅游歌舞表演所需的表演场，村寨被视为盈利的景区，蜡染不再是家庭环境中生活所需的技能与必需物质，而苗歌、苗舞、刺绣、银饰等被逐步旅游产品化、商品化，并成为西江苗寨特有的地方旅游消费品。主体历史记忆是适度调试的，反映了与个体利益相关的效能感，传统的记忆随村寨空间环境变化而变化，也正因如此,居民家园情感空间中的个人经历观念由“主动的依附”转变为“主动—被动结合的依附”，家园情怀、族群观念，以及生存方式合为一体，在这一过程中，西江苗寨主体向外迁移率并不显著。

（5）旅游所致的快速现代性打破了村寨时空隔离的状态，主体情感空间生产不仅与自身有关，也受到 Massey 所提出的全球地方构建机制的影响[1]，在持续的生产过程中，村寨主体内部与外部形成了特有的价值体系与生存意义体系。“我和村寨”最为质朴的连接关系松动,“我的一切”可能与村寨无关,“未来的我”可能不一定作用于村寨本身。然而，在“蝴蝶妈妈”祖先认同、族群身份，以及旅游“无 / 有意识”的生产影响下，村寨家园的根基、社会文化保护态度、信仰在主体心中仍旧重要并加强，这是家园空间价值理性在情感空间上的作用与反应（如下访谈）。

现在回到西江，最怀念就是家。除了家，没有什么特别值得留恋的地方了。

——羊排村，男，50 多岁

我们的祖先就是蝴蝶妈妈的故事啊，这个我们都知道的，虽然是传说，但是我们还是觉得要这样认为啊。

——羊排村，女，30 多岁

[1]　Massey D. A. Place in the world? Places, cultures, and globalization.In The conceptualization of place [M].Oxford: Open University Press,1995:45–77.

# 第五节 本章小结

旅游发展背景下，近23年以来西江苗寨家园空间生产经历了缓慢期（2000—2005年）、快速期（2005—2010年），以及极速期（2010—2023年）。物理时空维度下，家园空间的生产过程、方式虽有差异，但其空间演化、生产均围绕“传统→现代”置换的主线来进行，而旅游之于家园的物质空间、社会空间，以及情感空间的影响存在差异。

## 一、家园物质空间

旅游业的不断渗透下，西江苗寨家园物质空间形成了“核心—边缘”平面扩展模式，村寨呈现带状扩张的空间态势，扩展方向及重心呈“西北—西南—东南”向，形成了以旅游发展的核心区向外辐射的物质空间生产趋势，空间变化规模与速率在观景台区域增加明显。

西江苗寨家园物质空间形态扩展和面积增长与旅游发展规模呈显著正向线性相关性。村寨物质空间形态经历了“多翼快速扩展（2000—2005年）→双翼匀速扩展（2005—2010年）→单翼快速扩展（2010—2023年）”三个阶段特征，研究末期的面积较基期扩大了2.94倍。综上，西江家园物质空间生产受自身旅游发展影响显著，二者之间呈现明显的正向线性关系；同时随着旅游发展速率的提升，旅游发展对于村寨家园物质空间生产的乘数效应愈发明显，并呈现扩大趋势。

## 二、家园社会空间

在结构与功能方面，家园社会结构、功能实现了由“农业生产主导”到“旅游服务主导”的转变，村寨内部空间功能异化明显，其中，近景区步行街的平寨村和处于观景区域的南贵村的空间结构变化受旅游发展影响最为显著。

在家园管理制度、社会生活及精神文化方面，首先，传统农业生产管理体制保留并延续，但自然管理体制逐渐弱化，伴随居民权利感知“矛盾”突出，权利空间非正义现象较为明显，传统社会规约逐渐简化、淡化。其次，居民文化自觉性提高，旅游发展态度较为积极，民族语言的使用、唱歌、刺绣等传统民族文化、生活方式在日常生活中沿用；同时，当地居民认为游客能接受并喜欢苗族文化，本民族文化资源值得开发，应发展村寨旅游，家园主体旅游发展态度较为积极。再者，多数住户保留传统婚恋、丧葬、生育、原始宗教等习俗，但随着旅游的发展，传统鼓藏文化符号被建构为西江苗寨原始权利的最高层级，并借助神秘、仪式感的旅游营销手段迎合游客对于山地环境中“苗王”的地理想象。

在家园旅游空间生产方面，第一，2000 年以前，西江社会空间以农业生产为主导，2000 年以后，部分社区精英开始发展旅游，“苗家乐”型社会空间不断生产，由于村寨主体性社会空间仍以农业生产为主，空间杂糅性较强。第二，随着旅游发展不断深入，2010 — 2023 年，民族旅游空间不断生产与生产，民族旅游社区格局形成。

综上，家园社会空间生产与旅游发展存在较为明显的正向线性关系。山地自然环境影响下，权利、资本，以及利益的介入因区位的差异而不断异化，家园内部空间逐渐呈现斑块化特征。“平价”客栈型旅游空间主要分布在海拔较低的羊排村，“观景”客栈型旅游空间主要分布在南贵村，购物型旅游空间主要分布于平寨村，地势较低的沿河空间分布餐饮型旅游空间，家园社会空间呈现明显的“旅游功能性”垂直分异特征。

## 三、家园情感空间

旅游发展与居民情感空间生产存在互动、共享的特征。家园情感空间生产受空间功能、族群经历、价值观念与认知等影响的同时，旅游所致的权利、资本的介入也形塑了家园情感空间的非均衡性实践。

家园情感空间功能意义构成，如安全感、精神愉悦性、生活便利性、生计来源，以及居住条件等受旅游影响显著，居民主体家园空间的情感认知夹杂了较多的经济利益要素。

家园情感空间的景观化、载体化呈现“聚类→破碎”的特征。西江苗寨家园主体情感以微观的家屋为内核，并不断向村寨社区扩散。传统的“吊脚楼”“芦笙场”“祭鼓的山”“游方场”等具有地方属性的情感空间仍然为居民感知较深的对象。然而，随着旅游的发展，“景区搞接待”“摆摊”“卖米酒”“田地被征收”“旅游发展不公平”等日常实践与感知充斥着居民新的家园情感空间体验，旅游导致原先较为聚类的家园情感空间不断破碎。

家园情感空间呈现多样化、矛盾性的特征。在旅游发展背景下，随着旅游给予村寨物质功能意义的流变，居民情感连接与旅游建立更紧密的联系，“喜爱的”“留恋的”等特征彰显了族群身份认同，因民族文化资本与旅游需要的导向，族群“更爱”家园。与此同时，旅游非均衡发展以及强权的涉入，村寨家园空间异化明显，弱势的主体表现出“不爱”的情感体验，家园情感空间自我“矛盾的”以及族群相互“矛盾的”特征较为明显。

综上，家园情感空间生产与旅游同样呈现一定的线性相关规律。旅游发展与空间生产共同建构了村寨新的情感空间意义结构，家园情感空间功能意义变化明显，主体情感因旅游显现“矛盾”的特性，宗教信仰、精神、价值观念等较为稳固，整体呈现“全球—地方”性情感空间特征。

## 四、讨论

英国社会学家 Bauman 在《流动的现代性》中指出，全球化和信息技术的快速推动，传统社会稳定、固态的局面面临解构与生产[1]。随着民族社区旅游发展的不断深入，村寨内部正在上演着快速流动的生产变迁，以传统民族文化为根基的乡土精神正在解构。基于此背景，总结村寨作为族群生活居住家园的生产过程（见图 4-9），一方面可以从旅游引致的文化新的生产规律与模式中找到迎合流动性的路径与方式，另一方面，能够揭示村寨家园物质、社会空间变化趋势，关注人地耦合中族群主体的情感演化规律，增强旅游影响下“主—客”互动与家园空间生产、社会文化变化之间的关联性探索，提升消除村寨现有或潜在矛盾的能力。

[1] Bauman Z. Liquid Modernity. Shanghai: Sanlian Bookstore Press, 2002: 2. 齐格蒙特・鲍曼 . 流动的现代性 [M]. 上海 : 三联书店 , 2002.

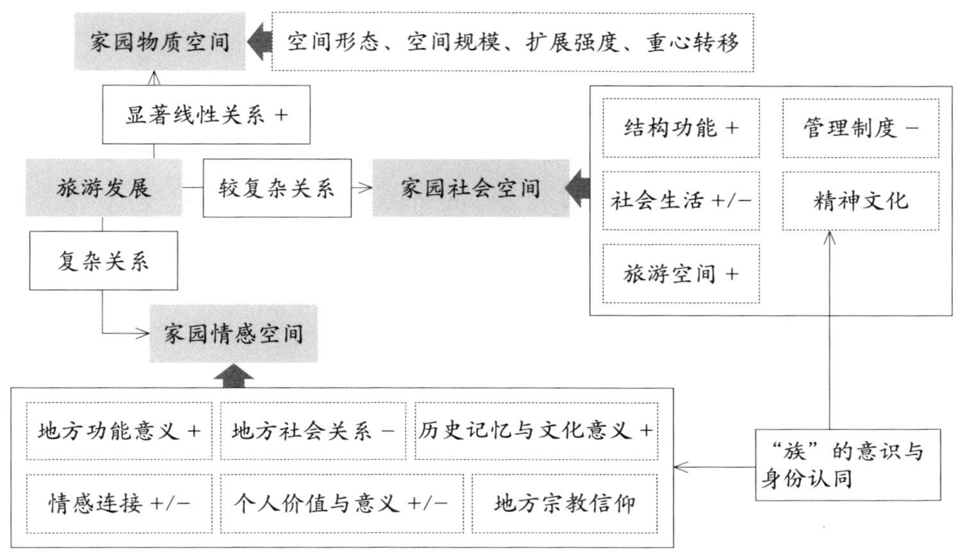


注：“+”表示旅游对家园空间生产的正向影响关系；“−”表示旅游对家园空间生产的正向影响关系；“+/−”表示旅游对家园空间生产同时存在正向与负向影响。

**图 4-9　旅游与西江苗寨家园空间生产过程特征关系**

首先，西江苗寨家园空间的生产正是因嵌入“文化的复制与生产”后引起的，旅游带动的这种复制与生产没有脱离原有空间的内核，反倒是将原来家园较为单一的地方特征融汇为更为复杂的时空地域体系。家园空间功能属性更为突出，物质空间、社会空间中的结构、功能，以及管理制度等内容变化显著。同时，旅游使得居民的“在地性”与“恋地性”特征更为明显，并由单一的原生情感转换为复杂的依赖情感，主体情感连接、个人价值与意义，以及社会生活等内容既显现出失去原生性的特征，又在实质上生产为具有地方属性的“全球—地方”新特征，这即为西江苗寨居民外迁程度较低的主要原因，家园演化为“居住 + 生活 + 旅游生产”型社区。

其次，旅游影响下，西江苗寨家园物质空间、社会空间，以及情感空间生产的背后是“家与族”的认同观念的转变。旅游的快速发展看似削弱了族群文化认同与价值，然而在逐步现代化的过程中，民族身份新的认同导致“无意识的文化传承”转向“有意识的文化传承”，族群主体不断能动实践，在这一过程中，村寨规模扩大、景观异质、社会功能多样，居民情感复杂而矛盾。确切地说，旅游发展使得居民主体先有族群身份的再认同，后有家园归属的再认可，家园空间内“人”的生产、生活等方面的变化理应成为必然，但个人价值、文化意识也得到了提升和强化。

最后，家园空间生产以微观家屋空间为核心。旅游发展下，村寨空间物质与社会结构的变化尚未较大影响居民个人情感连接、社会关系、历史记忆、个人价值，以及宗教信仰等，居民山地环境长期居住的历史脉络连接着“人”与“地”的互动,长期闭塞的自然环境使得家园空间内居民将不断抱团的“族”的意识渗透到“家”的理解，并在家屋内的实践中体现而出。家园由同质性向异质性转变，但“族”的精神内核未变，由逆向思考可见，西江家园精神内核尚在。

# 第五章　旅游发展情境下民族旅游社区“家”空间生产的运作机制

本章的研究，将在前述旅游发展背景下与家屋空间和家园空间生产过程研究的基础上展开。首先基于地方依恋、社会表征、身份认同、旅游期望和社区参与等理论及其对应的变量，构建了主体心理层面的“前因→中介→结果”概念模型；然后借助通径分析，验证变量间的因果关系，形成空间生产下主体心理层面的作用机制；最后整合主体心理机制、家屋空间和家园空间重构过程的基本结论，围绕起因、动力和效应出发，综合分析了旅游发展背景下“家”空间生产的全局机制，以反映“家”空间生产的逻辑。

## 第一节　理论基础

### 一、地方依恋理论

20 世纪 80 年代，Williams 等（1989）[1] 提出了表达人地之间在情感、认知和实践联结的地方依恋理论（Place Attachment Theory），成为近年来旅游地理学的研究热点。作为地方感的子概念，地方依恋是与地方感的核心概念基本相同，区别在于，地方感强调地方的客观环境，而地方依恋侧重于

[1] Williams D R, Roggenbuck J W. Measuring place attachment: Some preliminary results[Z].Proceeding Of NRPA Symposium on Leisure Research, San Antonio,TX,1989.

主体的心理过程[1]。作为一个多维概念[2-4]，地方依恋主要由地方依赖（Place Dependence）和地方认同（Place Identity）构成（Williams，1989），地方依赖主要表现为主体对地方在功能上的依赖，地方认同则表达了主体对地方在情感上的依附与归属感，且地方依赖对地方认同有影响作用[5]。

结合本书前文对家的伸缩性和多尺度性论述，以及地方依恋在相关研究领域中多以旅游地、村寨、目的地等宏观尺度作为对象，因此，本书在探究中观尺度的家园情感时，将基于地方依恋理论展开研究，即本书所指的家园依恋就是地方依恋。研究中将探究家园依恋对微观尺度的家屋依恋是否具有影响作用。同时，为了反映旅游发展对“家”的影响，旅游影响感知将作为家园依恋与家屋依恋之间的中间变量，以分析三者之间的影响逻辑关系。

## 二、社会表征理论

社会表征理论（Social Representation）是与社会认同理论和话语分析并列的欧洲三大社会心理学主要研究领域[6]。理论源于20世纪60—70年代欧美社会心理学危机，彼时欧美社会心理学研究过度依赖个体主义导向下的实验室研究[7],忽视了主体所处的“社会”大背景[8]。因此,法国心理学家Moscovici基于社会学家涂尔干的集体表征理论，提出用于解释群体认知的发生、改变及其社会共识形成的社会表征理论[9]，认为人的社会性、存在和身份来源于集

[1] 朱竑，刘博．地方感、地方依恋与地方认同等概念的辨析及研究启示[J].华南师范大学学报（自然科学版）,2011(1):1-8.

[2] Bricker K S, Kerstetter D L. Level of specialization and place attachment: an exploratory study of whitewater recreationists [J].Leisure Sciences, 2000, 22 (4) : 233-257.

[3] Kyle G, Graefe A, Manning R. Testing the dimensionality of place attachment in recreational settings [J]. Environment and Behavior,2005,37 (2):153-177.

[4] Ramkissoon H，Weiler B，Smith L D G. Place attachment and pro-environmental behavior in national parks：The development of a conceptual framework[J]. Journal of Sustainable Tourism,2012,20(2):257-276.

[5] Williams D R, Patterson M E, Roggenbuck J W. Beyond the commodity metaphor: Examining emotional and symbolic attachment to place[J].Leisure Sciences,1992,14(1):29-46.

[6] 管健．社会表征理论的起源与发展——对莫斯科维奇《社会表征：社会心理学探索》的解读[J].社会学研究,2009(4):228-242.

[7] 臧伟玲．莫斯科维奇的社会表征理论——试论社会表征对集体表征的超越[J].才智，2009(18):199-200.

[8] 张敏，聂长久．“思考社会”的心理学理论——论莫斯科维奇的社会表征理论[J].学术论坛,2007,195(4):180-183.

[9] Moscovici S, Vignaux G. “The Concept of Themata.” In S .Moscovici, Social Representations: Explorationsin Social Psychology[M].Cambridge :Polity Press,2000.

体，群体在日常生活中所共享的价值、观念及实践构成的功能系统，个体在特定生活世界中定位生存的坐标体系，以及群体之间人际沟通等的实现均存在一套明晰的分类法则[1]。社会表征的理论范式由三个方面构成[2]:①过程:锚定（anchoring）和具化（objectifying);②核心层:基耦（themata);③多元视角:成因、结构和动态三种视角。总之，在社会表征理论看来，对社会文化现象的理解应置于具体的、宏观的社会文化情境，作为研究旅游影响感知的重要支撑理论[3]。

在旅游领域的研究中，Pearce首先将社会表征理论用于目的地居民旅游影响感知和态度的划分，此后，学者对旅游规划中的利益相关者[4]、节事影响的社会表征[5]等多方面展开了研究。本书基于社会表征理论，将居民旅游影响感知将会被作为置于前置变量（旅游预期、社区获益、身份认同）和结果变量（家园依恋、家屋依恋）之间的中介变量，以解释旅游发展作为主要驱动力对家园依恋与家屋依恋的作用机制，为认知旅游发展背景下空间生产背后的社会文化现象、居民的情感认知提供较好的理论解释。

## 三、身份认同理论

身份认同（Identity）一词源于拉丁文“idem”,最初内涵为“相同”和“同一”之意[6]，后发展为“identity”一词，成为定义“我是谁、我在那儿”的关键概念[7-8]，概括了主体对身份、地位、利益及其归属[9]，是主体日常生活经验和意义的来源。作为社会科学研究中的核心概念，相关学科对身份认同进行了不同思考，哲学范式主要是对身份在价值和意义层面的思考，社会学侧重

[1] Hogg M A, Abrams D.Social Identifications: A Social Psychology of Intergroup Relations and Group Process[J]. London: Routeledge,1988.

[2] 锚定就是将知识和意义整合及赋予特性的规约化过程；具化是将陌生和抽象的知识常识化的过程；基耦就是表征的核心层,Moscovici认为基耦存在于社会成员的共识性知识中,根植于文化和观念的锚定。

[3] 彭建，王剑．旅游研究中的三种社会心理学视角之比较[J]. 旅游科学,2012,26(2):1-9.

[4] Yuksel F, Bramwell B, Yuksel A. Stakeholder interviews and tourism planning at Pamukkale, Turkey[J]. Tourism Management,2002,20(3):351-360.

[5] 孙九霞，刘国果．广州居民对亚运会影响的社会表征研究[J]. 旅游论坛,2012,5(3):75-79.

[6] 张淑华，李海莹，刘芳．身份认同研究综述[J]. 心理研究，2012,5(1):21-27.

[7] 刘鲁，张静儒，吴必虎，等．身份认同视角下中国背包客的目的地选择偏好研究[J]. 旅游学刊,2018,33(4):80-89.

[8] 周晓虹．认同理论：社会学与心理学的分析路径[J]. 社会科学,2008(4):46-54.

[9] Mead G H. Mind, Self, and Society[M].University of Chicago Press, Chicago,1934.

于身份的合法性及其对社会关系的影响，而心理学则关注主体健康及其心理层面的身份认同归属。随着相关多学科的不断融合，形成了社会心理学下的认同理论、文化心理学下的文化认同理论，以及环境心理学（或地理学）下的地方认同理论。

本书认为，身份认同与家密切关联，是建构家园或家屋情感的关键要素。一方面，家作为扮演和定义着自我的认同的关键因素，是理解家园或家屋情感的重要前置变量；另一方面，家园或家屋的意义形成也源于与外部世界的共同创造，当旅游作为外部驱动力作为家园或家屋空间的主要生产力时，家园和家屋的意义就与身份认同紧密联系。

## 四、旅游期望理论

旅游期望理论（Tourism Expectancy Theory）源于管理心理学与行为科学领域期望理论。激励理论由美国心理和行为学家Vroom（1964）[1]在（*Leadership and Decision-making*）一书中提出，属于激励领域的重要内容，同时也是反映需要、动机、目标和行为4者之间关系的核心理论。在管理学的语境中，“期望”一词描述了主体基于过往经验形成的对某一时期内的心理需求活动，如果主体期望的成功概率较高，其成功后获得的期望价值越大，驱动力越强，反之越弱[2]。换言之，主体采取某项行动的激励力的强弱依赖于其对期望价值评价和目标实现可能性的评估。

期望理论的基本公式为：激励力（Motivation）= 效价（Valence）× 期望值（Expectancy）。其中，激励力指激励水平的高低，效价指主体对目标的评价，期望值指主体判别目标达到受到奖惩的可能性。基于期望理论的基本公式，效价与期望值高低的不同组合就会产生不同的激励力，因此，高激励效果源于高效价和高期望值的乘积，反之，若任一变量较低，激励力会显著减弱[3]。在实际生活中，如果主体对自己执行某项事务的效价和期望值都较高时，其就会很积极、主动、努力地去完成，从而满足自身的期望；但当期望或效价

[1] Vroom V H,Yetton P W.Leadership and Decision-making[M].University of Pittsburgh Press.1973.

[2] Padilla A, Hogan R, Kaiser B R. The toxic triangle: Destructive leaders, susceptible followers, and conducive environments[J].The Leadership Quarterly,2007,18(3):176-194.

[3] 毛江华，廖建桥，刘文兴，等.辱虐管理从何而来？来自期望理论的解释[J].南开管理评论,2014,17(5):4-12.

一方较低或两者都低时，意味着激励效果不显著或没有，主体不仅会消极地去完成任务，甚至还带有负面情绪[1]。

本书在期望理论的基础上，将旅游期望作为影响居民家园依恋、家屋依恋的前置变量，即如果村寨居民对旅游发展的预期较高（效价），对旅游影响感知的评价较好（期望值），那么就会激励居民对家园依恋、家屋依恋的正面评价（激励力），支持旅游业的发展，反之，村寨居民对旅游发展的预期低，对旅游影响感知的评价较低，那么就会激励居民对家园依恋、家屋依恋的负面评价。

## 五、社区参与理论

社区参与源于社区居民对利益或权利的追求，并通过自主、自愿地参加社区各项事务，实现意见和建议的表达，从而影响决策者的行为[2]。腾尼斯认为社区是一个“富有人情味的团体，是亲族血缘关系而结成的社会联合”。1985 年，Murphy 首次在《旅游：社区方法》（*Tourism : a community approach*）一书对旅游领域的社区参与进行了系统研究。

国内外对社区参与中的能力建设（左冰，2008）、参与类型及层次[3]、利益分配[4]、影响因素[5]及利益相关者[6]进行了广泛研究，但由于制度、社会环境、评估反馈机制等原因，社区参与在国内的实践存在参与呼声高，成效却甚微的现状（左冰，2012）。据此，相关学者将社区增权理论引入国内，将其用作提升、建设社区能力的基本思路[7]。然而，我国现有的研究大多围绕产权制度的设计与权能保护展开，社区增权只提到经济、政治、文化等宏观层面内容，

[1]　Chou Y S, Pearson M J. Organizational citizenship behaviour in IT professionals: an expectancy theory approach[J].Management Research Review,2012,35(12):1170–1186.

[2]　百度百科 . 社区参与 [EB/OL].[2018–07–5].https://baike.baidu.com/item/%E7%A4%BE%E5%8C%BA%E5%8F%82%E4%B8%8E/10674851.

[3]　颜亚玉 , 张荔榕 . 不同经营模式下的“社区参与”机制比较研究——以古村落旅游为例 [J]. 人文地理 ,2008,23(4):89–94.

[4]　左冰 . 共容利益 : 社区参与旅游发展之利益协调 [J]. 旅游科学 ,2013(1):1–14.

[5]　王纯阳 , 屈海林 . 村落遗产地社区居民旅游发展态度的影响因素 [J]. 地理学报 , 2014,69(2):278–288.

[6]　翁时秀 , 彭华 . 权力关系对社区参与旅游发展的影响——以浙江省楠溪江芙蓉村为例 [J]. 旅游学刊 , 2010, 25(9):51–57.

[7]　左冰 , 保继刚 . 从“社区参与”走向“社区增权”——西方“旅游增权”理论研究述评 [J]. 旅游学刊 ,2008,23(4):58–63.

具体如何开展并未提出有效可行的措施，作用也非常有限[1]。而且国内的社区参与研究看重的依然是旅游的发展而非社区的发展，社区居民个人参与能力较弱，其根本问题在于社区居民获益的动力机制不足[2]。

本书认为，民族地区居民社区参与需要重视居民社区获益问题，通过参与发展决策、提供必要的资源等方式，分享发展中带来的个人或集体的经济、环境、文化等方面的利益，实现社区的可持续发展。因此，本书在对社区参与实际测量中将从居民的社区获益进行测量，将其作为影响居民家园依恋、家屋依恋的前置变量，并通过旅游影响感知对家园依恋、家屋依恋进行影响。

## 第二节　概念模型构建

### 一、研究假设

#### （一）身份认同与家屋依恋、家园依恋

从前述家与身份认同关系的论述中可知，“家”始终扮演和定义着自我的认同，投射并维持了本我、自我，以及超我三种不同层次的自我，主体从中获得某种情感认同、价值和意义[3]，进而形成对“家”的认同。而且，“家”提供日常活动感官经验及精神经验的人生舞台，且自我认同与其所处的社会环境密切联系，而非独立的实体（吴瑾嫣，2000）。此观点也进一步在地方理论中得以证实，即身份认同不仅仅是纯粹的自我意识创造的议题，也需要身体与外部世界的互动来创造，“家”如同领土（Territory）一样，给人类带来了身份、安全感等，在家中会体验到本体安全刺激，可以说，没有自我的地方就没有

[1]　郭凌，王志章．制度嵌入性与民族旅游社区参与——基于对泸沽湖民族旅游社区的案例研究[J]. 旅游科学，2014,28(2):12-22,48.

[2]　郭凌，王志章．论民族地区旅游社区参与主体的培育——以泸沽湖里格岛为例[J]. 广西师范大学学报（哲学社会科学版），2009, 45(3):110-115.

[3]　Tajfel H. Differentiation between Social Groups: Studies in the Social Psychology of Intergroup Relations[M]. London:Academic Press, 1978.

地方的自我[1-2]。因此，身份认同始终与家屋依恋密切联系。

在旅游地“我者”和“他者”作用的旅游目的地系统中，Palmer（2005）[3]对英国三个遗产地的研究发现，无论是故事的讲解，还是引导标识的提醒，遗产景点通过强调标识或故事中的我们是“我们”，而不是“他们”，这使得参与者在体验过程中意识到国家的核心传统，并能将国家呈现为一个家庭，形成一组具有共同历史、价值观和信仰，以及共同特征的关系，进而增强其身份认同。在旅游社区，当地居民对身份的认同始终处于动态建构的过程[4]，旅游已被证实为民族旅游社区中传承传统文化、提升民族自豪感的有效途径[5]。陈奕滨（2012）[6]发现，在旅游语境下，民族文化氛围融入工作环境中有利于提升民族职业女性的民族身份的认同，而民族身份认同的提升也会正向作用于职业认同感，且民族认同则对居民的增权和去权具有正面影响作用（李瑞，2016）。

综上，存在“身份认同 → 家屋依恋、家园依恋”，以及“身份认同 → 旅游影响感知→家屋依恋、家园依恋”的影响关系。据此，提出以下假设。

H1a：身份认同对旅游利益感知有正向影响关系。

H1b：身份认同对旅游成本感知有正向影响关系。

H1c：身份认同对家园依恋有正向影响关系。

H1d：身份认同对家屋依恋有正向影响关系。

### （二）旅游期望与家屋依恋、家园依恋

旅游期望理论已在旅游影响感知及其机制研究中得到大量的运用，相关研究针对旅游期望与主体情感的研究主要集中于表达人地情感联结的相关研究表明：构成地方依赖、地方认同、社区依恋等人地情感联结与旅游发展期

[1] Porteous J D. “Home: the Territorial Core” [J].The Geographical Review,1976,66(4)1976 : 383-390.

[2] Casey E S. “Body, Self and Landscape: A Geophilosophical Inquiry into the Place-World”, in P. C. Adams, S. Hoelscher and K. E. Till (eds) Textures of Place: Exploring Humanist Geographies[M]. Minneapolis:University of Minnesota Press, 2001:403-425.

[3] Palmer C. An Ethnography of Englishness Experiencing Identity through Tourism[J]. Annals of Tourism Research, 2005,32(1): 7 - 27.

[4] 陈志钢，吴玉琴．建构与表征：旅游语境下阳朔客栈主身份认同研究 [J]. 旅游论坛，2016,9(01):71-79.

[5] 白凯．城市民族旅游社区的外部认同研究———以西安回坊伊斯兰传统社区为例 [J]. 中国人口·资源与环境，2009,19(3):169-174.

[6] 陈奕滨．旅游发展与少数民族职业女性的身份认同——以云南昆明、丽江高尔夫女球童为例 [J]. 广西民族大学学报（哲学社会科学版），2012,34(12):127-130.

望有显著关系[1-2]，即居民的旅游预期会对主体的情感认知也具有影响作用。结合前述研究结论，本书认为，居民对旅游的预期除了对作为社区尺度的家园依恋产生影响关系之外，也会对微观尺度人家的情感意义（居民的情感认知）有影响。

尹立杰等（2012）[3]等对安徽天堂寨的研究发现，居民旅游发展预期与旅游影响感知存在影响关系；程绍文等（2010）[4]对九寨沟和英国 NF 国家公园居民的对比研究也揭示了居民旅游发展期望直接影响着居民的旅游影响感知，且通过旅游影响感知间接影响居民态度的影响关系；Teye 等（2002）[5]发现居民期望与实际获益的落差会导致他们对旅游发展的消极态度和行为。可以发现，居民旅游发展预期与其旅游影响感知密切联系。

综上，存在“旅游预期→家屋依恋、家园依恋”，以及“旅游预期→旅游影响感知→家屋依恋、家园依恋”的影响关系。据此，提出以下假设。

H2a：旅游预期对旅游利益感知具有正向影响关系。

H2b：旅游预期对旅游成本感知具有负向影响关系。

H2c：旅游预期对家园依恋具有影响关系。

H2d：旅游预期对家屋依恋具有影响关系。

### （三）社区获益与家屋依恋、家园依恋

从以往对社区参与与地方感的影响关系研究来看，胡波（2014）[6]发现旅游社区原住居民的家园依恋与其自身的社区参与之间存在相关性。石筱夏（2017）[7]的进一步验证发现，居民在参与社区文化的方式、频次、广度和满意

[1] David M C, Richard S, Luloff A E. Permanent and seasonal residents’ community attachment in natural amenity-rich areas:Exploring the Contribution of Community and Place Factors[J]. Environment & Behavior ,2009 , 41 (2) :197-220.

[2] Hallak R, Brown G, Lindsay N J. The Place Identity - Performance relationship among tourism entrepreneurs: A structural equation modelling analysis[J].Tourism Management, 2012, 33 (1) :143-154.

[3] 尹立杰，张捷，韩国圣，等．基于地方感视角的乡村居民旅游影响感知研究——以安徽省天堂寨为例 [J]. 地理研究 ,2012,31(10):1916-1926.

[4] 程绍文，张捷，徐菲菲，等．自然旅游地社区居民旅游发展期望与旅游影响感知对其旅游态度的影响——对中国九寨沟和英国 NF 国家公园的比较研究 [J]. 地理研究 ,2010,29(12):2179-2188.

[5] Teye V, Sönmez S F, Sirakaya E. Residents' attitudes toward tourism development [J]. Annals of Tourism Research, 2002,29(3):668-688.

[6] 胡波．旅游社区原住民地方依恋对社区参与的影响研究 [D]. 长沙，湖南大学 ,2014.

[7] 石筱夏．居民的文化参与对城市认同的影响研究——基于深圳市公共文化服务的实证研究 [D]. 深圳，深圳大学 ,2017.

度与地方认同呈正向影响关系。可以看出，社区参与对表达人地情感联结的地方感具有影响作用，因为居民的社区获益能够调动他们的行为、决定，并控制影响他们生活的活动[1]，结合旅游预期与家屋依恋关系，本书认为居民社区参与对家屋依恋、家园依恋具有影响作用。

在社区参与与旅游影响感知的关系中，无论是遗产地社区还是乡村旅游地及民族村寨，相关研究均证明居民社区参与对感知具有显著影响作用[2-3]。王纯阳等（2014）构建的旅游发展态度影响关系模型发现，居民社区参与通过经济、社会和文化三个层面的获益感知对旅游发展态度产生间接正向影响，并通过经济成本感知对态度产生间接负向影响。

综上，存在“社区获益 → 家屋依恋、家园依恋”，以及“社区获益 → 旅游影响感知 → 家屋依恋、家园依恋”的影响关系。据此，提出以下假设。

H3a：社区获益对旅游利益感知具有影响关系。

H3b：社区获益对旅游成本感知具有影响关系。

H3c：社区获益对家园依恋具有影响关系。

H3d：社区获益对家屋依恋具有影响关系。

### （四）旅游影响感知与家屋依恋、家园依恋

作为既定社会关系及社会结构的产物，旅游影响感知是其在社区直接经验、所属群体的观点与媒体等因素综合影响的表现[4]，也是居民对旅游地物质、社会和文化环境变化的主观认知[5]，当旅游发展使得村寨物质、社会、情感空间发生生产的背景下，“家”空间的主体意识和意义也会随之发生改变。因此，当居民旅游影响感知作为前置变量时，不仅对主体的态度及行为具有直接影

[1] Thongma W, Leelapattana W, Hung J. Tourists' satisfaction towards tourism activities management of measa community, pongyang sub-district, chiang mai province, Thailand[J]. Asian Tourism Management,2011,2(1):86-94.

[2] Nicholas L, Thapa B, Ko Y. Residents' perspectives of a world heritage site: The Pitons Management Area, St. Lucia[J].Annals of Tourism Research, 2009, 36(3): 390-412.

[3] 杜宗斌，苏勤．社区归属感对乡村旅游地居民社区参与的影响——以浙江安吉为例 [J]. 旅游科学 ,2013, 27(3):61-71.

[4] 韩国圣，李辉．国外旅游发展社区响应的理论模型述评 [J]. 资源科学 ,2016,38(9):1643-1652.

[5] 许振晓，张捷，Geoffrey Wall，等．居民地方感对区域旅游发展支持度影响——以九寨沟旅游核心社区为例 [J]. 地理学报 ,2009,64(4):736-744.

响关系[1]，也会在强化、弱化居民情感认知的过程中起着显著影响作用[2-4]，进一步影响着地方的可持续发展[5]，可以看出，旅游影响感知与家屋依恋、家园依恋存在影响关系。

Goudy 和 Lankford 等学者早期对乡村社区居民旅游感知量表及模型的研究中指出，居民的积极感知与社区依恋呈正向关系，与旅游消极感知的关系不显著[6-7]，相关研究对结论对此进行了验证[8-9]，Choong-Ki（2010），Lee C，Kang S，Reisinger Y[10]对不同社区依恋程度的案例地对比后发现：与社区依恋程度低的社区相比，居民旅游感知越积极的社区，其社区依恋程度就越高，对旅游的支持度更明显。在国内相关研究中，陶伟发现，旅游驱动下地方传统节日得以复兴，居民表现出较强的地方自豪感和归属感[11]；唐文跃进一步指出这种旅游驱动力的强弱与经济收益的大小有关[12]；保继刚对商业街区的居民的研究除验证了唐文跃的结论之外，并认为居民家园依恋由经济依赖和情感认同两个维度构成[13]。但是，上述研究仍没有明确旅游感知与家园依恋是否存在影响关系。赵良成对丽江古城的研究发现，旅游的利益和消极影响感知均

[1] 范莉娜．民族村寨居民文化适应及其对旅游支持行为意愿的影响——黔东南侗族村寨为例 [D]. 杭州，浙江大学，2016.

[2] Granovetter M S .Getting a Job: A Study in Contacts and Careers[M].University of Chicago Press, Chicago, 1994.

[3] 唐晓云．古村落旅游社会文化影响：居民感知、态度与行为的关系——以广西龙脊平安寨为例 [J]. 人文地理，2015,30(1):135-142.

[4] 赵良成．居民旅游影响感知对其地方依恋作用机理的实证研究——以丽江市少数民族地区为例 [D]. 成都，成都理工大学，2014.

[5] 汪德根，王金莲，陈田，等．乡村居民旅游支持度影响模型及机理——基于不同生命周期阶段的苏州乡村旅游地比较 [J]. 地理学报，2011,66(10):1413-1426.

[6] Goudy W J. Community attachment in rural region[J].Rural Sociology,1990,55(2):178-198.

[7] Lankford S V, Howard D R. Developing a tourism impact attitude scale[J].Annals of Tourism Research, 1994,21(1):121-139.

[8] 张朝枝，曾莉萍，林红霞．社区居民对景区开发企业社会责任的感知——基于地方依恋的视角 [J]. 人文地理，2015,4(8):136-142.

[9] 刘瑞卿．居民社区意识与社区观光发展认知之研究——以名间乡新民社区为例 [D]. 台中：朝阳科技大学，2003.

[10] Choong K L, Soo K, Yvette R. Community Attachment in Two Rural Gaming Communities: Comparisons between Colorado Gaming Communities, USA and Gangwon Gaming Communities, South Korea [J].Tourism Geographies, 2010,12(1):140-168.

[11] 陶伟，陈慧灵，蔡水清．岭南传统民俗节庆重构对居民地方依恋的影响——以广州珠村乞巧节为例 [J]. 地理学报，2014,69(4):553-565.

[12] 唐文跃．皖南古村落居民地方依恋特征分析——以西递、宏村、南屏为例 [J]. 人文地理，2011,26(3):51-55.

[13] 保继刚，杨昀．旅游商业化背景下本地居民地方依恋的变迁研究——基于阳朔西街的案例分析 [J]. 广西民族大学学报（哲学社会科学版），2012,34(04):49-54.

对居民的地方依赖有显著正向影响关系，旅游的利益感知主要通过地方依赖来影响地方认同[1]。蔡溢（2017）研究也证实了旅游利益感知和旅游成本感知对文化依恋在不同旅游生命周期的民族村寨具有不同的影响路径关系。

综上可发现，旅游影响感知对居民家园依恋（即地方依恋）的强度和发展趋势具有显著影响关系。存在“旅游影响感知 → 家屋依恋、家园依恋”的影响关系，而旅游影响感知可分为利益和成本两个层面，据此，提出以下假设。

H4a：旅游利益感知对消极感知有正向影响关系。

H4b：旅游利益感知对家园依恋有正向影响关系。

H4c：旅游利益感知对家屋依恋有正向影响关系。

H4d：旅游成本感知对家园依恋有负向影响关系。

H4e：旅游成本感知对家屋依恋有负向影响关系。

### （五）家园依恋与家屋依恋

地方依恋是表达人地关系的重要理论，其源于人对家园社会文化环境产生依恋和归属感。这种依恋和归属感形成于地方自我认同培养、人际关系和环境意义的参与过程中[2]，更多表达的是主体对社区家园尺度的情感联结。而家屋作为微观尺度，是地理学关注地方的重要空间尺度[3]，也是理解地方情感的关键场所[4]，以及人地关系的微观体现[5]。Roster 等（2016）[6]就指出，社区（家园）物质和环境的情感变化也会影响个人家庭空间的感觉。结合前述对“家”作为家屋和家园不同尺度的不同表达，本书认为家园依恋对家屋依恋正向影响作用。据此，提出以下假设。

H5a：家园依恋对家屋依恋有正向影响关系。

[1]　赵良成 . 居民旅游影响感知对其地方依恋作用机理的实证研究——以丽江市少数民族地区为例 [D]. 成都 : 成都理工大学 ,2014.

[2]　Gustafson P. Meaning of place: Everyday experience and theoretical conceptualizations[J].Journal of Environmental Psychology,2001, 21 (1):5-16.

[3]　封丹 , 李鹏 , 朱竑 . 国外“家”的地理学研究进展及启示 [J]. 地理科学进展 ,2015,34(7):809-817.

[4]　Domosh M. Geography and gender: Home, again?[J].Progress in Human Geography,1998,22(2):276-282.

[5]　Manzo L. Beyond house and haven: Toward a revisioning of emotional relationships with places[J].Journal of Environmental Psychology,2003,23(1):47-61.

[6]　Roster C A, Ferrari J R, Jurkat P M. The dark side of home: Assessing possession ‘clutter’ on subjective well-being[J].Journal of Environmental Psychology, 2016 , 46(3) :32-41.

## 二、模型构建

根据上述理论和影响关系研究假设，围绕旅游发展背景下“家”空间生产的机制，即由前因变量、中介变量和结果变量所形成的路径影响关系，构建家空间的主体情感生产作用机制概念模型（见图 5-1）。

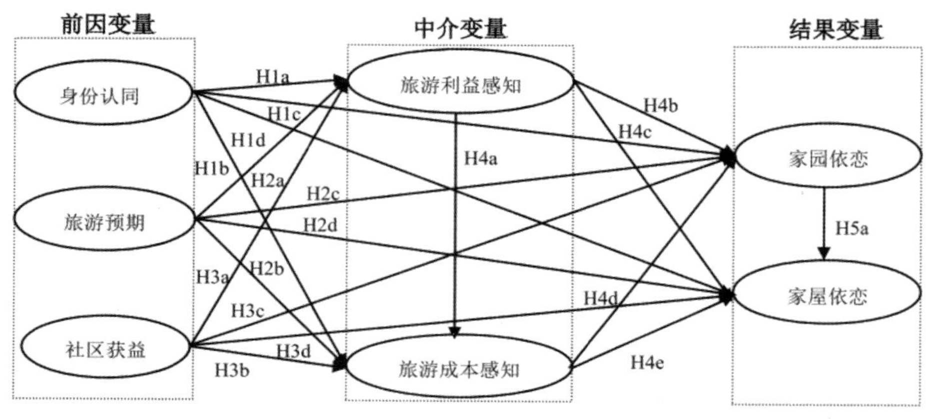


图 5-1 概念模型

# 第三节 问卷设计、发放及样本特征

## 一、问卷设计

本书研究问卷由人口统计学特征和影响机制变量两个部分构成，人口统计学特征包括被试的性别、年龄、学历、职业、收入、居住时间等变量；影响机制变量由家园依恋、身份认同、旅游预期、社区获益、旅游影响感知、家屋依恋六个变量构成。上述变量测量采用李克特（Likert）5 点量表，1 对应“非常不同意，2 对应“不同意”，3 对应“中立”，4 对应“同意”，5 对应“非常同意”，影响机制的六个变量的量表设计来源如下（详见附录 2）。

### （一）家屋依恋测量量表

到目前为止，尚无统一的量表对家屋依恋进行测量。Mcandrew（1998）[1]针对大学生群体设计了关于家的根植性（rootedness）测量表测量，量表涉及幸福感、情感联结、社会关系等四个题项，但存在测量构面不足的问题，与本书研究的家园依恋测量题项也存在重叠情况。Oswald 等（2005）[2]等的家屋依恋，量表涉及了物理、行为和情感（认知）三个层面，与本研究相关的情感（认知）层面的测量题项涉及面较广，能较好反映家屋依恋。本书将基于 Mcandrew 和 Oswald 的测量，结合案例地的实际情况，形成包括行为、自我延展、安全感、情感联结、情感意义等七个测量题项的量表。

### （二）家园依恋测量量表

家园依恋量表将采用地方依恋量表进行测量。Moore（1994）等从地方依赖、地方认同，以及生活方式三个维度进行了测量；Kyle（2005）从地方认同、地方依赖，以及社会纽带三个维度进行了测量；Ramkissoon（2012）从地方依赖、地方认同、地方情感、地方社会纽带四个维度进行了测量。本书采用 Williams（2003）等人的测量问卷，该量表已广泛运用到相关研究中（蔡溢，2017；许振晓，2009; 赵良成，2014），并得以证实其有效性，量表包含地方依赖和地方认同两个维度的测量，各维度各包含五个测量题项，本书研究主要是测量主体枪杆层面的测量，因此测量题项主要源于地方认同维度。

### （三）身份认同测量量表

身份认同测量量表的制定来源于 Sparks 等（1992）[3]和 Barbarossa 等（2015）[4]的研究，主要从家作为自我、自我形象，以及家庭意识等方面来进行测量。

---

[1] Mcandrew F T. The measurement of “rootedness” and the prediction of attachment to Home—towns in college students[J].Journal of Environmental Psychology,1998, 18 (4):409 - 417.

[2] Oswald F, Wahl H W.Dimensions of the Meaning of Home in Later Life[M]. Springer Publishing Company, 2005.

[3] Sparks P, Shepherd R. Self-Identity and the Theory of Planned Behavior: Assesing the Role of Identification with "Green Consumerism"[J]. Social Psychology Quarterly, 1992, 55(4):388–399.

[4] Barbarossa C, Beckmann S C, Pelsmacker P D, et al. A self-identity based model of electric car adoption intention: Across-cultural comparative study[J]. Journal of Environmental Psychology, 2015,42(10):149–160.

### （四）旅游预期测量量表

基于旅游预期理论的相关测量已出现在管理学领域的行为与绩效[1]、工作能力[2],以及态度[3]等方面。在旅游领域类,Chiang 等（2008）[4]等对酒店员工的动机进行了研究，分别从工作表现、成就、效率和自我效能等对员工构念的期望进行了测量。李瑞等对民族村寨居民满意度形成机制中的旅游发展期望变量进行了测量，测量涉及了民族社区发展、民族意识与文化传承，以及居民自我发展三个构面下的八个测量题项。本书将基于上述相关研究，尤其是 Chiang（2008）等和李瑞（2016）等的研究，并结合实际情况，设计了包括收益期望、发展期望、参与期望、发展认同及生活改善五个测量题项的旅游期望量表。

### （五）社区获益测量量表

本书社区获益的测量量表在基于相关研究 Nicholas(2009)、Rasoolimanesh 和 Jaafar 等(2016)[5],以及 Jaafar 等(2015)[6]等关于社区参与测量的基础上制定而成，并结合实际情况，量表共涉及从个人、社区，以及文化等层面的四个测量题项。

### （六）旅游影响感知测量量表

目前，在旅游领域引用最为广泛的为 John（1998）[7]等人开发的旅游影响测量量表，量表基于积极和消极感知，涉及经济、社会文化、环境、服务设

---

[1] Campbell J P, Dunnette M D, Lawler E E, et al. Managerial Behavior, Performance and Effectiveness[M]. New York: McGraw-Hill,1970.

[2] Gavin J F. Ability, effort, and role perception as antecedents of job performance. Experimental publication system, manuscript number 190A[M].Washington, DC: APA, 1970.

[3] Porter L W. Lawler E E Managerial Attitudes and Performance[M]. Home-wood, IL: Irwin Dorsey,1968.

[4] Chiang C F, Jang S C, Canter D,et al. An Expectancy Theory Model for Hotel Employee Motivation: Examining the Moderating Role of Communication Satisfaction[J].International Journal of Hospitality & Tourism Administration,2008,9(4):327-351.

[5] Rasoolimanesh S M, Jaafar M. Sustainable tourism development and residents’ perceptions in World Heritage Site destinations[J]. Asia Pacific Journal of Tourism Research, 2016,28(4):34-48.

[6] Jaafar M, Noor S M, Mostafa Rasoolimanesh S. Perception of young local residents toward sustainable conservation programmes: a case study of the Lenggong World Cultural Heritage Site.[J]. Tourism Management, 2015, 48(48):154-163.

[7] Ap J , Crompton J L .Developing and Testing a Tourism Impact Scale[J].Journal of Travel Research, 1998, 37(2):120-130.

施等多方面。此后，相关学者对量表进行了优化[1-2]，国内相关学者也进行了本土化的验证研究[3-4]，本书结合上述研究结论，以及案例地的实际情况，从旅游利益感知和旅游成本感知两个层面出发进行测量，具体涉及经济和社会文化内容，共计八个测量题项。

## 二、问卷发放

问卷的发放采用随机抽样法，于 2021 年 7 月 12 —16 日对西江苗寨景区内部的南贵村、羊排村、东引村和平寨村进行调查。共发放问卷 450 份问卷，回收 430 份，有效问卷为 420 份，回收率和有效率分别为 95.5% 和 93.3%；利用 SPSS19.0 统计分析软件和 AMOS21.0 结构方程模型软件进行对问卷分析和处理。

## 三、样本特征

### （一）人口变量特征

从表 5-1 可知：①受访者中男性占 47.7%，女性占 52.3%，性别比为 0.9:1，较为合理。②年龄主要集中于 31 ～ 55 岁，为 41.9%，其次为 56 岁及以上，占 33.3%，18 岁以下的比重最小，仅 4.8%。③学历以小学及以下为主，占 48.3%，排在第二位的是初中，占 26.4%，大学（含大专）及以上最少，为 8.4%。④在职业的分布上，以农民、渔民、牧民为主，占 26.2%，其次为自由职业者，占 14.8%，最低为公务员或事业单位人员，占 2.4%。⑤从收入来看，收入主要集中于 2000 以下，占了 59.1%，其中中等收入 2001 ～ 3000 的占比最小，仅为 17.1%。⑥从居住时间看，50.5% 的受访者的居住时间为 40 年及以上，是受访者的主体，其次是 20 ～ 40 年，占 25.7%，10 年以内的占 7.6%，占比

[1]　Gursoy D, Jurowski C, Uysal M. Resident attitudes: A structural modeling approach[J].Annals of Tourism Research,2002,29(1):79–105.

[2]　Nunkoo R, Ramkissoon H. Residents' satisfaction with community attributes and support for tourism [J].Journal of Hospitality & Tourism Research,2011,35(2):171–190.

[3]　黄燕玲，罗盛峰．旅游感知视角下西南少数民族地区农业旅游发展模式研究 [M]. 北京：科学出版社，2012.

[4]　卢松．历史文化村落居民对旅游影响的感知与态度模式研究 [M]. 合肥：安徽人民出版社，2009.

最小。以上的样本基本特征分析反映了受访者主要以低学历、中低收入的群体为主，这与目前西江镇社会经济发展及人口结构发展情况相一致，也与笔者获取的西江镇人口统计资料的特征较为相符，样本不仅有效，而且具有代表性。

表 5-1　样本人口学统计特征

| 变量名称 | 选项 | 频数（人） | 有效百分比（%） |
|---|---|---|---|
| 性别 | 男 | 200 | 47.7 |
| | 女 | 220 | 52.3 |
| 年龄 | 18 岁及以下 | 20 | 4.8 |
| | 19 ~ 30 岁 | 84 | 20 |
| | 31 ~ 55 岁 | 176 | 41.9 |
| | 56 岁及以上 | 140 | 33.3 |
| 学历 | 小学及以下 | 203 | 48.3 |
| | 初中 | 111 | 26.4 |
| | 高中（含中专、中技） | 71 | 16.9 |
| | 大学（含大专）及以上 | 34 | 8.4 |
| 职业 | 公务员 / 事业单位人员 | 10 | 2.4 |
| | 服务业 | 51 | 12.1 |
| | 学生 | 51 | 12.1 |
| | 个体从业者 | 55 | 13.1 |
| | 自由职业者 | 62 | 14.8 |
| | 农民 / 渔民 / 牧民 | 110 | 26.2 |
| | 其他 | 90 | 19.3 |

续表

| 变量名称 | 选项 | 频数（人） | 有效百分比（%） |
|---|---|---|---|
| 月收入 | 700 元及以下 | 123 | 29.3 |
| | 701 ~ 2000 元 | 125 | 29.8 |
| | 2001 ~ 3000 元 | 72 | 17.1 |
| | 3001 元及以上 | 100 | 23.8 |
| 居住时间 | 10 年以内 | 32 | 7.6 |
| | 10 ~ 20 年 | 68 | 16.2 |
| | 20 ~ 40 年 | 108 | 25.7 |
| | 40 年以上 | 212 | 50.5 |

## （二）影响变量特征分析

从表 5-2 可以看出，各个变量的均值最大为家园依恋（4.10），最小为社区参与（2.75），其余变量的均值都介于 3 ~ 4，即受访者的平均态度介于中立与同意之间。从总体均值来看，“家园依恋”这一指标的均值（3.99）是最高的，“旅游预期”（3.85）紧随其后，“家屋依恋”（3.67）和“旅游影响感知”（3.65）二者相差不大，“身份认同”（3.53）次之，但依然大于 3，最低为“社区获益”（2.75），是唯一均值小于 3 的总体指标。

表 5-2 总体情况分析

| 变量名 | 均值 | 标准差 | 方差 | 总均值 | 总标准差 | 总方差 | 排序 |
|---|---|---|---|---|---|---|---|
| 1 旅游影响感知 | 3.65 | | | | | | 4 |
| （1）旅游利益感知 | 3.87 | 0.87 | 0.75 | 3.65 | 0.60 | 0.36 | |
| （2）旅游成本感知 | 3.43 | 0.59 | 0.35 | | | | |
| 2 旅游预期 | 3.85 | 0.77 | 0.60 | 3.85 | 0.77 | 0.60 | 2 |

续表

| 变量名 | 均值 | 标准差 | 方差 | 总均值 | 总标准差 | 总方差 | 排序 |
|---|---|---|---|---|---|---|---|
| 3 社区获益 | 2.75 | 0.97 | 0.94 | 2.75 | 0.97 | 0.94 | 6 |
| 4 家园依恋 | 3.99 | | | | | | 1 |
| （1）地方依赖 | 4.10 | 0.51 | 0.26 | 3.99 | 0.47 | 0.22 | |
| （2）地方认同 | 3.88 | 0.56 | 0.32 | | | | |
| 5 家屋依恋 | 3.67 | 0.73 | 0.53 | 3.67 | 0.73 | 0.53 | 3 |
| 6 身份认同 | 3.53 | 0.73 | 0.53 | 3.53 | 0.73 | 0.53 | 5 |

**1. 旅游影响感知**

从旅游利益感知层面来看（见表5-3），受访者的感知多为正向感知，五个测量题项中最大占比皆为同意，受访者对五个利益感知测量题项的选择中，非常同意和同意的累计百分比依次为83.8%、76%、65.2%、78.7%、58%，不同意和非常不同意的累计百分比依次为10%、11.1%、12.1%、11.5%、13.9%，每一项的正向感知占比皆大于负向感知占比。其中,“自豪感得以增强”与“促进文化保护”两项持中立态度的占比较高,依次为22.6%、28.1%。从均值分析，受访者对“基础设施改善”的正向感知最为强烈，均值高达4.12，“知名度得以提升”与“生活水平提高”两项均值相差不大分别为3.97和3.95，“自豪感得以增强”均值为3.76，次之，“促进文化保护”均值最低（3.57），同时方差也最小，说明受访者对这一项的态度最为稳定统一。

从旅游成本感知层面看（见表5-3），受访者中持中立态度的占比较高，分别为19.80%、19.20%、32.60%、41.40%、35.40%，后三项的中立者占比还是本项题目的最大占比，这表示受访者对后三项普遍感知不强烈。受访者对五个消极感知题目的作答中非常同意和同意的累计百分比依次为68.2%、69.5%、48.4%、23.4%、41.6%，不同意和非常不同意的累计百分比依次为11.9%、11.3%、19%、35.2%、23%，除“冲突与对抗”一项外其余四项的正向感知占比都大于负向感知占比。从均值来看，“贫富分化明显”一项均值最高为3.83，“生活成本增加”一项次之为3.81，再为次“拥挤、噪声和污染”一项均值为 3.44，“文化被异化”一项均值为 3.23，“冲突与对抗”一项均值最低（2.87），同时方差也最小，说明受访者对这一项的态度最为稳定统一。

表 5-3　旅游影响感知描述性分析

| 变量名 | 描述性分析（%） | | | | | 均值 | 标准差 | 方差 | 排序 |
|---|---|---|---|---|---|---|---|---|---|
| | 非常同意 | 同意 | 中立 | 不同意 | 非常不同意 | | | | |
| 旅游利益感知 | | | | | | | | | |
| 基础设施改善 | 41.40 | 42.40 | 6.20 | 7.00 | 3.00 | 4.12 | 1.01 | 1.01 | 1 |
| 自豪感得以增强 | 26.20 | 39.00 | 22.60 | 8.50 | 3.60 | 3.76 | 1.05 | 1.10 | 6 |
| 知名度得以提升 | 36.50 | 42.20 | 9.80 | 5.30 | 6.20 | 3.97 | 1.11 | 1.23 | 2 |
| 促进文化保护 | 15.80 | 42.20 | 28.10 | 10.70 | 3.20 | 3.57 | 0.98 | 0.97 | 7 |
| 旅游成本感知 | | | | | | | | | |
| 贫富分化明显 | 30.90 | 37.30 | 19.80 | 7.20 | 4.70 | 3.83 | 1.09 | 1.19 | 4 |
| 生活成本增加 | 27.30 | 42.20 | 19.20 | 7.00 | 4.30 | 3.81 | 1.05 | 1.10 | 5 |
| 拥挤、噪声和污染 | 17.70 | 30.70 | 32.60 | 15.60 | 3.40 | 3.44 | 1.06 | 1.12 | 8 |
| 冲突与对抗 | 5.30 | 18.10 | 41.40 | 28.40 | 6.80 | 2.87 | 0.97 | 0.94 | 10 |
| 文化被异化 | 9.60 | 32.00 | 35.40 | 17.70 | 5.30 | 3.23 | 1.02 | 1.04 | 9 |

### 2. 旅游预期

从表 5-4 可知，受访者对本地旅游预期普遍是正向积极，除“旅游发展至关重要”的占比最高，即非常同意（46.50%），“旅游发展是较好选择”“旅游发展具有重要的战略意义”“旅游增强社区凝聚力”“旅游社区自豪感”这四项的最高占比都是同意占比高，即受访者都普遍同意题目观点，其占比分别是 43.70%、41.40%、36.50%、33.50%。各项非常同意与同意的累计占比依次为 87.90%、79.50%、57.60%、51.90%、60.40%，不同意与非常不同意的累计占比依次为 6.00%、7.20%、10.00%、13.90%、11.30%，正向态度的占比远大于负向态度占比，其中，“旅游经济发展至关重要”一项中立者占比（6.20%）最小，其余四项的中立占比较高，高于不同意和非常不同意选项的累计占比。

从均值看，“旅游发展至关重要”与“旅游发展是较好选择”两项的均值都大于 4，表示受访者对这两个题目说法平均态度介于同意与非常同意之间，“旅游增强社区自豪感”与“旅游发展具有重要的战略意义”两项相差不大，分别为 3.74 和 3.68，“旅游增强社区凝聚力”均值最低。从方差可以看出，除了“旅游有助于增强社区的凝聚力”一项方差大于 1 外，其余四项都小于 1，可以发现，受访者间对“旅游有助于增强社区的凝聚力”的差异较大。

表 5-4　旅游发展预期描述性分析

| 变量名 | 描述性分析（%） | | | | | 均值 | 标准差 | 方差 | 排序 |
|---|---|---|---|---|---|---|---|---|---|
| | 非常同意 | 同意 | 中立 | 不同意 | 非常不同意 | | | | |
| 旅游发展至关重要 | 46.50 | 41.40 | 6.20 | 4.30 | 1.70 | 4.27 | 0.88 | 0.78 | 1 |
| 旅游发展是较好选择 | 35.80 | 43.70 | 13.20 | 5.10 | 2.10 | 4.06 | 0.94 | 0.89 | 2 |
| 旅游发展战略意义 | 22.80 | 34.80 | 32.40 | 7.70 | 2.30 | 3.68 | 0.99 | 0.97 | 4 |
| 旅游增强社区凝聚力 | 15.40 | 36.50 | 34.30 | 12.60 | 1.30 | 3.52 | 0.94 | 0.89 | 5 |
| 旅游增加社区自豪感 | 26.90 | 33.50 | 28.40 | 9.00 | 2.30 | 3.74 | 1.03 | 1.05 | 3 |

### 3. 社区获益描述性分析

从表 5-5 可以看出，受访者对本地社区获益度不高，各项中立者占比较高，分别为 27.30%、26.00%、27.10%、30.10%，其中“个人村寨旅游发展中获益”“个人明显感受到从村寨旅游发展中获益”“村寨在旅游发展过程中获益显著”三项中立者占比最高，表示受访者对这三项测量题项的普遍态度都是中立的。各项非常同意与同意的累计占比依次为 22.60%、23.40%、36.10%、33.70%，不同意与非常同意的累计占比依次为 50.10%、50.50%、36.90%、36.30%，总体正向态度的占比都小于负向态度占比。

从均值看，各项均值皆小于 3，其中“村寨在旅游发展过程中获益显著”“村寨文化在旅游发展过程中得以较好传承”两项均值相近分别为2.95和2.93，方差相同，均为1.31，表示受访者对这两项的平均态度相近，差异相似“个人村寨旅游发展中获益”与“个人明显感受到从村寨旅游发展中获益”两项均值相同，均为2.55，且方差接近，表示受访者对这两项的平均态度相近，差异相似。

表5–5　社区获益描述性分析

| 观测变量 | 描述性分析（%） | | | | | 均值 | 标准差 | 方差 | 排序 |
|---|---|---|---|---|---|---|---|---|---|
| | 非常同意 | 同意 | 中立 | 不同意 | 非常不同意 | | | | |
| 个人村寨旅游发展中获益 | 7.00 | 15.60 | 27.30 | 25.80 | 24.30 | 2.55 | 1.21 | 1.47 | 4 |
| 个人明显感受到从村寨旅游发展中获益 | 6.80 | 16.60 | 26.00 | 25.60 | 24.90 | 2.55 | 1.22 | 1.49 | 5 |
| 村寨在旅游发展过程中获益显著 | 7.70 | 28.40 | 27.10 | 25.40 | 11.50 | 2.95 | 1.14 | 1.31 | 8 |
| 村寨文化在旅游发展过程中得以较好传承 | 7.90 | 25.80 | 30.10 | 23.70 | 12.60 | 2.93 | 1.15 | 1.31 | 10 |

### 4. 家园依恋

五个测量题项的占比排名相同（见表5–6），同意者占比最大，其次分别是非常同意、中立、不同意、非常不同意。各项的中立者占比较大，分别为23.70%、20.90%、27.70%、25.60%、25.20%，非常同意与同意者累计占比分别为71.20%、75.30%、66.10%、71.70%、64.80%，显著大于中立者占比，不同意与非常不同意者累计占比分别为5.10%、3.90%、6.20%、2.80%、10.10%，远小于非常同意与同意者累计占比，由此可以发现，受访者对本地的认同度总体偏高。从均值看，各项均值皆小于4，其中，“更喜欢待在村子”一项均值最高（3.99），其次是“外出时经常想起村子”一项均值为3.94，接下来为“离不开村子和村子的人”一项均值为3.88，而“从没想过搬出村子”与“喜爱程度超过其他地方”两项均值相差不大，分别为3.80和3.78。

表 5-6 家园依恋描述性分析

| 观测变量 | 描述性分析（%） | | | | | 均值 | 标准差 | 方差 | 排序 |
|---|---|---|---|---|---|---|---|---|---|
| | 非常同意 | 同意 | 中立 | 不同意 | 非常不同意 | | | | |
| 离不开村子和村子的人 | 22.20 | 49.00 | 23.70 | 4.70 | 0.40 | 3.88 | 0.819 | 0.671 | 3 |
| 更喜欢待在村子 | 28.60 | 46.70 | 20.90 | 3.00 | 0.90 | 3.99 | 0.832 | 0.692 | 1 |
| 喜爱程度超过其他地方 | 18.60 | 47.50 | 27.70 | 5.80 | 0.40 | 3.78 | 0.827 | 0.685 | 5 |
| 外出时经常想起村子 | 25.40 | 46.30 | 25.60 | 2.80 | 0.00 | 3.94 | 0.786 | 0.618 | 2 |
| 从没想过搬出村子 | 26.20 | 38.60 | 25.20 | 9.00 | 1.10 | 3.80 | 0.964 | 0.930 | 4 |

### 5. 家屋依恋

从表 5-7 可知，测量想“摆放突出喜欢的东西”“在家感到是安全的”“赋予了家个人的感觉”三项的最大占比为中立者占比，分别为 37.3%、37.3%、35%，“花时间和精力来建造家”“变成属于我自己的地方”“为家感到骄傲”3 项的最大占比为同意者项，分别为 38%、41.4%、38.4%。五项中非常同意与同意者累计占比分别为 62.30%、60.60%、45.00%、45.00%、49.30%、63.80%，非常不同意与非常不同意者累计占比分别为 9.00%、14.30%、17.70%、17.70%、15.70%、14.30%，均小于正向态度者占比，各项中立者占比分别为 28.80%、25.20%、37.30%、37.30%、35.00%、22.00%，占比较高。

从均值来看，最大均值（4.04）为“在家感到是安全的”一项，其次为“花时间和精力来建造家”（3.77）与“为家感到骄傲”（3.72）相差不大，接下来为“变成属于我自己的地方”（3.63），和“赋予了家个人的感觉”（3.44），最低均值项为“摆放突出喜欢的东西”一项（3.39）。

表 5-7　家屋依恋描述性分析

| 观测变量 | 描述性分析（%） | | | | | 均值 | 标准差 | 方差 | 排序 |
|---|---|---|---|---|---|---|---|---|---|
| | 非常同意 | 同意 | 中立 | 不同意 | 非常不同意 | | | | |
| 花时间和精力来建造家 | 24.30 | 38.00 | 28.80 | 8.10 | 0.90 | 3.77 | 0.94 | 0.88 | 2 |
| 变成属于我自己的地方 | 19.20 | 41.40 | 25.20 | 11.50 | 2.80 | 3.63 | 1.01 | 1.02 | 4 |
| 摆放突出喜欢的东西 | 15.10 | 29.90 | 37.30 | 14.50 | 3.20 | 3.39 | 1.01 | 1.03 | 6 |
| 在家感到是安全的 | 15.10 | 29.90 | 37.30 | 14.50 | 3.20 | 4.04 | 1.08 | 1.17 | 1 |
| 赋予了家个人的感觉 | 12.60 | 36.70 | 35.00 | 13.40 | 2.30 | 3.44 | 0.95 | 0.91 | 5 |
| 为家感到骄傲 | 25.40 | 38.40 | 22.00 | 11.30 | 3.00 | 3.72 | 1.05 | 1.10 | 3 |

### 6. 身份认同描述性分析

从表 5-8 可以看出，五个测量项的最大占比均为同意项，受访者普遍认为家对个人成长和形象有着重要影响。非常同意与同意者累计占比分别为 67.80%、70.00%、68.20%、47.30%、44.30%，不同意与非常不同意者累计占比分别为 7.90%、10.90%、8.60%、37.30%、36.20%，均明显小于正向态度者占比，各项中立者占比分别为 24.30%、19.20%、23.20%、15.40%、19.40%，占比较高，其中“家是形象的重要组成部分”“家是作为一个人的重要组成部分”“努力成为一个有家庭意识的人”三项的中立者占比显然大于负向态度者占比。从均值看，“家是作为一个人的重要组成部分”与“努力成为一个有家庭意识的人”两项均值同为 3.87，为最大均值。其次为“家是形象的重要组成部分”（3.81）和“家对我成为什么样的人并不重要”（3.12），而“家几乎与我没关系”为最低均值（2.99）

表 5-8　身份认同描述性分析

| 观测变量 | 描述性分析（%） | | | | | 均值 | 标准差 | 方差 | 排序 |
|---|---|---|---|---|---|---|---|---|---|
| | 非常同意 | 同意 | 中立 | 不同意 | 非常不同意 | | | | |
| 家是形象的重要组成部分 | 22.20 | 45.60 | 24.30 | 7.00 | 0.90 | 3.81 | 0.89 | 0.79 | 3 |
| 家是作为一个人的重要组成部分 | 28.40 | 41.60 | 19.20 | 10.00 | 0.90 | 3.87 | 0.97 | 0.94 | 2 |
| 努力成为一个有家庭意识的人 | 27.70 | 40.50 | 23.20 | 7.70 | 0.90 | 3.87 | 0.94 | 0.88 | 1 |
| 家对我成为什么样的人并不重要 | 19.20 | 28.10 | 15.40 | 20.00 | 17.30 | 3.12 | 1.39 | 1.93 | 4 |
| 家几乎与我没关系 | 13.20 | 31.10 | 19.40 | 13.40 | 22.80 | 2.99 | 1.38 | 1.89 | 5 |

# 第四节　信度、效度及差异性分析

## 一、信度分析

信度是稳定性和一致性的反映，反映了问卷能否稳定地测量所测的事物或变量特征。信度的测量指标多以相关系数表示，大致可分为稳定系数、等值系数、内在一致性系数三类。稳定系数体现了跨时间的稳定性，常用重测法测得，即在不同时间对同一变量进行重复测量并计算两次测量结果的相似度；等值系数体现了跨形式的一致性，常用复本法测得，即制作两套相似的量表或问卷对被调查者进行两次测量，计算两次结果的相似程度；内在一致性系数体现了跨项目的一致性，常用折半法或 Cronbach’s alpha 系数（ α 系数）

测得，α 系数即计算各项目之间的内部关联度[1]。

本书通过 α 系数测量问卷信度，结合效度分析中的项目总体相关性分析（Item-Total Correlation, ITC），对变量进行剔除，以调高问卷信度。在信度值的分布中，马国庆（2005）指出，α 系数值介于 0 ~ 1，值越大意味着问卷结果的内在信度越高，大于等于 0.9 时表示量表的内在信度非常理想;介于 0.8 和 0.9 之间时表示量表内在信度很高；介于 0.7 和 0.8 之间时表示表示信度可以接受；位于 0.6 和 0.7 之间表示量表层面或构念尚佳，整个量表勉强接受，最好增加题目或修改语句；而处于 0.5 和 0.6 之间表示量表设计不理想，需要重新编制或修订；低于 0.5 表示整个量表非常不理想，应舍弃。

通过表 5-9 可以发现：①旅游利益感知、旅游预期、社区获益三个变量的 α 系数初始值分别为 0.887、0.868、0.838，均大于 0.8，且每个项目的 ITC 都大于 0.5，反映三个量表的内在信度较高，不需要对项目进行修改。②旅游成本感知量表的 α 系数初始值为 0.474，处于不可接受范围，通过删去 ITC 值小于 0.5 的 LYGZ9 和 LVGZ10 两个测量题项，α 系数值增大到可以接受的范围。③家园依恋量表 α 系数初始值为 0.679，在可接受范围内，虽然各变量的 ITC 值较小但通过多次尝试发现删除变量后 ITC 值不会增大，α 系数值反而会减小，所以接受该家园依恋量表。④家屋依恋量表中 α 系数初始值为 0.788，在可接受范围内，但 JWYL1、JWYL3 的 ITC 值均小于 0.5，删除这两个测量题项后 α 系数值减小为 0.772，但处于可接受范围内。⑤身份认同量表中 α 系数值为 0.646，其中 SFRT4、SFRT5 两个项目的 ITC 值小于 0.5，删去这两个测量题项后 α 系数值增加到 0.858，此时量表的内在信度较高。通过对整体量表中各个变量进行信度分析，删减项目后的再分析后整体量表通过可靠性检验，可以用于后续的统计分析。

## 二、效度分析

效度（Validity），即有效性，是指测量工具或手段能够准确测出所需测量的事物的程度,包括内容效度和结构效度。内容效度又称表面效度或逻辑效度，指所设计的题项能否代表所要测量的内容或主题，常采用逻辑分析与统计分

[1] 马庆国 . 应用统计学 : 数理统计方法、数据获取与 SPSS 应用 [M]. 科学出版社 ,2005.

析相结合的方法进行评价，本书研究的相关变量问卷编制经过访谈、预调研，以及探索性因子分析等步骤，问卷借鉴了相关学者的研究，通过逻辑分析认为其具有合理性和有效性。

本书利用项目总体相关性对内容效度进行统计分析，一般情况下，观测变量的 ITC 若小于 0.5，考虑将此观测变量删除[1]。结构效度（Construct Validity）是指测量结果体现出来的某种结构与测量值之间的对应程度，常采用因子分析方法。因子分析中，KMO 样本测度与 Bartlett 球形检验是判定是否适合因子分析的标准，一般情况下，KMO 大于 0.9，表示非常适合；KMO 在 0.8 与 0.9 之间，表示较适合；KMO 在 0.7 与 0.8 之间，表示适合；KMO 在 0.6 与 0.7 之间，表示不适合；KMO 小于 0.5，表示非常不适合。Bartlett 球形检验用来检验变量间独立性，其原假设为相关系数矩阵为单位阵[2]。如果统计量较大且概率值小于显著水平，拒绝单位阵假设，表明原有变量间存在相关性，适合进行因子分析。

利用主成分分析法的最大方差模块对因子进行旋转，以特征值大于 1 的标准提取公共因子，力求获取较大的因子负荷量和累计解释率。因子负荷值和累计解释变异量是评判测量题项是否保留的依据，剔除的标准为[3]：①观测变量在两个及以上因子的负荷量大于 0.4；②观测变量在各个因子的负荷量低于 0.4；③累计解释变异量必须超过 60% 的最低标准。从表 5-9 可看出。

### （一）旅游利益感知量表

旅游利益感知变量中（见表 5-9），各项 ITC 值均大于 0.5，说明量表内容安排合理可使用；KMO 值为 0.871，在理想范围内，Bartlett 球形检验的近似卡方值为 13300.141，显著性概率值（Sig.）$p$ 为 0.000，小于 0.05，则拒绝单位阵假设，表明原有变量间存在相关性，适合进行因子分析。因子分析结果显示各项目的因子载荷均大于 0.5，累计解释率 69.053%，均在较好的范围内，说明变量结构效度高，问卷设计完全合理。

[1] Evans A M, Revelle W. Survey and behavioral measurements of interpersonal trust.[J]. Journal of Research in Personality, 2008, 42(6):1585-1593.

[2] 张文彤 . SPSS 统计分析教程 [M]. 希望电子出版社 ,2002.

[3] 陈方樱 , 沈思 . 数据分析方法及 SPSS 应用 [M]. 科学出版社 , 2016.

### （二）旅游成本感知量表

旅游利益感知量表中（见表 5-9），剔除 ITC 值小于 0.5 的 CBGZ 4 和 CBGZ 5 后，各项的 ITC 值均大于 0.5，说明量表内容安排合理可使用；KMO 值为 0.723，Bartlett 球形检验的近似卡方值为 284.701，显著性概率值（Sig.）$p$ 为 0.000，小于 0.05，则拒绝单位阵假设，表明原有变量间存在相关性，适合进行因子分析。此时各项目的因子载荷均大于 0.5，累计解释率为 62.78%，均在可接受的范围内，说明量表结构通过检验，问卷设计合理。

### （三）旅游预期量表

旅游预期量表（见表 5-9）中各项 ITC 值均大于 0.5，说明量表内容安排合理可使用；KMO 值为 0.825，在理想范围内，Bartlett 球形检验的近似卡方值为 1154.05，显著性概率值（Sig.）$p$ 为 0.000，小于 0.05，则拒绝单位阵假设，表明原有变量间存在相关性，适合进行因子分析。因子分析结果显示各项目的因子载荷均大于 0.5，累计解释率 65.658%，均在理想的范围内，说明变量具有较好的结构效度，问卷设计较为合理。

### （四）社区获益量表

社区获益量表（见表 5-9）中各项 ITC 值均大于 0.5，说明量表内容安排合理可使用；KMO 值为 0.748，在理想范围内，Bartlett 球形检验的近似卡方值为 1111.111，显著性概率值（Sig.）$p$ 为 0.000，小于 0.05，则拒绝单位阵假设，表明原有变量间存在相关性，适合进行因子分析。因子分析结果显示各项目的因子载荷均大于 0.5，累计解释率 67.588%，均在符合标准的范围内，量表结构效度在可接受范围内，问卷设计较为合理。

### （五）家园依恋量表

家园依恋量表中（见表 5-9），在保证至少三个变量数的要求下无法满足各变量 ITC 值都小于 0.5 的条件，但 KMO 值为 0.745，Bartlett 球形检验的近似卡方值为 335.814，显著性概率值（Sig.）$p$ 为 0.000，小于 0.05，则拒绝单位阵假设，表明原有变量间存在相关性，适合进行因子分析。此时各项目的因子载荷均大于 0.5，累计解释率为 61.151%，均在可接受的范围内。

### （六）家屋依恋量表

在家屋依恋量表中（见表 5-9），剔除 ITC 值小于 0.5 的 JWYL 2.1、JWYL 2.3 两个项目后，各项的 ITC 值均大于 0.5，说明量表内容安排合理可使用；KMO 值为 0.723，Bartlett 球形检验的近似卡方值为 529.697，显著性概率值（Sig.）$p$ 为 0.000，小于 0.05 则拒绝单位阵假设，表明原有变量间存在相关性，适合进行因子分析。此时各项目的因子载荷均大于 0.5，累计解释率为 67.732%，大于 60% 的可接受标准，则量表的结构效度依然在可接受的范围内，说明量表结构通过检验，问卷设计合理。

### （七）身份认同量表

在身份认同量表中（见表 5-9），剔除 ITC 值小于 0.5 的 SFRT4、SFRT5 两个项目后，各项的 ITC 值均大于 0.5，说明量表内容安排合理可使用；KMO 值为 0.704，Bartlett 球形检验的近似卡方值为 529.697，显著性概率值（Sig.）$p$ 为 0.000，小于 0.05，则拒绝单位阵假设，表明原有变量间存在相关性，适合进行因子分析。此时各项目的因子载荷均大于 0.5，累计解释率为 77.922%，均在可接受的范围内，说明量表结构通过检验，问卷设计合理。

## 三、差异性分析

本部分将对旅游发展情境下家屋依恋影响变量进行单因素差异性检验，统计得到旅游影响感知、旅游预期、社区获益、家园依恋、家屋依恋和身份认同六个变量分组的平均值（Mean）、标准差（Std. Deviation）、标准误（Std. Error）。在此基础上，检验受访者性别、年龄、学历、职业、收入，以及居住时间等变量对上述变量的是否具有差异。进一步进行两个独立样本 T 检验或多个独立样本的非参数检验，判断这些差异在统计学中是否具有显著性意义。

表 5–9　信度和效度

| 潜在变量 | 观测变量 | 可靠性检验 | | | | 效度检验 | | | | | | | | | |
|---|---|---|---|---|---|---|---|---|---|---|---|---|---|---|---|
| | | 初始 ITC | 最终 ITC | 删除后的 α 值 | α 值 | 因子负荷量 | | KMO | | 近似卡方值 | | 累计解释变异量 | | 显著性概率 | |
| | | | | | | 初始 | 最终 | 初始 | 最终 | 初始 | 最终 | 初始 | 最终 | 初始 | 最终 |
| 旅游利益感知 | LYGZ1 | 0.77 | 0.77 | 0.85 | 初始 0.887 | 0.86 | 0.86 | 0.871 | 0.871 | 1300.141 | 1300.141 | 69.053 | 69.053 | 0.000 | 0.000 |
| | LYGZ2 | 0.8 | 0.8 | 0.85 | | 0.88 | 0.88 | | | | | | | | |
| | LYGZ3 | 0.74 | 0.74 | 0.86 | | 0.84 | 0.84 | | | | | | | | |
| | LYGZ4 | 0.76 | 0.76 | 0.85 | | 0.86 | 0.86 | | | | | | | | |
| | LYGZ5 | 0.57 | 0.57 | 0.9 | | 0.69 | 0.69 | | | | | | | | |
| 旅游成本感知 | CBGZ1 | 0.4 | 0.54 | 0.311 | 初始 0.474 最终 0.7 | 0.82 | 0.82 | 0.723 | 0.723 | 284.701 | 284.701 | 62.78 | 62.78 | 0.000 | 0.000 |
| | CBGZ2 | 0.33 | 0.61 | 0.361 | | 0.858 | 0.858 | | | | | | | | |
| | CBGZ3 | 0.4 | 0.51 | 0.312 | | 0.689 | 0.689 | | | | | | | | |
| | CBGZ4 | −0.03 | — | 0.581 | | — | — | | | | | | | | |
| | CBGZ5 | 0.19 | — | 0.458 | | — | — | | | | | | | | |
| 旅游预期 | LYYQ1 | 0.693 | 0.693 | 0.841 | 初始 0.868 | 0.813 | 0.813 | 0.825 | 0.825 | 1154.05 | 1154.05 | 65.658 | 65.658 | 0.000 | 0.000 |
| | LYYQ2 | 0.686 | 0.686 | 0.842 | | 0.81 | 0.81 | | | | | | | | |
| | LYYQ3 | 0.741 | 0.741 | 0.828 | | 0.845 | 0.845 | | | | | | | | |
| | LYYQ4 | 0.631 | 0.631 | 0.856 | | 0.756 | 0.756 | | | | | | | | |
| | LYYQ5 | 0.714 | 0.714 | 0.836 | | 0.825 | 0.825 | | | | | | | | |

续表

| 潜在变量 | 观测变量 | 可靠性检验 | | | | 效度检验 | | | | | | | | | |
|---|---|---|---|---|---|---|---|---|---|---|---|---|---|---|---|
| | | 初始 ITC | 最终 ITC | 删除后的 α 值 | α 值 | 因子负荷量 | | KMO | | 近似卡方值 | | 累计解释变异量 | | 显著性概率 | |
| | | | | | | 初始 | 最终 | 初始 | 最终 | 初始 | 最终 | 初始 | 最终 | 初始 | 最终 |
| 社区获益 | SQHY1 | 0.56 | 0.56 | 0.843 | 初始 0.838 | 0.726 | 0.726 | 0.748 | 0.748 | 1111.111 | 1111.111 | 67.588 | 67.588 | 0.000 | 0.000 |
| | SQHY2 | 0.739 | 0.739 | 0.762 | | 0.855 | 0.855 | | | | | | | | |
| | SQHY3 | 0.697 | 0.697 | 0.783 | | 0.853 | 0.853 | | | | | | | | |
| | SQHY4 | 0.688 | 0.688 | 0.786 | | 0.847 | 0.847 | | | | | | | | |
| 家屋依恋 | JWYL1 | 0.495 | — | 0.765 | 初始 0.788 最终 0.772 | — | 0 | 0.723 | 0.723 | 529.697 | 529.697 | 59.641 | 59.641 | 0.000 | 0.000 |
| | JWYL2 | 0.641 | 0.649 | 0.73 | | 0.831 | 0 | | | | | | | | |
| | JWYL3 | 0.398 | — | 0.788 | | — | 0 | | | | | | | | |
| | JWYL4 | 0.619 | 0.629 | 0.735 | | 0.808 | 0 | | | | | | | | |
| | JWYL5 | 0.565 | 0.531 | 0.75 | | 0.744 | 0 | | | | | | | | |
| | JWYL6 | 0.52 | 0.506 | 0.76 | | 0.698 | 0 | | | | | | | | |
| 家园依恋 | JYYL1 | 0.44 | 0.44 | 0.625 | 初始 0.679 | 0.68 | 0.68 | 0.745 | 0.745 | 335.814 | 335.814 | 61.151 | 61.151 | 0.000 | 0.000 |
| | JYYL2 | 0.524 | 0.524 | 0.588 | | 0.754 | 0.754 | | | | | | | | |
| | JYYL3 | 0.414 | 0.414 | 0.637 | | 0.642 | 0.642 | | | | | | | | |
| | JYYL4 | 0.442 | 0.442 | 0.625 | | 0.666 | 0.666 | | | | | | | | |
| | JYYL5 | 0.362 | 0.362 | 0.667 | | 0.576 | 0.576 | | | | | | | | |
| 身份认同 | SFRT1 | 0.399 | 0.716 | 0.6 | 初始 0.646 最终 0.858 | 0.874 | 0.874 | 0.704 | 0.704 | 671.362 | 671.362 | 77.922 | 77.922 | 0.000 | 0.000 |
| | SFRT2 | 0.406 | 0.799 | 0.594 | | 0.919 | 0.919 | | | | | | | | |
| | SFRT3 | 0.361 | 0.685 | 0.613 | | 0.853 | 0.853 | | | | | | | | |
| | SFRT4 | 0.431 | — | 0.583 | | — | — | | | | | | | | |
| | SFRT5 | 0.447 | — | 0.573 | | — | — | | | | | | | | |

## （一）性别变量

### 1. 描述性分析

从均值来看（见表 5-10），男女性在旅游影响感知、社区获益、家园依恋等差异不大，表现为身份认同变量上差异略大一点，但差值都不足 0.1。从标准偏差可以看出，旅游影响感知、家屋依恋、身份认同方面女性受访者之间的差异更大，而旅游预期、社区获益、家园依恋在男性受访者之间的差异更大。

表 5-10　不同性别样本间差异描述性分析

| 变量名 | 性别 | 平均数 | 标准偏差 | 标准误 |
|---|---|---|---|---|
| 旅游影响感知 | 男 | 3.665 | 0.584 | 0.039 |
| | 女 | 3.645 | 0.614 | 0.039 |
| 旅游预期 | 男 | 3.882 | 0.776 | 0.052 |
| | 女 | 3.826 | 0.774 | 0.049 |
| 社区获益 | 男 | 2.746 | 0.979 | 0.066 |
| | 女 | 2.745 | 0.961 | 0.061 |
| 家园依恋 | 男 | 3.892 | 0.574 | 0.039 |
| | 女 | 3.866 | 0.550 | 0.035 |
| 家屋依恋 | 男 | 3.667 | 0.692 | 0.047 |
| | 女 | 3.658 | 0.709 | 0.045 |
| 身份认同 | 男 | 3.567 | 0.701 | 0.047 |
| | 女 | 3.496 | 0.754 | 0.048 |

### 2. 独立样本检验

如表 5-11 所示，居民的性别因素的影响差异在各个方面均不显著。

表 5-11　不同性别样本间独立性 T 检验

| 变量 | 是否采用相等变异系数 | Levene 的变异数相等测试 | | 针对平均值是否相等的 t 测试 | | | | |
|---|---|---|---|---|---|---|---|---|
| | | F | 显著性 | T | df | 显著性（双尾） | 平均差异 | 标准误差 |
| 旅游影响感知 | 是 | 0.350 | 0.560 | 0.350 | 467.000 | 0.730 | 0.020 | 0.060 |
| | 否 | | | 0.350 | 465.070 | 0.720 | 0.020 | 0.060 |
| 旅游预期 | 是 | 0.000 | 0.970 | 0.790 | 467.000 | 0.430 | 0.060 | 0.070 |
| | 否 | | | 0.790 | 460.500 | 0.430 | 0.060 | 0.070 |
| 社区获益 | 是 | 0.050 | 0.820 | 0.010 | 467.000 | 1.000 | 0.000 | 0.090 |
| | 否 | | | 0.010 | 458.700 | 1.000 | 0.000 | 0.090 |
| 家园依恋 | 是 | 0.734 | 0.392 | 0.504 | 467.000 | 0.615 | 0.026 | 0.052 |
| | 否 | | | 0.503 | 455.618 | 0.615 | 0.026 | 0.052 |
| 家屋依恋 | 是 | 1.350 | 0.250 | 0.150 | 467.000 | 0.880 | 0.010 | 0.060 |
| | 否 | | | 0.150 | 463.080 | 0.880 | 0.010 | 0.060 |
| 身份认同 | 是 | 1.360 | 0.240 | 1.060 | 467.000 | 0.290 | 0.070 | 0.070 |
| | 否 | | | 1.060 | 466.100 | 0.290 | 0.070 | 0.070 |

## （二）年龄变量

### 1. 描述性分析

如表 5-12 所示，从均值方面来看，不同年龄受访者在各变量上的总体差异不大，但旅游影响感知变量中的最大均值、最小均值分别为 56 岁及以上和 19 ~ 30 岁两个阶段的人群；与旅游影响感知变量相反，社区获益变量中的最大均值、最小均值分别为 19 ~ 30 岁和 56 岁及以上的群体；家园依恋变量中的最大均值为 18 岁以下，最小均值是 31 ~ 55 岁的群体；而旅游预期、家屋依恋、身份认同 3 个变量中的最大均值、最小均值均分别为 56 岁及以上和 18 岁以下的群体。从标准偏差可以看出，社区获益在各年龄层的内部差异相对较大。从标准误看，每一个值都很小，所以初步判断可以用样本均值代替总体均值。

表 5-12　不同年龄样本间差异描述性分析

| 变量名 | 年龄 | 平均数 | 标准偏差 | 标准误 |
|---|---|---|---|---|
| 旅游影响感知 | 18 岁及以下 | 3.680 | 0.537 | 0.120 |
| | 19 ～ 30 岁 | 3.577 | 0.636 | 0.065 |
| | 31 ～ 55 岁 | 3.650 | 0.633 | 0.046 |
| | 56 岁及以上 | 3.703 | 0.540 | 0.043 |
| 旅游预期 | 18 岁及以下 | 3.720 | 0.688 | 0.154 |
| | 19 ～ 30 岁 | 3.779 | 0.835 | 0.085 |
| | 31 ～ 55 岁 | 3.875 | 0.714 | 0.051 |
| | 56 岁及以上 | 3.886 | 0.818 | 0.064 |
| 社区获益 | 18 岁及以下 | 2.963 | 1.145 | 0.256 |
| | 19 ～ 30 岁 | 3.034 | 0.910 | 0.093 |
| | 31 ～ 55 岁 | 2.813 | 0.903 | 0.065 |
| | 56 岁及以上 | 2.466 | 0.990 | 0.078 |
| 家园依恋 | 18 岁及以下 | 3.940 | 0.426 | 0.095 |
| | 19 ～ 30 岁 | 3.935 | 0.548 | 0.056 |
| | 31 ～ 55 岁 | 3.854 | 0.573 | 0.041 |
| | 56 岁及以上 | 3.866 | 0.571 | 0.045 |
| 家屋依恋 | 18 岁及以下 | 3.567 | 0.485 | 0.108 |
| | 19 ～ 30 岁 | 3.623 | 0.704 | 0.072 |
| | 31 ～ 55 岁 | 3.651 | 0.755 | 0.055 |
| | 56 岁及以上 | 3.711 | 0.653 | 0.052 |
| 身份认同 | 18 岁及以下 | 3.210 | 0.744 | 0.166 |
| | 19 ～ 30 岁 | 3.444 | 0.740 | 0.076 |
| | 31 ～ 55 岁 | 3.556 | 0.708 | 0.051 |
| | 56 岁及以上 | 3.589 | 0.739 | 0.058 |

### 2. 独立样本 T 检验

如表 5-13 所示，社区获益变量在不同年龄样本间差异的渐近显著性系数为 0.00，小于 0.005 显著性水平，说明居民的年龄变量差异的影响在社区获益变量上显著，而在其他变量上并不显著。

表 5-13　不同年龄样本间差异 T 检验分析

| T 检验 | 旅游感知 | 旅游预期 | 社区获益 | 家园依恋 | 家屋依恋 | 身份认同 |
|---|---|---|---|---|---|---|
| 卡方 | 2.581 | 1.101 | 24.507 | 1.853 | 1.904 | 6.243 |
| 渐近显著性 | 0.461 | 0.777 | 0.000 | 0.604 | 0.592 | 0.100 |

## （三）学历变量

### 1. 描述性分析

从表 5-14 可以看出，旅游影响感知变量的最大均值、最小均值分别为小学及以下和高中（含中专、中技）两个学历群体；旅游预期变量的最大均值、最小均值分别为初中和高中（含中专、中技）两个学历群体；社区获益变量的最大均值、最小均值分别为小学及以下和大学（含大专）及以上两组学历群体；家园依恋变量的最大均值、最小均值分别为高中（含中专、中技）和初中学历群体；家屋依恋变量的最大均值、最小均值分别为初中和小学群体；身份认同变量的最大均值、最小均值分别为小学及以下和高中（含中专、中技）两组学历群体。上述变量间的均值差异明显，标准误每一个值都很小，初步判断可以用样本均值代替总体均值。

表 5-14　不同学历样本间差异描述性分析

| 变量名 | 学历 | 平均数 | 标准偏差 | 标准误 |
|---|---|---|---|---|
| 旅游影响感知 | 小学及以下 | 3.678 | 0.588 | 0.039 |
| | 初中 | 3.657 | 0.540 | 0.049 |
| | 高中（含中专、中技） | 3.580 | 0.701 | 0.079 |
| | 大学（含大专）及以上 | 3.655 | 0.635 | 0.103 |

续表

| 变量名 | 学历 | 平均数 | 标准偏差 | 标准误 |
|---|---|---|---|---|
| 旅游预期 | 小学及以下 | 3.843 | 0.761 | 0.050 |
| | 初中 | 3.862 | 0.704 | 0.064 |
| | 高中（含中专、中技） | 3.580 | 0.701 | 0.079 |
| | 大学（含大专）及以上 | 3.655 | 0.635 | 0.103 |
| 社区获益 | 小学及以下 | 2.546 | 0.922 | 0.061 |
| | 初中 | 2.797 | 0.959 | 0.087 |
| | 高中（含中专、中技） | 3.048 | 1.007 | 0.114 |
| | 大学（含大专）及以上 | 3.171 | 0.908 | 0.147 |
| 家园依恋 | 小学及以下 | 3.855 | 0.589 | 0.039 |
| | 初中 | 3.826 | 0.522 | 0.047 |
| | 高中（含中专、中技） | 4.015 | 0.533 | 0.060 |
| | 大学（含大专）及以上 | 3.905 | 0.542 | 0.088 |
| 家屋依恋 | 小学及以下 | 3.639 | 0.656 | 0.043 |
| | 初中 | 3.710 | 0.684 | 0.062 |
| | 高中（含中专、中技） | 3.650 | 0.864 | 0.098 |
| | 大学（含大专）及以上 | 3.675 | 0.659 | 0.107 |
| 身份认同 | 小学及以下 | 3.578 | 0.733 | 0.048 |
| | 初中 | 3.518 | 0.669 | 0.061 |
| | 高中（含中专、中技） | 3.421 | 0.785 | 0.089 |
| | 大学（含大专）及以上 | 3.495 | 0.779 | 0.126 |

### 2. K 个独立样本非参数检验

如表 5–15 所示，相关变量中，只有社区获益变量的渐近显著性系数为 0.000，小于 0.005 的显著性水平，说明居民的学历因素在社区获益方面差异显著，而在其他方面不显著。

表 5–15　不同学历样本间差异 T 检验分析

| T 检验 | 旅游感知 | 旅游预期 | 社区获益 | 家园依恋 | 家屋依恋 | 身份认同 |
| --- | --- | --- | --- | --- | --- | --- |
| 卡方 | 0.247 | 0.846 | 25.945 | 7.249 | 1.243 | 3.556 |
| 渐近显著性 | 0.97 | 0.838 | 0.000 | 0.064 | 0.743 | 0.314 |

## （四）职业变量

### 1. 描述性分析

从表 5–16 可以看出，旅游影响感知变量的最大均值和最小均值分别为公务员、事业单位人员和学生；旅游预期变量的最大均值和最小均值分别为公务员、事业单位人员和其他职业者；社区获益和家园依恋变量的最大均值和最小均值分别为公务员、事业单位人员和农民、渔民、牧民；家园依恋变量的最大均值和最小均值分别为公务员、事业单位人员和农民、渔民、牧民；家屋依恋变量的最大均值和最小均值分别为公务员、事业单位人员和学生；身份认同变量的最大均值和最小均值分别为公务员、事业单位人员和学生。

从标准偏差来看，学生在社区获益变量的差异也相对较大，这与相关变量在年龄上的差异分析结果相符。从标准误看，公务员、事业单位人员群体在各变量中的值较大，无法用样本均值代替总体均值，这与样本较少有关（9 个样本）。

表 5–16　不同职业样本间差异描述性分析

| 变量名 | 职业 | 平均数 | 标准偏差 | 标准误平均值 |
| --- | --- | --- | --- | --- |
| 旅游影响感知 | 公务员、事业单位人员 | 3.689 | 0.679 | 0.226 |
| | 服务业 | 3.611 | 0.584 | 0.074 |

续表

| 变量名 | 职业 | 平均数 | 标准偏差 | 标准误平均值 |
|---|---|---|---|---|
| 旅游影响感知 | 学生 | 3.581 | 0.652 | 0.090 |
| | 个体从业者 | 3.622 | 0.754 | 0.102 |
| | 自由职业者 | 3.591 | 0.501 | 0.061 |
| | 农民 / 渔民 / 牧民 | 3.708 | 0.542 | 0.049 |
| | 其他 | 3.638 | 0.471 | 0.081 |
| 旅游预期 | 公务员 / 事业单位人员 | 4.289 | 0.558 | 0.186 |
| | 服务业 | 3.844 | 0.715 | 0.090 |
| | 学生 | 3.746 | 0.952 | 0.132 |
| | 个体从业者 | 3.887 | 0.846 | 0.114 |
| | 自由职业者 | 3.877 | 0.733 | 0.089 |
| | 农民 / 渔民 / 牧民 | 3.852 | 0.780 | 0.070 |
| | 其他 | 3.671 | 0.653 | 0.112 |
| 社区获益 | 公务员 / 事业单位人员 | 3.472 | 0.956 | 0.319 |
| | 服务业 | 2.925 | 0.739 | 0.093 |
| | 学生 | 2.966 | 1.021 | 0.142 |
| | 个体从业者 | 2.686 | 0.775 | 0.104 |
| | 自由职业者 | 2.993 | 0.949 | 0.115 |
| | 农民 / 渔民 / 牧民 | 2.463 | 0.978 | 0.088 |
| | 其他 | 2.552 | 1.064 | 0.182 |
| 家园依恋 | 公务员 / 事业单位人员 | 4.044 | 0.477 | 0.159 |
| | 服务业 | 3.844 | 0.498 | 0.063 |
| | 学生 | 3.950 | 0.467 | 0.065 |
| | 个体从业者 | 3.858 | 0.541 | 0.073 |
| | 自由职业者 | 3.977 | 0.533 | 0.065 |

续表

| 变量名 | 职业 | 平均数 | 标准偏差 | 标准误平均值 |
|---|---|---|---|---|
| 家园依恋 | 农民 / 渔民 / 牧民 | 3.826 | 0.584 | 0.053 |
| | 其他 | 3.906 | 0.628 | 0.086 |
| 家屋依恋 | 公务员 / 事业单位人员 | 3.870 | 0.681 | 0.227 |
| | 服务业 | 3.601 | 0.662 | 0.083 |
| | 学生 | 3.583 | 0.637 | 0.088 |
| | 个体从业者 | 3.776 | 0.862 | 0.116 |
| | 自由职业者 | 3.614 | 0.671 | 0.081 |
| | 农民 / 渔民 / 牧民 | 3.724 | 0.629 | 0.057 |
| | 其他 | 3.652 | 0.584 | 0.100 |
| 身份认同 | 公务员 / 事业单位人员 | 3.644 | 0.691 | 0.230 |
| | 服务业 | 3.435 | 0.600 | 0.076 |
| | 学生 | 3.419 | 0.758 | 0.105 |
| | 个体从业者 | 3.353 | 0.688 | 0.093 |
| | 自由职业者 | 3.529 | 0.704 | 0.085 |
| | 农民 / 渔民 / 牧民 | 3.555 | 0.712 | 0.064 |
| | 其他 | 3.788 | 0.833 | 0.143 |

### 2. K 个独立样本非参数检验

如表 5-17 所示，在相关变量中，仅有社区获益变量的渐近显著性系数为 0.000，小于 0.005 的显著性水平，说明居民的职业因素的影响差异在社区获益方面显著，而在其他方面不显著。

表 5-17　不同职业样本间差异 T 检验分析

| T 检验 | 旅游感知 | 旅游预期 | 社区获益 | 家园依恋 | 家屋依恋 | 身份认同 |
|---|---|---|---|---|---|---|
| 卡方 | 7.096 | 7.636 | 25.415 | 7.298 | 8.056 | 8.395 |
| 渐近显著性 | 0.312 | 0.266 | 0.000 | 0.505 | 0.234 | 0.211 |

## （五）收入变量

### 1. 描述性分析

如表 5-18 所示，旅游影响感知变量的最大均值和最小均值分别为 700 元及以下和 701 ~ 2000 元两组收入群体；旅游预期变量的最大均值和最小均值分别为 2001 ~ 3000 元和 701 ~ 2000 元两组收入群体；社区获益和家园依恋变量的最大均值和最小均值分别为 3001 元及以上和 700 元及以下两组收入群体；家园依恋变量的最大均值和最小均值分别为 3001 元及以上和 700 元及以下两组收入群体；家屋依恋的最大均值和最小均值分别为 700 元及以下和 701 ~ 2000 元两组收入群体；身份认同变量的最大均值和最小均值分别为 700 元及以下和 701 ~ 2000 元两组收入群体。

从标准偏差看，收入 700 元及以下受访者在社区获益方面的内部差异也相对较大。标准误的每一个值都很小，初步判断可以用样本均值代替总体均值。

表 5-18　不同收入样本间差异描述性分析

| 变量名 | 月收入 | 平均数 | 标准偏差 | 标准误平均值 |
|---|---|---|---|---|
| 影响感知 | 700 元及以下 | 3.756 | 0.445 | 0.037 |
| | 701 ~ 2000 元 | 3.532 | 0.675 | 0.058 |
| | 2001 ~ 3000 元 | 3.644 | 0.623 | 0.071 |
| | 3001 元及以上 | 3.685 | 0.634 | 0.060 |
| 旅游预期 | 700 元及以下 | 3.818 | 0.802 | 0.067 |
| | 701 ~ 2000 元 | 3.816 | 0.787 | 0.067 |
| | 2001 ~ 3000 元 | 3.972 | 0.711 | 0.081 |
| | 3001 元及以上 | 3.858 | 0.768 | 0.073 |
| 社区获益 | 700 元及以下 | 2.467 | 1.004 | 0.084 |
| | 701 ~ 2000 元 | 2.694 | 0.956 | 0.081 |
| | 2001 ~ 3000 元 | 2.920 | 0.914 | 0.103 |
| | 3001 元及以上 | 3.043 | 0.872 | 0.083 |

续表

| 变量名 | 月收入 | 平均数 | 标准偏差 | 标准误平均值 |
|---|---|---|---|---|
| 家园依恋 | 700 元及以下 | 3.827 | 0.577 | 0.048 |
| | 701 ～ 2000 元 | 3.891 | 0.567 | 0.048 |
| | 2001 ～ 3000 元 | 3.895 | 0.572 | 0.065 |
| | 3001 元及以上 | 3.917 | 0.527 | 0.050 |
| 家屋依恋 | 700 元及以下 | 3.731 | 0.551 | 0.046 |
| | 701 ～ 2000 元 | 3.568 | 0.772 | 0.066 |
| | 2001 ～ 3000 元 | 3.618 | 0.766 | 0.087 |
| | 3001 元及以上 | 3.722 | 0.723 | 0.069 |
| 身份认同 | 700 元及以下 | 3.614 | 0.783 | 0.066 |
| | 701 ～ 2000 元 | 3.455 | 0.681 | 0.058 |
| | 2001 ～ 3000 元 | 3.487 | 0.759 | 0.086 |
| | 3001 元及以上 | 3.544 | 0.693 | 0.066 |

### 2. K 个独立样本非参数检验

如表 5–19 所示，在相关变量中，仅有社区获益变量的渐近显著性系数为 0.000，小于 0.005 的显著性水平，说明居民的职业因素的影响差异在社区获益方面显著，而在其他方面不显著。

表 5–19　不同收入样本间差异 T 检验分析

| T 检验 | 旅游感知 | 旅游预期 | 社区获益 | 家园依恋 | 家屋依恋 | 身份认同 |
|---|---|---|---|---|---|---|
| 卡方 | 5.685 | 2.767 | 22.753 | 1.737 | 5.57 | 3.219 |
| 渐近显著性 | 0.128 | 0.429 | 0.000 | 0.629 | 0.135 | 0.359 |

## （六）居住时长变量

### 1. 描述性分析

如表 5-20 所示，旅游影响感知变量的最大均值和最小均值分别为 10 ~ 20 年和 10 年以内两个居住时长组；旅游预期变量的最大均值和最小均值分别为 20 ~ 40 年和 10 年以内两个居住时长组；社区获益变量的最大均值和最小均值分别为 10 年以内和 40 年以上两个居住时长组；家园依恋变量的最大均值和最小均值分别为 10 年以内和 40 年以上两个居住时长组；家屋依恋变量的最大均值和最小均值分别为 20 ~ 40 年和 10 年以内两个居住时长组；身份认同变量的最大均值和最小均值分别为 20 ~ 40 年和 10 年以内两个居住时长组。

从标准偏差看居住时间在 10 年以内的受访者在旅游预期方面的内部差异相对较大。标准误每一个值都很小，初步判断可以用样本均值代替总体均值。

表 5-20　不同居住时长样本间差异描述性分析表

| 变量名 | 居住时长 | 平均数 | 标准偏差 | 标准误平均值 |
| --- | --- | --- | --- | --- |
| 影响感知 | 10 年以内 | 3.4735 | 0.70251 | 0.12048 |
| | 10 ~ 20 年 | 3.6903 | 0.49023 | 0.05777 |
| | 20 ~ 40 年 | 3.6835 | 0.6414 | 0.05981 |
| | 40 年以上 | 3.6552 | 0.59196 | 0.03759 |
| 旅游预期 | 10 年以内 | 3.6765 | 1.00787 | 0.17285 |
| | 10 ~ 20 年 | 3.7889 | 0.70082 | 0.08259 |
| | 20 ~ 40 年 | 3.8991 | 0.78734 | 0.07342 |
| | 40 年以上 | 3.8734 | 0.75282 | 0.0478 |
| 社区获益 | 10 年以内 | 3.2132 | 0.90899 | 0.15589 |
| | 10 ~ 20 年 | 2.9306 | 0.97162 | 0.11451 |
| | 20 ~ 40 年 | 2.8717 | 0.87005 | 0.08113 |
| | 40 年以上 | 2.5685 | 0.98307 | 0.06243 |

续表

| 变量名 | 居住时长 | 平均数 | 标准偏差 | 标准误平均值 |
|---|---|---|---|---|
| 家园依恋 | 10 年以内 | 3.977 | 0.584 | 0.100 |
| | 10 ～ 20 年 | 3.933 | 0.490 | 0.058 |
| | 20 ～ 40 年 | 3.859 | 0.582 | 0.054 |
| | 40 年以上 | 3.858 | 0.568 | 0.036 |
| 家屋依恋 | 10 年以内 | 3.5637 | 0.76212 | 0.1307 |
| | 10 ～ 20 年 | 3.6458 | 0.58739 | 0.06922 |
| | 20 ～ 40 年 | 3.6812 | 0.74259 | 0.06925 |
| | 40 年以上 | 3.6717 | 0.70443 | 0.04473 |
| 身份认同 | 10 年以内 | 3.2 | 0.74671 | 0.12806 |
| | 10 ～ 20 年 | 3.5611 | 0.77397 | 0.09121 |
| | 20 ～ 40 年 | 3.5896 | 0.76174 | 0.07103 |
| | 40 年以上 | 3.5379 | 0.69061 | 0.04385 |

#### 2. *K* 个独立样本非参数检验

如表 5-21 所示，社区获益、身份认同两个变量的渐近显著性系数分别为 0.000 和 0.018，均小于 0.005 的显著性水平，说明居民的职业因素的在社区获益、身份认同变量差异显著，而在其他方面不显著。

表 5-21　不同居住时长样本间差异 T 检验分析

| T 检验 | 旅游感知 | 旅游预期 | 社区获益 | 家园依恋 | 家屋依恋 | 身份认同 |
|---|---|---|---|---|---|---|
| 卡方 | 3.047 | 1.384 | 21.381 | 2.829 | 0.774 | 10.082 |
| 渐近显著性 | 0.384 | 0.709 | 0.000 | 0.419 | 0.856 | 0.018 |

### （七）小结

（1）从均值来看，各变量在人口统计特征各指标之间的最大均值和最小均值差异整体较为显著。

（2）从标准偏差来看，女性在旅游影响感知、家屋依恋、身份认同等变量间差异大，而男性在旅游预期、社区获益、家园依恋 3 个变量差异大。各年龄层、学生、收入 700 元及以下群体在社区获益变量的差异较大；居住时间在 10 年以内的群体在旅游预期变量差异较大。

（3）从独立样本 T 检验来看，居民的性别因素的影响差异在各个方面均不显著；居民的年龄变量、学历因素、职业因素在社区获益变量上差异显著，居民的职业因素的身份认同变量上差异显著。

## 第五节　生产机制分析（验证性因子分析）

### 一、变量间相关性分析

在进行验证性因子分析之前，有必要对相关变量间相关关系进行分析，以判别变量、假设等的合理性。相关分析是判断变量之间的不确定关系（是否显著相关）的一种统计方法。这里的不确定关系并不代表因果关系，变量间的因果关系需要通过结构方程模型分析实现。从前文可知，除了旅游积极影响感知与旅游消极影响感知、旅游发展预期与旅游消极影响感知、社区获益与旅游消极影响感知、身份认同与旅游消极影响感知、社区获益与旅游预期、家园依恋与旅游预期、家园依恋与社区获益七组变量没有显著相关关系之外，其余变量间均呈现显著相关关系，可用于下一步的结构方程模型分析（见表 5-22）。

表 5-22　变量间的 Pearson 相关分析

| 变量 | 利益感知 | 成本感知 | 旅游预期 | 社区获益 | 家园依恋 | 家屋依恋 | 身份认同 |
|---|---|---|---|---|---|---|---|
| 利益感知 | 1.00 | — | — | — | — | — | — |

续表

| 变量 | 利益感知 | 成本感知 | 旅游预期 | 社区获益 | 家园依恋 | 家屋依恋 | 身份认同 |
|---|---|---|---|---|---|---|---|
| 成本感知 | 0.08 | 1.00 | — | — | — | — | — |
| 旅游预期 | .236** | 0.00 | 1.00 | — | — | — | — |
| 社区获益 | −.121** | −0.02 | −0.09 | 1.00 | — | — | — |
| 家园依恋 | 0.095* | .103* | −0.02 | 0.006 | 1.00 | — | — |
| 家屋依恋 | 0.531** | 0.309** | 0.474** | −.0201** | 0.720** | 1.00 | — |
| 身份认同 | 0.262** | 0.09 | 0.293** | −0.128** | 0.256** | 0.444** | 1.00 |

注：** 表示在 0.01 水平上显著相关，* 表示 0.05 水平上显著相关。

## 二、测量模型检验

### （一）模型拟合优度检验

通过 CFA 可以获取自变量（身份认同、旅游预期、社区获益）、中介变量（旅游利益感知、旅游成本感知）、因变量（家园依恋，家屋依恋）的拟合指数（见表 5-23），具体内容如下。

**1. 身份认同**

M1 模型的绝对适配度指数 $X^2$/df=161.005，大于 3；RMSEA=0.585，大于 0.08；增值适配度指数 NFI、RFI、IFI、TLI、CFI 均小于 0.9 的最低标准，需要进行模型的修正。通过增加修正指数较高的 SFRT4 与 SFRT5 的误差之间的联系，降低了 $X^2$/df、RMSE、AIC、CAIC 等指标值，增加两组双向关联后 M2 的拟合指数达到良好水平，适配合理。

**2. 旅游预期**

M1 模型的绝对适配度指数 $X^2$/df=23.816，大于 3；RMSEA=0.221，大于 0.08；增值适配度指数 NFI、RFI、TLI 均小于 0.9 的最低标准，需要进行模型的修正，通过增加修正指数较高的 LYYQ1 与 LYYQ2、LVYQ3 月 LYYQ5 两组变量的误差之间的联系，降低了 $X^2$/df、RMSE、AIC、CAIC 等指标值，增大了各个增值适配度指数，增加两组双向关联后 M2 的拟合指数达到理想状态。

3. 社区获益

M1 模型的绝对适配度指数 $X^2$/df=131.207，大于 3；RMSEA=0.527，大于 0.08；增值适配度指数 NFI、RFI、IFI、TLI、CFI 均小于 0.9 的最低标准，需要进行模型的修正，通过增加修正指数较高的 SQCY1 与 SQCY2 的误差之间的联系，降低了 $X^2$/df、RMSE、AIC、CAIC 等指标值，增大了各个增值适配度指数，增加两组双向关联后 M2 的拟合指数达到良好水平，适配合理。

4. 旅游利益感知

M1 模型的绝对适配度指数 $X^2$/df=3.311，大于 3，需要进行模型的修正，通过逐次增加修正指数最高的误差变量间的相关关系路径，最终添加了 LYGZ1 与 LYGZ3、LYGZ4 与 LYGZ5 两组变量的误差变量之间的联系，降低了 $X^2$/df、RMSE、AIC、CAIC 等指标值，增大了各个增值适配度指数，M2 的各项拟合指数均达到了理想状态，适配合理。

5. 旅游成本感知

M1 模型的绝对适配度指数 $X^2$/df=14.141，大于 3；RMSEA=0.086，大于 0.08；增值适配度指数 NFI、RFI、IFI、TLI、CFI 均小于 0.9 的最低标准，通过逐次增加修正指数最大的误差变量间的相关关系路径，最终添加了 LYGZ1 与 LYGZ3、LYGZ4 与 LYGZ5 两组变量的误差变量之间的相关关系路径，降低了 $X^2$/df、RMSE、AIC、CAIC 等指标值，M2 的各项拟合指数均达到了理想状态，适配合理。

6. 家园依恋

M1 模型的绝对适配度指数 $X^2$/df=3.453，大于 3，需要进行模型的修正，通过逐次增加修正指数最高的误差变量间的相关关系路径，最终添加了 JYYL4 与 JYYL5 这组变量的误差变量之间的联系降低了模型的 $X^2$/df、RMSE、AIC、CAIC，增大了各个增值适配度指数，M2 的各项拟合指数均达到了理想状态，适配合理。

7. 家屋依恋

M1 模型的绝对适配度指数 $X^2$/df=9.966，大于 3；RMSEA=0.138，大于 0.08；增值适配度指数 NFI、RFI、IFI、TLI、CFI 均小于 0.9 的最低标准，需要进

行模型的修正，通过逐次增加修正指数最高的误差变量之间的相关关系路径，最终添加了 YDYY2 与 JWYL5、YDYY2 与 JWYL5、YDYY3 与 JWYL4 三组变量的误差变量之间的相关关系路径，降低了 $X^2$/df、RMSE、AIC、CAIC 等指标值，增大了各个增值适配度指数，M2 的各项拟合指数均达到了理想状态，适配合理。

表 5-23　变量测量模型拟合值

| 变量名称 | 模型 | 绝对适配度指数 | | | 增值适配度指数 | | | | | 精简拟合指标 | |
|---|---|---|---|---|---|---|---|---|---|---|---|
| | 类型 | $X^2$/df（<3） | GFI（>0.9） | RMSE（<0.08） | NFI（>0.9） | RFI（>0.9） | IFI（>0.9） | TLI（>0.9） | CFI（>0.9） | AIC 越小越好 | CAIC 越小越好 |
| 身份认同 | M1 | 161.005 | 0.753 | 0.585 | 0.456 | −0.088 | 0.457 | −0.089 | 0.455 | 825.025 | 876.531 |
| | M2 | 2.558 | 0.991 | 0.058 | 0.993 | 0.983 | 0.996 | 0.989 | 0.996 | 32.232 | 99.999 |
| 旅游预期 | M1 | 23.816 | 0.897 | 0.221 | 0.897 | 0.795 | 0.901 | 0.802 | 0.901 | 139.081 | 190.587 |
| | M2 | 0.195 | 1 | 0 | 0.999 | 0.998 | 1.002 | 1.007 | 1 | 24.585 | 86.392 |
| 社区获益 | M1 | 131.207 | 0.817 | 0.527 | 0.765 | 0.295 | 0.766 | 0.296 | 0.765 | 278.414 | 319.618 |
| | M2 | 2.94 | 0.996 | 0.75 | 0.997 | 0.98 | 0.998 | 0.986 | 0.998 | 21.64 | 67.996 |
| 旅游利益感知 | M1 | 3.311 | 0.986 | 0.07 | 0.987 | 0.975 | 0.991 | 0.982 | 0.991 | 0.555 | 88.061 |
| | M2 | 1.066 | 0.997 | 0.012 | 0.998 | 0.992 | 1 | 0.999 | 1 | 27.198 | 89.005 |
| 旅游成本感知 | M1 | 14.141 | 0.94 | 0.168 | 0.815 | 0.629 | 0.825 | 0.646 | 0.823 | 90.705 | 142.211 |
| | M2 | 2.208 | 0.998 | 0.047 | 0.994 | 0.963 | 0.997 | 0.981 | 0.997 | 20.028 | 66.384 |
| 家园依恋 | M1 | 3.453 | 0.986 | 0.072 | 0.949 | 0.898 | 0.963 | 0.925 | 0.963 | 37.267 | 88.773 |
| | M2 | 2.383 | 0.992 | 0.054 | 0.972 | 0.929 | 0.983 | 0.958 | 0.983 | 31.532 | 88.189 |
| 家屋依恋 | M1 | 9.966 | 0.934 | 0.138 | 0.884 | 0.807 | 0.895 | 0.823 | 0.894 | 113.694 | 175.501 |
| | M2 | 1.509 | 0.994 | 0.033 | 0.988 | 0.971 | 0.996 | 0.99 | 0.996 | 39.054 | 116.314 |

注：M1 为初始模型；M2 为修正模型。

## （二）模型内在结构适配度检验

模型的内在结构适配度检验涉及测量模型和结构模型的评价，对测量模型的检验目的在于了解潜在的建构效度与信度，是否能较好地反映其所属的潜在变量，为下一步探究变量之间的关系做好准备。结构模型的评价目的是了解假设的因果关系是否成立（马庆国，2005）。此部分涉及测量模型的内在结构适配度的检验，对结构模型的测量结构模型的检验将在下文进行。本书选取标准化因子负荷（大于 0.4）、测量误差、临界比值（$t$ 值大于 1.96 或 $P$ 小于 0.1）、组合信度（$R^2$ 大于 0.6），以及平均变异量提取值（$AVE$ 大于 0.5）五个指标来了解测量模型的建构效度与信度（见表 5–24）。

表 5–24　测量模型 CFA 相关检验值

| 模型名称 | 观测变量 | 标准化因子负荷 | 标准误（S.E） | T 值（C.R） | 组合信度（CR） | 平均变异量提取值（AVE） |
|---|---|---|---|---|---|---|
| 身份认同 | SFRT1 | 0.822 | 0.055 | 17.526*** | 0.949 | 0.982 |
|  | SFRT2 | 0.875 | 0.058 | 19.437*** |  |  |
|  | SFRT3 | 0.806 | — | — |  |  |
| 旅游预期 | LVYQ1 | 0.715 | 0.067 | 13.346*** | 0.911 | 0.981 |
|  | LVYQ2 | 0.708 | 0.07 | 13.387*** |  |  |
|  | LVYQ3 | 0.809 | 0.069 | 16.318*** |  |  |
|  | LVYQ4 | 0.752 | — | — |  |  |
|  | LVYQ5 | 0.793 | 0.072 | 16.109*** |  |  |
| 社区获益 | SQHY1 | 0.489 | 0.054 | 9.382*** | 0.935 | 0.981 |
|  | SQHY2 | 0.599 | 0.05 | 14.341*** |  |  |
|  | SQHY3 | 0.944 | 0.049 | 21.706*** |  |  |
|  | SQHY4 | 0.89 | — | — |  |  |

续表

| 模型名称 | 观测变量 | 标准化因子负荷 | 标准误（S.E） | T值（C.R） | 组合信度（CR） | 平均变异量提取值（AVE） |
|---|---|---|---|---|---|---|
| 旅游利益感知 | LYGZ1 | 0.855 | — | — | 0.942 | 0.987 |
| | LYGZ2 | 0.861 | 0.045 | 23.637*** | | |
| | LYGZ3 | 0.815 | 0.049 | 20.132*** | | |
| | LYGZ4 | 0.803 | 0.049 | 21.159*** | | |
| | LYGZ5 | 0.573 | 0.049 | 13.268*** | | |
| 旅游成本感知 | LYGZ6 | 0.691 | — | — | 0.898 | 0.962 |
| | LYGZ7 | 0.848 | 0.087 | 13.454*** | | |
| | LYGZ8 | 0.47 | 0.074 | 8.916*** | | |
| 家园依恋 | JYYL1 | 0.592 | 0.093 | 10.144*** | 0.843 | 0.955 |
| | JYYL2 | 0.604 | 0.088 | 10.299*** | | |
| | JYYL3 | 0.66 | — | — | | |
| | JYYL4 | 0.498 | 0.08 | 9.421*** | | |
| 家屋依恋 | JWYL1 | 0.564 | 0.049 | 12.73*** | 0.911 | 0.98 |
| | JWYL2 | 0.642 | 0.052 | 14.794*** | | |
| | JWYL4 | 0.781 | — | — | | |
| | JWYL5 | 0.524 | 0.05 | 11.721*** | | |
| | JWYL6 | 0.685 | 0.053 | 15.97*** | | |

注：*** 表示 P<0.001。

### 1. 身份认同

变量标准化因子负荷在 0.806 ~ 0.875，均大于 0.8；临界比值为 17.5269 ~ 19.437，均远远大于 1.96，而且均在 *P* 小于 0.001 水平下显著；组合信度为 0.946，大于 0.6；平均变异量提取值为 0.982，大于 0.5。显示模型内在适配度为好。临界比值在 13.851 ~ 121.003，均远远大于 1.96，而且均在 *P* 小于 0.001 水平。

### 2. 旅游预期

变量标准化因子负荷在0.708～0.809，均大于0.7；临界比值在13.346～16.318，均远远大于1.96，而且均在$P$小于0.001水平下显著；组合信度为0.911，大于0.6；平均变异量提取值为0.981，大于0.5。显示模型内在适配度为好。

### 3. 社区获益

变量标准化因子负荷在0.489～0.944，均大于0.4；平下显著；组合信度为0.935，大于0.6；平均变异量提取值为0.981，大于0.5。显示模型内在适配度为好。

### 4. 旅游利益感知

变量标准化因子负荷在0.573～0.861，均大于0.5；临界比值在13.2668～23.6375之间,均远远大于1.96,而且均在$P$小于0.001水平下显著;组合信度为0.942，大于0.6；平均变异量提取值为0.987，大于0.5。显示模型内在适配度为好。

### 5. 旅游成本感知

变量标准化因子负荷在0.47～0.691，均大于0.4；临界比值在8.916～13.454之间均远远大于1.96，而且均在$P$小于0.001水平下显著；组合信度为0.898，大于0.6；平均变异量提取值为0.962，大于0.5。显示模型内在适配度为好。

### 6. 家园依恋

变量标准化因子负荷在0.498～0.66，均大于0.4；临界比值在9.421～10.144之间，均远远大于1.96，而且均在$P$小于0.001水平下显著；组合信度为0.843，大于0.6；平均变异量提取值为0.955，大于0.5。显示模型内在适配度为好。

### 7. 家屋依恋

变量标准化因子负荷在0.524～0.781，均大于0.5；临界比值11.721～15.97，均远远大于1.96，而且均在$P$小于0.001水平下显著；组合信度为0.911，大于0.6；平均变异量提取值为0.98，大于0.5。显示模型内在适配度为好。

综合旅游影响感知、旅游预期、社区获益、家园依恋、家屋依恋和身份认同的内在结构的适配结果，七个测量模型的内在适配度都达到了标准，较为理想，适合进行下一步的结构方程模型分析。

## 三、结构模型验证

结构模型的验证目的在于验证变量之间的假设关系是否存在。本书利用AMOS21.0的极大似然估计法（Maximum Likelihood，ML）对前面的假设进行验证。初始模型报表显示（见表5-25），相关适配指标未完全达到要求，有必要对模型进行进一步修正，根据修正指数MI对各区域模型进行修正后，除RFI值略小于0.9外其余的相关适配指数均达到要求，说明假设模型与样本数据的拟合度可以接受，通过模型拟合度检验，得到修正后的各拟合指数（见表5-25）、假设结果及效果（见表5-26）、标准化路径系数（见图5-2）。

表5-25　初始模型M1与修正模型M2拟合指数比较

| 模型类型 | 绝对适配度指数 | | | 增值适配度指数 | | | | | 精简拟合指标 | |
|---|---|---|---|---|---|---|---|---|---|---|
| | $X^2$/df（<3） | GFI（>0.9） | RMSEA（<0.08） | NFI（>0.9） | RFI（>0.9） | IFI（>0.9） | TLI（>0.9） | CFI（>0.9） | AIC 越小越好 | CAIC 越小越好 |
| M1 | 3.132 | 0.828 | 0.054 | 0.809 | 0.789 | 0.862 | 0.846 | 0.861 | 1764.159 | 2217.421 |
| M2 | 2.116 | 0.904 | 0.049 | 0.908 | 0.889 | 0.949 | 0.938 | 0.949 | 908.827 | 922.389 |

表5-26　假设验证结果

| 假设关系 | 假设内容 | 路径系数 | 标准误（S.E） | T值（C.R） | 显著性（P） | 验证结果 |
|---|---|---|---|---|---|---|
| H1a | 身份认同对旅游利益感知有正向影响关系 | 0.522 | 0.06 | 9.85 | *** | 支持 |
| H1b | 身份认同对旅游成本感知有正向影响关系 | 0.133 | 0.063 | 2.118 | 0.034* | 支持 |
| H1c | 身份认同对家园依恋有正向影响关系 | 0.244 | 0.055 | 3.241 | 0.001** | 支持 |
| H1d | 身份认同对家屋依恋有正向影响关系 | 0.334 | 0.053 | 6.999 | *** | 支持 |

续表

| 假设关系 | 假设内容 | 路径系数 | 标准误（S.E） | T值（C.R） | 显著性（P） | 验证结果 |
| --- | --- | --- | --- | --- | --- | --- |
| H2a | 旅游预期对旅游利益感知有正向影响关系 | 0.274 | 0.06 | 5.561 | *** | 支持 |
| H2b | 旅游预期对旅游成本感知有负向影响关系 | −0.285 | 0.061 | −4.949 | *** | 支持 |
| H2c | 旅游预期对家园依恋具有影响关系 | 0.162 | 0.054 | 2.313 | 0.021* | 支持 |
| H2d | 旅游预期对家屋依恋具有影响关系 | −0.093 | 0.05 | −2.215 | 0.027* | 支持 |
| H3a | 社区获益对旅游利益感知具有影响关系 | −0.058 | 0.032 | −1.503 | 0.133 | 不支持 |
| H3b | 社区获益对旅游成本感知具有影响关系 | −0.068 | 0.031 | −1.638 | 0.101 | 不支持 |
| H3c | 社区获益对家园依恋具有影响关系 | −0.014 | 0.026 | −0.284 | 0.776 | 不支持 |
| H3d | 社区获益对家屋依恋具有影响关系 | −0.079 | 0.024 | −2.788 | 0.005** | 支持 |
| H4a | 旅游成本感知对消极感知有正向影响关系 | 0.743 | 0.068 | 9.566 | *** | 支持 |
| H4b | 旅游利益感知对家园依恋有正向影响关系 | 0.333 | 0.065 | 3.268 | 0.001** | 支持 |
| H4c | 旅游利益感知对家屋依恋有正向影响关系 | 0.529 | 0.064 | 8.096 | *** | 支持 |
| H4d | 旅游成本感知对家园依恋有负向影响关系 | 0.102 | 0.062 | 1.191 | 0.234 | 不支持 |
| H4e | 旅游成本感知对家屋依恋有负向影响关系 | −0.053 | 0.057 | −1.043 | 0.297 | 不支持 |
| H5a | 家园依恋对家屋依恋有正向影响关系 | 0.384 | 0.097 | 6.124 | *** | 支持 |

注：*** 表示 $T$ 在 $p<0.001$ 水平上显著；** 表示 $T$ 在 $p<0.01$ 水平上显著；* 表示 $T$ 在 $p<0.1$ 水平上显著。

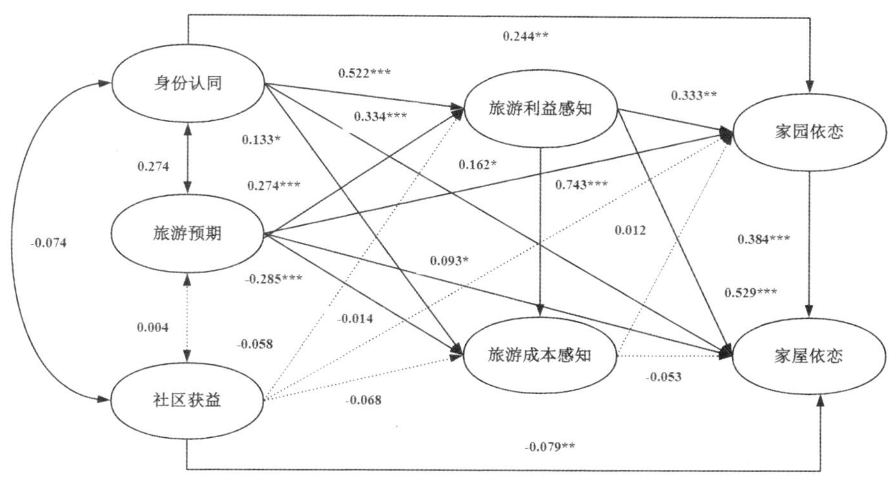


注：①图中实线代表假设验证通过，虚线代表假设没有被验证；② *: $p < 0.05$;***: $p < 0.001$;*NS*: 不显著。

图 5-2　机制变量路径系数

# 四、机制分析

## （一）前因变量与结果变量的影响路径

### 1. 身份认同

结合图 5-3 和表 5-26 可知，在身份认同与家园依恋、家屋依恋影响关系中：“身份认同 → 旅游利益感知”有显著正向影响关系（$\beta$=0.522,$p < 0.001$），“旅游利益感知 → 家屋依恋”有显著正向影响关系（$\beta$=0.529，$p < 0.001$），“身份认同 → 家园依恋”有显著正向影响关系（$\beta$=0.244，$p < 0.01$），“身份认同 → 家屋依恋”有显著正向影响关系（$\beta$=0.334，$p < 0.001$），“家园依恋 → 家屋依恋”有显著正向影响关系（$\beta$=0.384，$p < 0.001$），据此，存在“身份认同 → 旅游利益感知 → 家园依恋 → 家屋依恋”的全局影响关系。同时，由于“旅游成本感知 → 家园依恋”（$\beta$=0.102，$p$=0.234）无影响关系，“旅游成本感知 → 家屋依恋”无影响关系（$\beta$=−0.053，$p$=0.297），因此，“身份认同 → 旅游成本感知 → 家园依恋 → 家屋依恋”的全局影响关系不成立。

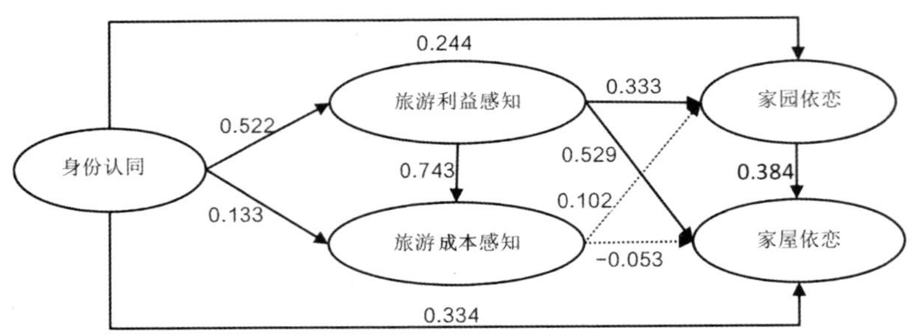


图 5-3　身份认同对结果变量的影响路径

综上，在身份认同与家园依恋的关系中，有两条显著的影响路径，分别为：①“身份认同 → 家园依恋”有显著正向影响关系；②“身份认同 → 旅游利益感知 → 家园依恋”有显著正向影响关系。在身份认同与家屋依恋的影响关系中，有四条显著地影响路径，分别为：①“身份认同 → 家屋依恋”显著正向影响关系；　②“身份认同 → 旅游利益感知 → 家屋依恋”有显著正向影响关系；③“身份认同 → 家园依恋 → 家屋依恋”有显著正向影响关系；④“身份认同 → 旅游利益感知 → 家园依恋 → 家屋依恋”有显著正向影响关系。

简而言之，身份认同既直接显著正向影响家园依恋和家屋依恋，也通过旅游利益感知显著正向影响家园依恋和家屋依恋，存在“身份认同 → 旅游利益感知 → 家园依恋 → 家屋依恋”的全局影响关系。

**2. 旅游预期**

结合图 5-4 和表 5-26 可知，在旅游预期与家园依恋、家屋依恋影响关系中：“旅游预期 → 家屋依恋”有显著负向影响关系（$\beta$=-0.093, $p$ < 0.01），“旅游利益感知 → 家屋依恋”有显著正向影响关系（$\beta$=0.529, $p$ < 0.001），“旅游预期 → 家园依恋”有显著正向影响关系（$\beta$=0.162，$p$<0.01），“旅游预期 → 旅游利益感知”有显著正向影响关系（$\beta$=0.274，$p$ < 0.001），同时，“家园依恋 → 家屋依恋”有显著正向影响关系（$\beta$=0.384，$p$ < 0.001），说明旅游预期对家屋依恋有显著的间接正向影响。据此，存在“旅游预期 → 旅游利益感知 → 家园依恋 → 家屋依恋”的全局影响关系。同时，由于“旅游成本感

知 → 家园依恋”无影响关系（ $\beta$=0.102，$p$=0.234），“旅游成本感知 → 家屋依恋”无影响关系（ $\beta$=–0.053，$p$=0.297），因此，“身份认同 → 旅游成本感知 → 家园依恋 → 家屋依恋”的全局影响关系不成立。

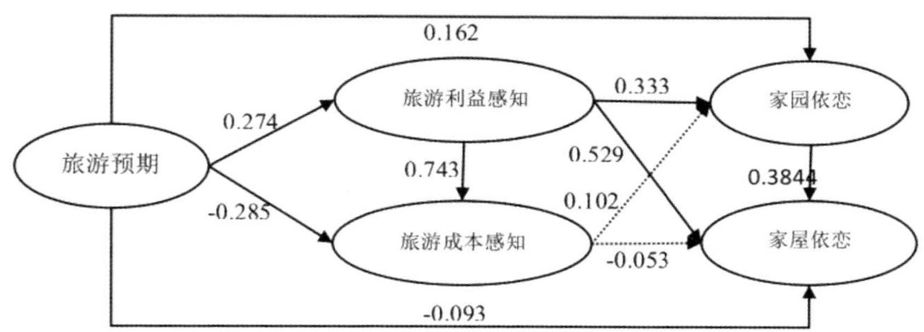


图 5-4　旅游预期对结果变量的影响路径

综上，在身份认同与家园依恋的关系中，有两条显著的影响路径，分别为：①“旅游预期 → 家园依恋”有显著正向影响关系；②“旅游预期 → 旅游利益感知 → 家园依恋”有显著正向影响关系。在身份认同与家屋依恋的影响关系中，有四条显著地影响路径，分别为：①“旅游预期 → 家屋依恋”有显著负向影响关系；②“旅游预期 → 旅游利益感知 → 家屋依恋”有显著正向影响关系；③“旅游预期 → 家园依恋 → 家屋依恋”有显著正向影响关系；④“旅游预期 → 旅游利益感知 → 家园依恋 → 家屋依恋”有显著正向影响关系。

简而言之，旅游预期对家园依恋和家屋依恋的作用机制存在差异，旅游预期直接显著正向影响家园依恋和，但显著负向影响家屋依恋；同时旅游预期通过旅游利益感知显著正向影响家园依恋和家屋依恋，存在“身份认同 → 旅游利益感知 → 家园依恋 → 家屋依恋”的全局影响关系。

### 3. 社区获益

结合图 5-5 和表 5-26 可知，在社区获益与家屋依恋的影响关系中：“社区获益 → 家屋依恋”有负向影响关系（ $\beta$=–0.079，$p$<0.01）。“社区获益 → 旅游利益感知”无影响关系（ $\beta$=–0.058，$p$=0.133），“社区获益 → 旅游成本感知”无影响关系（ $\beta$=–0.068，$p$=0.101），“社区获益 → 家园依恋”无影响关系（ $\beta$=–0.014，$p$=0.776），所以“社区获益 → 家屋依恋”无间接影响关系，而是直接负向影响家屋依恋（ $\beta$=–0.079，$p$ < 0.01）。

简而言之，社区获益对家屋依恋有一条影响路径，即为“社区获益 → 家屋依恋”（负向），社区获益直接负向影响家屋依恋。

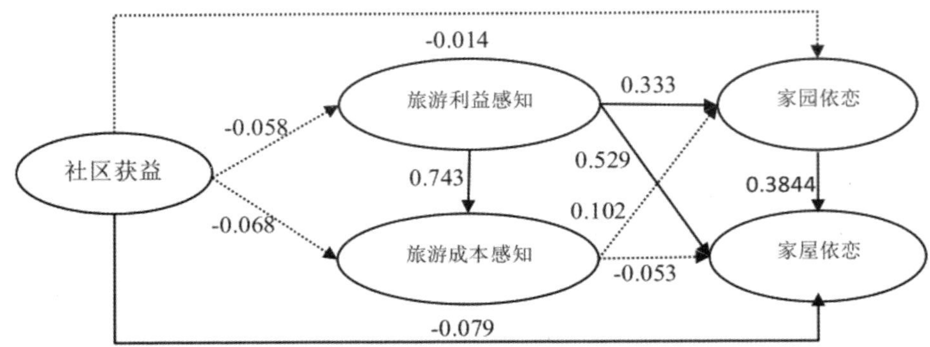


图 5-5 社区获益对结果变量的影响路径

## （二）中介变量对结果变量的影响路径

结合图 5-6 和表 5-26 可知，在旅游利益感与家屋依恋影响关系中：“旅游利益感知 → 家屋依恋”有显著正向影响关系（$\beta$=0.529，$p$ < 0.001），“旅游成本感知 → 家屋依恋”没有正向或负向影响关系（$\beta$=-0.053，$p$=0.297），“旅游利益感知 → 家园依恋”有显著正向影响关系（$\beta$=0.333，$p$ < 0.001），“旅游成本感知 → 家园依恋”没有正向或负向影响关系（$\beta$=0.102，$p$=0.234），“旅游利益感知 → 旅游成本感知”有显著正向影响关系（$\beta$=0.743，$p$ < 0.001）。

简而言之，旅游利益感知即可直接正向影响家园依恋和家屋依恋，也通过家园依恋间接正向影响家屋依恋，而是旅游成本感知对家园依恋及家屋依恋既无直接影响，也无间接影响。

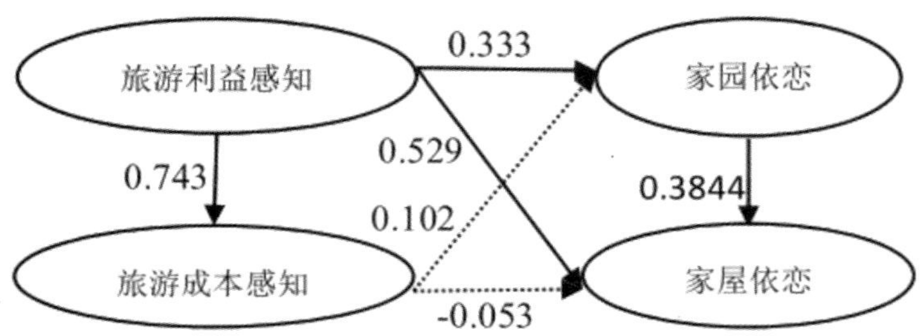


图 5-6 中介变量对结果变量的影响路径

### （三）机制路径整合分析

综上所述，三个前因变量中（见表 5-27），身份认同和旅游预期对家园依恋具有直接正向影响关系（分别为 0.244、0.162），且身份认同的影响效果大于旅游预期的影响效果，而社区获益对家园依恋没有影响关系；前因变量中身份认同和旅游预期对家园依恋也存在间接影响关系，且主要是通过旅游利益感知显著正向影响家园依恋，前因变量对家园依恋总影响的大小排序结果为身份认同（0.418）> 旅游预期（0.254）。

三个前因变量对家屋依恋也有间接影响，其中身份认同和旅游预期通过旅游利益感知和家园依恋间接正向显著影响家屋依恋；旅游预期通过旅游利益感知（正向显著）与旅游成本感知（负向显著）分别影响家屋依恋；社区获益通过旅游成本感知负向影响家屋依恋；前因变量对家屋依恋总影响的大小排序结果为身份认同（0.771）> 旅游利益感知（0.657）> 家园依恋（0.384）> 旅游预期（0.149）> 社区获益（-0.079）。

表 5-27　机制路径整合

| 变量 | 家园依恋 | | | 家屋依恋 | | |
|---|---|---|---|---|---|---|
| | 直接影响 | 间接影响 | 总影响 | 直接影响 | 间接影响 | 总影响 |
| 身份认同 | 0.244 | 0.174 | 0.418 | 0.334 | 0.437 | 0.771 |
| 旅游预期 | 0.162 | 0.092 | 0.254 | −0.093 | 0.242 | 0.149 |
| 社区获益 | — | — | — | −0.079 | −0.079 | −0.079 |
| 旅游利益感知 | 0.334 | 0.334 | 0.334 | 0.529 | 0.128 | 0.657 |
| 旅游成本感知 | — | — | — | — | — | — |
| 家园依恋 | — | — | — | 0.384 | — | 0.384 |

# 第六节　民族旅游社区“家”空间生产的全局机制分析

结合前述家屋空间、家园空间生产基本过程和结果，以及主体心理生产机制，展开对旅游发展背景下“家”空间的生产机制分析（见图 5-7）。

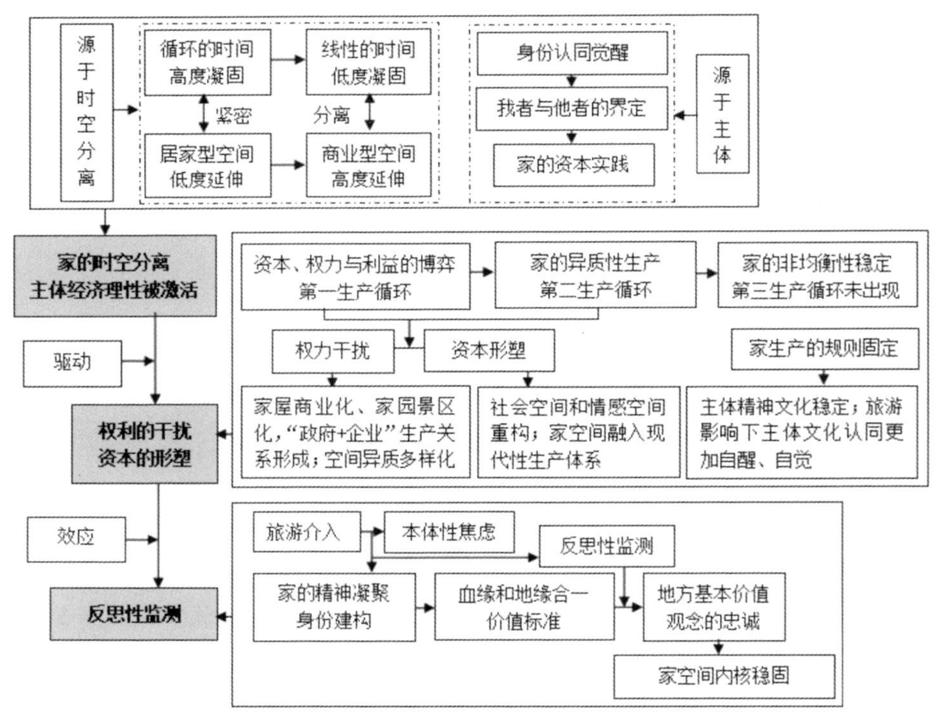


图 5-7　旅游发展背景下民族村寨家空间全局生产机制

## 一、起因：“家”的时空分离及经济理性的激活

### （一）“家”的时空分离

在传统农耕时期,“家”是作为同质性强的“封闭型”空间,居家功能突出,

居民所感知到的时间是作为持续的、模糊的内在循环，生活并无过去与未来之分，且同一时间单元会不断重复同样的事情，低度延伸的空间支撑着时间上的高度凝固[1],“家”的时空关系是密切联系的。然而,当大众旅游不断以“时间消亡空间”[2]的方式“侵入”村寨，村寨家因主客互动背景下，时间和空间的随之分离而变得不同。在现代大众旅游浪潮中，西江苗寨因相对的“封闭性”逐渐被构建为远离现代性的“原始他者”，随着外来游客参与到村寨家空间的互动过程中,以寻找所建构的“天下第一苗寨”等符号的旅游凝视背景下，西江苗寨被建构为原初的、差异化的传统和固着不变的身份的他者。

### （二）居民经济理性被激活

在家屋或家园的主客互动过程中，当地居民对文化自觉的觉醒，逐渐界定出“我者”与“他者”的社会文化位置，经济理性被不断解构和生产“家”空间的经济功能及价值激活，传统生活方式被现代性规训为顺从规则、信守制度及按部就班的新伦理，表征出的就是对象征性财富意义的想象，因此居民纷纷加入家空间的资本化实践过程中。例如,村寨居民借以“苗家乐”“苗王”等直接、显化和易懂的“我者”商业化符号和话语迎合游客对原生态的文化景观想象，并通过改变生产伦理和生计方式，将“家”空间的生产作为工具价值性的实践过程，一定程度上反映了居民对资本及利益的迫切渴望。总之，当理性欲求逐渐替代传统欲求时，居民自身的结构特征也发生改变，本质上在于居民对家的社会实践和情感需求始终离不开对时间和空间的体验和实践（见图 5-7）。

## 二、动力：资本和权利的干扰和形塑

### （一）第一循环：资本、权力与利益的博弈

在西江苗寨“原始他者”文化资本的争夺中，村寨家屋或家园空间生产的“诉求”转化为内部社会团体的场域冲突，政府、景区旅游开发商，以及

[1] 安东尼 · 吉登斯 . 现代性的后果 . 田禾 , 译 [M]. 南京 : 译林出版社 ,2000.

[2] 钱俊希 , 杨槿 , 朱竑 . 现代性语境下地方性与身份认同的建构——以拉萨“藏漂”群体为例 [J]. 地理学报 ,2015,70(8):1281-1295.

社区精英为代表的“强权场域”形成，并从整体上导致嵌套于非平衡社会关系中的“边缘场域”的出现和村寨家空间的快速解构和生产。在资本和空间的相互作用关系中，资本表现为需要空间，空间也需要资本，皆因资本可以带来剩余价值。因此，外来资本不断介入家屋空间和家园空间生产过程中，资本的非平衡实践促成空间的资本化“权力场”，形成了“资本三重循环[1]”，不断塑造着家屋和家园空间（见图 5-7）。

在旅游业不断推进的过程中，家屋物质空间数量、家屋空间数量急剧增加，家屋空间分布由规则向不规则分布演变。家园空间形态不断扩张，重心随旅游旅游资本聚集的核心区的转移而转移，旅游与村寨空间面积扩张速度的正向线性变化趋势不断强化。家屋由“农业生产 → 半农业生产 → 商业空间”不断转变，家园空间从以“自给自足的农业生产功能”到以“旅游生产服务功能”的转变。同时，政府通过权利推动村寨向景区化发展，但这种空间权利性干扰势必带动村寨逐渐成为资本汇聚的盈利场、旅游消费空间的生产场，家屋和家园物质空间的生产成为村寨的结果（见图 5-7）。

### （二）第二循环：“家”空间的异质性生产

随着村寨政府、旅游社区获益者、当地居民，以及游客等多元主体遵循多重空间生产逻辑，通过集体协商、利益博弈和社会抗争抢占空间生产的主导权或先决权。村寨家园借由形态扩展、内部功能转向等空间外延形式追求更大剩余价值的同时，空间自身成为争夺对象，在“空间权利—资本化”的过程中推动家屋社会功能空间急剧置换，家屋空间异化，社会关系不断丰富化，关系程度呈弱化或强化；家园结构功能、社会生活、管理制度、精神文化，以及旅游空间呈现出差异化、斑块化的特征，村寨家空间的异化是第二循环的结果（见图 5-7）。

与此同时，情感空间景观的消弭与生产、记忆和怀旧成为建构家屋情感空间意义的重要途径和诉求；日常生活和生计体验的杂糅化，情感体验空间

[1] 大卫·哈维（David Harvey）在继承列斐伏尔空间生产理论的基础上提出“资本三级循环理论”，哈维将资本向一般生产资料和消费资料的生产性投入成为初级循环，即马克思对资本生产过程的分析；当资本在第一级循环中出现的危机，就会通过投向次级循环，即二级循环，表现为向城乡空间（建成环境）的投入，二级循环与本书最为密切。随着越来越多的过剩资本流向次级循环，过度积累这一基本矛盾在建成环境中重新出现。为解决次级循环中固定资本的贬值危机，资本又不得不开始寻找新的投资领域，故而第三级循环开启。

磨损和销蚀显著，家园空间所承载的情感意义不断发生流变。在形成的主体情感心理机制中，身份认同、旅游预期、社区获益等变量通过旅游影响感知直接或间接影响居民的家屋依恋和家园依恋。表现为身份认同是影响家园依恋的最重要变量，旅游预期次之；按照从影响程度强到弱，身份认同、家园依恋、旅游预期和社区获益则依次成为家屋依恋的关键影响变量，总体呈现不同的作用机制（见图 5-7）。

### （三）第三循环（尚未出现）：“家”空间的非均衡性稳定

随着旅游影响的不断深入，西江苗寨家空间的博弈与竞争会越发激烈，不对等的主体权利与资本在政府、企业等所占有的空间表征中也越发明显，表现为物质空间、社会空间、情感空间的非均衡、家的意义不断流变。但同时，村寨居民精神文化稳固性较强，文化认同在关照自身社会生活需求的同时，旅游影响更加自醒、自觉，居民参与社会旅游意识强烈，村寨家空间生产形成较为固定的规则；这既是“家”空间再生产的持续，也是“家”空间生产过程中多重意义的体现，因此，资本第三循环生产较难出现（见图 5-7）。

## 三、效应：反思性监测下家的精神内核与族群边界的维持

前述村寨家的时空分离，以及资本和权利的干扰和形塑下，凿通了村寨社会空间、情感空间、主体心理等赖以根植的在关节点，居民从具体情境中被抽离出来（吉登斯，2000），在“农耕为生”转向“旅游为生”过程中，村寨家的地缘、血缘和族缘等个人化信任纽带转变为世俗化、功利化及理性化的抽象信任纽带，以往可利用的知识解释那些琐碎的、不断循环的东西的“缺场”，居民需要依赖抽象的现代社会知识来指导家空间的实践，本质就是“家”空间融入了更多的以经济利益和抽象能力为导向的现代性信任系统，居民因未来的不确定性产生本体性焦虑（吉登斯，2000），急需敞开心扉，交换心声，以减轻“家”空间的内涵和意义流变带来的恐惧与不安。

尽管村寨居民的“家”空间实践因现代社会笼罩的价值、情感与行为准则的程式和框架表征出现代“自我”，但其始终没有融入互动和理性的链条（吉登斯，2000），因为居民在空间实践过程中就包含了“实践 → 检验和改

造 → 新认识”的反馈路径，不仅在环境变化对应的特定文化上承载的一整套价值标准相互联系，也使其思想和行动总是处在相互反映的“反思性监测(Reflexivity)”（吉登斯，2000）之中，因为没有自我的地方就没有地方的自我（Casy，2001），村寨家自身是一组共同历史、价值观和信仰以及共同特征的共同体，这成为当地族群血缘和地缘合一的稳固、地方基本价值观念的忠诚、精神内核、族群意识与文化边界维持的主要因素，实则是西江苗寨家空间依存、稳固的主要原因（见图 5-7）。

## 第七节　本章小结

通过对旅游发展背景下主体心理层面的“前因 → 中介 → 结果”机制模型检验及“家”空间生产的全局机制进行研究，主要结论如下。

### （一）“家”空间主体心理生产机制

各变量对家园依恋和家屋依恋的存在不同的影响关系：①身份认同。“身份认同 → 旅游利益感知”有显著正向影响关系（$\beta$=0.522，$p<0.001$），“身份认同 → 旅游成本感知”有显著影响关系（$\beta$=0.133，$p<0.01$），“身份认同 → 家园依恋”有显著正向影响关系（$\beta$=0.2444，$p<0.001$），“身份认同 → 家屋依恋”有显著正向影响关系（$\beta$=0.334,$p<0.001$）。②旅游预期。“旅游预期 → 旅游利益感知”有显著正向影响关系（$\beta$=0.274，$p<0.001$），“旅游预期 → 旅游成本感知”有显著负向影响关系（$\beta$=–0.285，$p<0.001$），“旅游预期 → 家园依恋”有显著正向影响关系（$\beta$=0.162，$p<0.01$），“旅游预期 → 家屋依恋”有显著负向影响关系（$\beta$=–0.093,$p<0.01$）。③社区获益。“社区获益 → 旅游利益感知”无影响关系（$\beta$=–0.058，$p$=0.133），“社区获益 → 旅游成本感知”无影响关系（$\beta$=–0.068，$p$=0.101），“社区获益 → 家园依恋”无影响关系（$\beta$=–0.014，$p$=0.776），“社区获益 → 家屋依恋”有负向影响关系（$\beta$=–0.079,$p<0.01$）。④旅游利益感知。“旅游利益感知 → 旅游成本感知”

有显著正向影响关系（$\beta$=0.743，$p < 0.001$），“旅游利益感知 → 家园依恋”有显著正向影响关系（$\beta$=0.333，$p < 0.001$），“旅游利益感知 → 家屋依恋”有显著正向影响关系（$\beta$=0.529，$p < 0.001$）。⑤旅游成本感知。“旅游成本感知 → 家园依恋”没有影响关系（$\beta$=0.102，$p$=0.234），“旅游成本感知 → 家屋依恋”没有正向或负向影响关系（$\beta$=−0.053，$p$=0.297）。⑥“家园依恋 → 家屋依恋”有显著正向影响关系（$\beta$=0.384，$p < 0.001$）。

简而言之，身份认同既直接显著正向影响家园依恋和家屋依恋，也通过旅游利益感知显著正向影响家园依恋和家屋依恋，存在“身份认同 → 旅游利益感知 → 家园依恋 → 家屋依恋”的全局影响关系；旅游预期直接显著正向影响家园依恋，但显著负向影响家屋依恋；同时旅游预期通过旅游利益感知显著正向影响家园依恋和家屋依恋，存在“身份认同 → 旅游利益感知 → 家园依恋 → 家屋依恋”的全局影响关系。社区获益直接负向影响家屋依恋，存在“社区获益 → 家屋依恋”的负向影响关系。

同时，三个前因变量中，社区获益对家园依恋没有影响直接影响关系，身份认同和旅游预期对家园依恋具有直接和间接正向影响关系，影响效果呈身份认同（0.418）> 旅游预期（0.254）。三个前因变量对家屋依恋也有直接和间接影响，对家屋依恋总影响的大小排序结果为身份认同 (0.771)> 旅游利益感知 (0.657)> 家园依恋 (0.384)> 旅游预期 (0.149)> 社区获益 (−0.079)。

### （二）“家”的全局生产机制

旅游发展背景下，“家”的时空分离和居民经济理性被激活是引起“家”空间生产的起因。在传统农耕时期，同质性强、时空关系联系密切的“家”空间因大众旅游“侵入”村寨，时间和空间的随之分离而变得不同。在旅游凝视的背景下，以及在家屋空间和家园空间的主客互动过程中，当地居民对文化自觉的觉醒，逐渐界定出“我者”与“他者”的社会文化位置，经济理性被激活，纷纷加入“家”空间的资本化实践过程中。

资本和权力的干扰和形塑是引起“家”空间生产的动力。①“家”空间第一循环：资本、权力与利益的博弈。“家”空间“强权场域”形成、“边缘场域”的出现、资本的非平衡实践，均促成空间的资本化“权力场”，“家”

空间快速解构和生产。②“家”空间第二循环：“家”空间异质性生产。“家”的物质空间的演化过程中推动了“家”空间社会空间、异化，情感空间的意义不断发生流变，身份认同、旅游预期、社区获益等变量通过旅游影响感知直接或间接影响居民的家屋依恋和家园依恋。③“家”空间第三循环（尚未出现）：“家”空间非均衡性稳定。尽管“家”的物质空间、社会空间、情感空间的非均衡稳定，但村寨居民精神文化稳固性较强，文化认同自信、自觉，村寨家空间生产形成较为固定的规则。

反思性监测下“家”的精神内核与族群边界的维持是家空间生产后的效应。随着“家”的社会空间、情感空间和主体心理等赖以根植的在关节点被凿通了，“家”空间融入了更多的以经济利益和抽象能力为导向的现代性信任系统，居民因未来的不确定性产生本体性焦虑，但居民在空间实践过程中的“反思性监测（Reflexivity）”，以及族群作为共同价值观共同体，使得“家”作为血缘和地缘合一的稳固性及精神内核强，族群意识与文化边界始终维持的主要因素。

# 第六章　研究结论、展望及管理建议

本书从旅游发展背景下民族村寨家空间生产议题出发，对其生产过程与机制进行了研究。基于国内外研究和理论现状、空间研究的“社会转向”和“情感转向”，以及中国语境下民族村寨家屋空间和家园空间相统一的基本事实，构建了物质空间、社会空间和情感空间三位一体家空间理论分析框架，采用空间句法、GIS空间分析法、质性分析法以及结构方程模型等多种分析方法，以贵州西江千户苗寨村落群为例，对家屋空间生产的共时性过程及家园空间生产的历时性过程进行了分析，围绕生产空间的生产过程和主体心理生产机制，对旅游发展背景下“家”空间生产的全局机制进行了综合分析，最后针对研究结论提出了相关管理建议及对策，研究基本达到预期目标。

## 第一节　研究结论

（1）随着旅游影响的逐步推进，家屋空间生产过程中形成了“传统型家屋→过渡型家屋→融合型/商业型家屋”等不同类型家屋空间，反映了家屋空间功能由“农业生产→半农业生产→商业空间”的生产逻辑，家屋空间和内涵和意义发生流变。

具体来看：①不同发展阶段的家屋物质空间数量急剧增加，房屋内外通道逐渐取代堂屋成为家屋最连接、最整合的空间，最整合、最连接的空间分布由规则向不规则分布演变。②家屋社会功能空间急剧置换，形成“农业生产→半农业生产→商业空间”的转变过程，空间的异化效应显著，同时因主客关系的融入或主导，家屋社会关系类型丰富化，关系程度弱化或强化。③景观、记忆和体验是家屋情感空间的主要构成类目，在旅游发展背景下，家屋情感景观的消弭与生产、记忆和怀旧成为建构家屋情感意义的重要途径和诉求；日常生活和生计体验的杂糅化，情感体验空间磨损和销蚀，家屋所承载的情感意义不断发生流变。

（2）旅游发展背景下，近 30 年来西江苗寨家园空间生产经历了缓慢期（1990—2000 年）、快速期（2000—2010 年），以及极速期（2010—2015 年）三个生产关键阶段，家园空间的生产过程、方式虽有差异，其空间演化、生产均围绕“传统 → 现代”置换的主线来进行，而旅游之于家园的物质空间、社会空间以及情感空间的影响存在差异。

西江苗寨家园物质空间形态扩展和面积增长与旅游发展规模呈显著正向线性相关性，随着旅游发展速率的提升，旅游发展对于村寨家园物质空间生产的乘数效应越发明显，并呈现扩大趋势。物质空间形成了“核心—边缘”平面扩展模式，带状扩张的空间态势，扩展方向及重心呈“西北—西南—东南”向，空间变化规模与速率在观景台区域增加明显。空间形态和面积经历了五个关键扩展阶段，研究末期的面积较基期扩大了 5 倍。

家园社会空间结构与功能转换同样与旅游发展存在较为明显的线性关系，呈现明显的“旅游功能性”垂直分异特征。家园空间社会功能实现了由“农业生产主导”到“旅游服务主导”的转变。村寨内部空间功能异化明显；家园管理制度逐渐弱化、传统社会规约逐渐简化、淡化；居民文化自觉性较高，旅游发展态度较为积极，传统习俗保留与异化现象并存；山地型自然物质空间要素成为旅游空间生产的扰动因素，家园内部空间逐渐呈现斑块化特征。

家园情感空间生产与旅游同样呈现一定的线性相关规律。旅游发展与空间生产共同建构了村寨新的情感空间意义结构；家园情感空间经济利益要素等功能意义变化明显，呈景观化、载体化、“聚类→破碎”、多样化、矛盾性的特征。主体情感因旅游显现“矛盾”特性，宗教信仰、精神、价值观念等较为稳固，整体呈现“全球—地方”杂糅的情感空间特征。

（3）在主体心理层面的“前因→中介→结果”作用机制中，各变量对家园依恋和家屋依恋存在不同的影响关系。

具体来看：①身份认同分别对旅游利益感知有显著正向影响关系，对旅游成本感知有显著影响关系，对家园依恋有显著正向影响关系，对家屋依恋有显著正向影响关系，存在“身份认同 → 旅游利益感知 → 家园依恋 → 家屋依恋”的全局影响关系；②旅游预期分别对旅游利益感知有显著正向影响关系，对旅游成本感知有显著负向影响关系，对家园依恋有显著正向影响关系，对家屋依恋有显著负向影响关系，存在“旅游预期 → 旅游利益感知 → 家园依恋 → 家屋依恋”的全局影响关系；③社区获益分别对家屋依恋有负向影响关系，对旅游利益感知、旅游成本感知和家园依恋均无影响关系，无全局影响关系；④旅游利益感知分别对旅游成本感知有显著正向影响关系，对家园依恋有显著正向影响关系，对家屋依恋有显著正向影响关系；⑤旅游成本感知分别对家园依恋和家屋依恋均没有影响关系；⑥家园依恋对家屋依恋有显著正向影响关系。

此外，三个前因变量中，社区获益对家园依恋没有直接影响关系，身份认同和旅游预期对家园依恋具有直接和间接正向影响关系，影响效果呈身份认同（0.418）> 旅游预期（0.254）。三个前因变量对家屋依恋也有直接和间接影响，对家屋依恋总影响的大小排序结果为身份认同（0.771）> 旅游利益感知（0.657）> 家园依恋（0.384）> 旅游预期（0.149）> 社区获益（-0.079）。

（4）在家空间生产的全局机制中，旅游发展背景下，“家”的时空分离和居民经济理性被激活是引起“家”空间生产的起因。资本和权利的干扰和形塑是引起“家”空间生产的动力，反思性监测下“家”的精神内核与族群边界的维持是“家”空间生产后的效应。

随着大众旅游“侵入”村寨，“家”空间的时空分离，以及主客互动过程中经济理性被激活，形成了资本、权力与利益的博弈的“家”空间生产第一循环，空间异质性生产的“家”空间生产第二循环，以及“家”空间非均衡性稳定过程中、尚未出现的“家”空间第三循环。但由于居民在空间实践过程中的“反思性监测 (Reflexivity)”，以及族群作为共同价值观共同体，使得“家”作为血缘和地缘合一的稳固性及精神内核强，族群意识与文化边界始终维持。

## 第二节　研究展望

鉴于笔者本人研究能力不足和文章篇幅的有限，在接下来的研究中，有必要深入关注家屋和家园的共同演化和生产过程及机制，明晰家空间各尺度间的相互作用关系，揭示其机制。除了家屋空间的影响因素、过程之外，研究可以更加关注旅游发展背景下“家”空间生产的所引起的效应，即展开除了过程及机制以外的影响效应研究，同时也可呈现旅游发展背景中家屋和家园的生产是如何分别响应外来力量的。此外，本书在家屋研究中采用的是共时性生产方式，接下来研究中，可以针对典型案例进行旅游发展前后的空间生产历时性的全过程微观“解剖”式研究。

## 第三节　管理建议

### 一、建立居民多层次社区获益机制，增强居民获得感

本书研究发现，旅游经济感知均是现阶段影响家屋、家园依恋的主要因子，这与以往针对古村落、历史街区等研究结论较为一致。简而言之，经济层面的获益仍是现阶段影响村寨居民人地情感强弱的主要因素，结合本书案例地实际情况发现，现阶段关乎村寨居民利益获得关键在于居民创业能力的提升及利益分配机制的完善。

#### （一）创业能力的提升是居民社区获益的根本路径

尽管通过近 10 年的旅游发展，村寨居民的创业意识和能力得到了较好的提升，但是与强大的外来资本相比，多数居民创业效果并不理想，易出现因经营不善而出现返贫的现象，这与居民创业经验与意识、社区网络及政府政策等多方面因素的影响有关，但根本原因在于居民自身创业能力较弱，而创业能力的提升是村寨居民社区获益的根本路径。

具体来看，首先，当地政府有必要对居民的创业能力进行不定期的培训，培养前可对村寨居民进行相关的培训需求和意向的调查，详细了解居民在创业过程中遇见的问题，找到居民当下急需解决和未来发展所需创业能力提升的关键议题。其次，根据市场需求和外部环境的变化，联合与之相关大学和研究机构的专家学者、行业经营人才、创业典型代表等，共同制定有针对性的定期培养计划和内容的相关项目，培训中采取当地创业者能够接受的方式和方法，增强创业能力培训的实效性和针对性。最后，对培训后的居民实行跟踪，对有创业价值的项目可配套相关支持措施，实现村寨居民创业能力和经营能力提升的良性循环。

### （二）村寨利益分配制度是居民社区获益的保障

作为村寨整体居民公共利益的初次分配，西江苗寨现有门票分配制度[1]是以居民房屋作为文物保护对象为基础的[2]，也是村寨分享村寨旅游发展红利的社区获益的主要途径之一，不仅关注度高，而且对村寨发展和稳定起到了较为重要的作用。但现有门票分配制度仍存在一刀切和动态调整缺乏等弊端，现有门票分配制度仍存在过于固定，更多的是按照初期设定的18%标准进行划分，但随着近年来西江旅游业的快速增长，有必要建立基于社区居民参与、定期协商、动态调整的门票利益分配机制，促进公共利益分配机制不断完善。

## 二、基于“家”的地方性营造，提升生存环境质量，强化居民情感依恋

民族村寨作为人与自然共造的空间，村寨的地方性伴随着主体的地理认同得以显现，地方性也成为联结留守村寨居民情感和认同、在外怀乡人士存放“乡愁”的重要载体，是村寨发展的重要根基和突出优势。在世代的社会和空间实践过程中，地方民族文化要素承载了独特的意义，居民与民族文化形成了稳定和持续的情感联结，民族文化成为民族村寨居民家园、家屋依恋的主要载体。

[1]　西江苗寨每年会从景区门票总收入中按18%的比例提取来对村民家屋作为文物保护进行补贴，此部分资金包括建筑保护奖励资金（60%）和家庭人口行为规范奖励资金（40%）两个部分。

[2]　郭小涛．贵州西江千户苗寨旅游利益协调机制研究[D].西南民族大学，2015.

前述研究显示，居民对家的情感空间主要涉及情感景观、记忆和体验地方性元素组成，在强化居民家园感、家屋感的过程中，有必要结合村寨居民主体，村寨历史发展脉络及其所承载的空间环境所构成“主体—时间—空间”三元一体的村寨地方性营造。因此，在居民社区获益基础上，可通过在居民的聚居区域通过传统苗族符号，以及景观的营造、号召社区居民参与苗族节日活动及苗族文化的宣传等，唤醒居民的居民记忆和怀旧，形成对家园或家屋的情感想象。在村寨发展过程中，尊重村寨发展的历史脉络和空间机理，在结合当下村寨主体对地方认知的基础上，按照村寨地方性提炼与重塑，文化体系生产与生产的思路，建立文旅融合共生下的地方文化生产模式，推动地方氛围的营造，最终形成对居民主体的情感认同的强化。

## 三、合理调控村寨旅游商业化，实现旅游空间与居家空间的合理契合

在田野调查过程中，外来游客反映村寨原真性缺失、旅游业态同质化、低端化较为显著，而本地居民则反映村寨拥挤、物价过高等问题显著。本书认为，出现这些问题的根源在于村寨已有轻度商业化苗头，因此，以合理商业化为目标，对村寨旅游商业密度、氛围、类型和层次展开调控，实现旅游空间与居家的合理契合。首先，要避免村寨商业街区密度过大、商业氛围过于浓郁，以避免人群拥挤、噪声弥漫、物价虚高等问题，保证村寨作为居家的、具有生活气息的地方。其次，避免商业业态的同质化、地方化现象，通过商业业态的评估、监督等途径，实现多元化的商业类型，尤其是注重主客互动型的深度体验和地方化业态的项目的开发,而不仅仅是流于“舞台化”的展演，实现建立以旅游与地方民族文化融合共生机制，最终实现适度的旅游商业化。

## 四、家空间秩序的治理与整合

西江苗寨属于山地型民族村寨，在旅游发展背景下，村寨群落受旅游发展效应差异影响，资本空间及利益空间明显呈现轴线、环状、极化的山地型分布特性，村寨居民获益内部差异性较为显著，形成了获益较为显著的平寨

村和南贵村（位于商业街及观景区域附近）和获益较少的羊排村和东引村（位于被观景区域[1]）。而被观景区域是被消费、被政策控制最严的区域，同时也是较为贫困区域，因此，按照空间秩序的治理与整合，在门票分配过程中可考虑提升该区域居民分红的比例。除此之外，更要注意内部村寨间，山上和山下之间收入差距调节的利益分配完善，政府可加大被观景区域的投入，由于此区域（即后台区域）的传统文化保护较为完善，在适度商业化原则的支持下，可考虑布局民族文化展示和深度体验的活动点在此区域，完善通往被观景区域的交通连接，此外，景区歌舞表演、服务人员的选取比重也应向区域的居民倾斜，最终实现内部利益分配机制的再完善。

## 五、尊重传统家园“信任领袖”，完善现有管理制度

在近600年的历史中，西江苗寨形成了以寨老为代表的村寨内部自我管理体制，寨老既是村寨传统规约和意识等领域的自然领袖，是村寨居民的利益代言人、传话筒和“信任领袖”，也是村寨家屋和家园的精神领袖。然而，当2009年西江苗寨确立了以政府为主导，多个管理主体并存的强行政化社会治理系统后（即由景区公司、村两委和民间组织共同构成的村寨管理体制），村寨原有自然管理体制不断被弱化、被边缘，村民发生渠道明显受阻[2]，村寨居民通过寨老发声的纽带消逝，参与或者获益不足成为必然。因此在旅游开发过程中，时有征地、拆迁和利益分配等矛盾激化问题和群体性事件。因此，基于良好的社会治理和家园感的营造，在今后的发展过程中，应结合传统管理体制与现代管理体制，在保障村寨居民发声渠道通畅、有力的基础上，提升社区居民在决策层中的话语权重和考虑传统管理者的意见，相关旅游主导部门在景区相关岗位的聘用中优先考虑当地居民，增加社区居民在管理机构中的比例，提高决策的科学性和可行性，实现管理体制的再优化。

[1]　被观景区就是大众游客前往西江苗寨常拍摄照片的风貌区域。

[2]　司亦含．交换权利视域下的西南民族地区群体性事件分析 [D]. 重庆大学，2014.

# 参考文献

## 一、中文文献

[1] 王宁 . 传统村落的地理嵌入性、地理脱嵌性及其社会保护机制 [J]. 旅游学刊 ,2017,32(1):1–2.

[2] 孙九霞 . 传统村落：理论内涵与发展路径 [J]. 旅游学刊 ,2017,32(1):1–3.

[3] 马翀炜 , 覃丽赢 . 回归村落：保护与利用传统村落的出路 [J]. 旅游学刊 ,2017,32(1):9–11.

[4] 田敏 , 邓小艳 . 近十年国内民族社区旅游开发与民族文化保护和传承研究述评 [J]. 中南民族大学学报 ( 人文社会科学版 ),2012,32(6):36–40.

[5] 罗永常 . 民族社区旅游发展问题与对策研究 [J]. 贵州民族研究 ,2003,23(2):102–107.

[6] 何景明 . 国外乡村旅游研究述评 [J]. 旅游学刊 ,2003,18(1):76–80.

[7] 杨军辉 , 李同昇 , 徐冬平 . 民族旅游村寨居民文化补偿认知的空间分异及机理——以贵州西江千户苗寨为例 [J]. 地理科学展 ,2015,34(9):1167–1178.

[8] 俞金尧 . 欧洲历史上家庭概念的演变及其特征 [J]. 世界历史 ,2004(4):4–22.

[9] 燕连福 . 试论中国古代“家”的内涵、功能与意义 [J]. 贵州社会科学 ,2017,327(3):21–27.

[10] 白凯 , 符国群 .“家”的观念：概念、视角与分析维度 [J]. 思想战线 ,2013,39(1):46–51.

[11] 姚华松 , 许学强 , 薛德升 . 人文地理学研究中对空间的再认识 [J]. 人文地理学，2010,25(2):8–12.

[12] 苗长虹 . 变革中的西方经济地理学：制度、文化、关系与尺度转向 [J]. 人文地理 ,2004,19(4):68–76.

[13] 李蕾蕾 . 海滨旅游空间的符号学与文化研究 [J]. 城市规划学刊 ,2004,150(2):58–61.

[14] 李红波 , 张小林 , 吴启焰 , 等 . 发达地区乡村聚落空间重构的特征与机理

研究——以苏南为例 [J]. 自然资源学报 , 2015,30(4):591-603.
[15] 龙花楼 , 屠爽爽 . 论乡村重构 [J]. 地理学报 , 2017, 72(4):563-576.
[16] 郑向敏 . 论西部少数民族地区旅游的开发与发展 [J]. 贵州社会科学 ,2008,227(11):53-57.
[17] 李伯华 , 罗琴 , 刘沛林 , 等 . 基于 Citespace 的中国传统村落研究知识图谱分析 [J]. 经济地理 ,2017,37(9):207-214,232.
[18] 邓爱民 , 张馨方 . 西方旅游本真性研究的知识图谱——基于 CiteSpace Ⅲ的计量分析 [J]. 旅游学刊 ,2018,33(1):95-104.
[19] 关晶 , 张朝枝 . 遗产旅游研究知识图谱——基于 CiteSpace 的分析 [J]. 旅游坛 ,2017,10(5):56-68.
[20] 田敏 . 民族社区社会文化变迁的旅游效应再认识 [J]. 中南民族大学学报 ( 人文社会科学版 ),2003,23(5):40-44
[21] 金颖若 . 试论贵州民族文化村寨旅游 [J]. 贵州民族研究 ,2002,22(1):61-65.
[22] 保继刚 , 孙九霞 . 社区参与旅游发展的中西差异 [J]. 地理学报 ,2006,61(4):401-413
[23] 孙九霞 , 保继刚 . 从缺失到凸显 : 社区参与旅游发展研究脉络 [J]. 旅游学刊 ,2006,21(7):63-68.
[24] 何明 . 当下民族文化保护与开发的复调逻辑——基于少数民族社区旅游与艺术展演实践的分析 [J]. 云南师范大学学报 ( 哲学社会科学版 ),2008,40(1):58-64.
[25] 彭建 . 旅游发展与农村社区权益受损刍议 [J]. 贵州社会科学 , 2009,239(11):68-72.
[26] 王汝辉 . 巴泽尔产权模型在少数民族村寨资源开发中的应用研究——以四川理县桃坪羌寨为例 [J]. 旅游学刊 ,2009,24(5):31-35.
[27] 卢天玲 . 社区居民对九寨沟民族歌舞表演的真实性认知 [J]. 旅游学刊 ,2007,22(10):89-94.
[28] 韦复生 . 旅游社区居民与利益相关者博弈关系分析——以大型桂林山水实景学出“印象刘三姐”为例 [J]. 广西民族研究 ,2007,89(3):197-205.
[29] 卢丽娟 , 曹务坤 , 辛纪元 . 民族村寨社区参与旅游扶贫开发的财产制度瓶颈与破解 [J]. 贵州民族研究 ,2014,35(5):116-119.

[30] 李燕琴 . 旅游扶贫村寨社区压力应对的 ABCD-X 模式——以中俄边境村落室韦为例 [J]. 旅游学刊 ,2015,30(11):40-50.
[31] 杨阿莉 , 把多勋 . 民族地区社区参与式旅游扶贫机制的构建——以甘肃省甘南藏族自治州为例 [J]. 内蒙古社会科学 ( 汉文版 ), 2012,33(5):131-136.
[32] 刘晖 . 民族旅游开发与非物质文化遗产的保护和传承——以青海互助土族自治县小庄村为例 [J]. 中南民族大学学报 ( 人文社会科学版 ),2013,33(4):50-53.
[33] 孙九霞 . 旅游发展中族群文化的“再地方化”与“去地方化”——以丽江纳西族义尚社区为例 [J]. 旅游学刊 ,2012,34(4):60-67.
[34] 徐新建 . 开发中国 :“民族旅游”与“旅游民族”的形成与影响——以“穿青人”、“银水寨”和“藏羌村”为案例的评述 [J]. 西南民族学院学报 ( 社会科学版 ),2000,20(7):1-9.
[35] 罗永常 . 民族社区旅游发展问题与对策研究 [J]. 贵州民族研究 ,2003,23(2):102-107.
[36] 单纬东 . 少数民族文化旅游资源保护与产权合理安排 [J]. 人文地理 ,2004,19(4):26-29.
[37] 李欣华 , 杨兆萍 , 刘旭玲 . 历史文化名村的旅游保护与开发模式研究——以吐鲁番吐峪沟麻扎村为例 [J]. 干旱区地理 ,2006,29(2):301-306.
[38] 刘纬华 . 关于社区参与旅游发展的若干理论思考 [J]. 旅游学刊 ,2000,15(1):47-52.
[39] 黄芳 . 传统民居旅游开发中居民参与问题思考 [J]. 旅游学刊 ,2002,17(5):54-57.
[40] 李东和 . 区域旅游业发展中目的地居民参与问题研究 [J]. 人文地理 ,2004,19(3):84-88.
[41] 左冰 , 保继刚 . 从“社区参与”走向“社区增权”——西方“旅游增权”理论研究述评 [J]. 旅游学刊 ,2008,23(4):58-63.
[42] 左冰 . 旅游增权理论本土化研究——云南迪庆案例 [J]. 旅游科学 ,2009,23(2):1-5.
[43] 廖婧琳 , 孙九霞 . 旅游发展与少数民族家庭变迁 : 从单一性到复杂性 [J]. 贵州社会科学 ,2015,305(5):114-119.

[44] 陶长江，付开菊，王颖梅．乡村旅游对农村家庭关系的影响研究——成都龙泉驿区石经村的个案调查 [J]. 干旱区资源与环境 ,2014,28(10):203–208.

[45] 王伯承，吴晓萍．民族旅游与目的地婚姻家庭习俗变迁调查研究——以贵州省郎德上寨为个案 [J]. 原生态民族文化学刊 ,2011,3(3):147–155.

[46] 张利．四川泸沽湖摩梭旅游经济发展与婚姻家庭的承继与变迁 [J]. 贵州民族研究 ,2008,28(2):148–155.

[47] 郑秀娟，陈刚．民族文化旅游发展中家庭参与度解析——以云南泸沽湖地区为例 [J]. 黑龙江民族丛刊 ,2014,130(3) :53–57.

[48] 唐雪琼，朱竑，薛熙明．旅游发展对摩梭女性的家庭权力影响研究——基于泸沽湖地区落水下村和开基村的对比分析 [J]. 旅游学刊 ,2009,24(7):78–83.

[49] 孙九霞，廖婧琳．旅游参与对少数民族两性家庭分工的影响——以西江千户苗寨为例 [J].2016,42(1):105–110.

[50] 魏雷，唐雪琼，朱竑．旅游发展影响下的摩梭家屋形态——基于男性角色的考察 [J]. 云南师范大学学报 ( 哲学社会科学版 ),2012,44(3):57–62.

[51] 陶长江，郭凌，林瑶．旅游发展下客家妇女的地位变迁研究——成都龙泉洛带古镇的个案调查 [J]. 旅游学刊 ,2016,31(10):94–104.

[52] 阚如良，史亚萍 ,Hsiang–te K, 等．民族文化遗产旅游地妇女社会角色变迁研究——以三峡步步升文化村为例 [J].2014,29(4):19–27.

[53] 陈佳，张丽琼，杨新军，等．乡村旅游开发对农户生计和社区旅游效应的影响——旅游开发模式视角的案例实证 [J]. 地理研究 ,2017,36(9):1709–1724.

[54] 李星群．民族地区乡村微型旅游企业对家庭的影响研究 [J]. 广西民族研究 ,2011,104(2):190–195.

[55] 文彤．家文化视角下本土旅游小企业的代际传承 [J].2017,32(8):93–103.

[56] 文彤，苏晓波．关系与制度：地方嵌入中的旅游小企业 [J]. 旅游学刊 ,2017(10):39–46.

[57] 张机，徐红罡．民族旅游地区家空间的主客角色冲突研究——以丽江白沙村为例 [J]. 地理科学 ,2016,36(7):1057–1065.

[58] 郑诗琳，朱竑，唐雪琼．旅游商业化背景下家的空间重构——以西双版纳傣族园傣家乐为例 [J]. 热带地理 ,2016,36(2):225–236.

[59] 陆依依 , 保继刚 . 城市边缘区域“家”到“商业的家”的空间演变——以西双版纳景洪市为例 [J]. 人文地理 , 2018,33(3):145-151.
[60] 欧阳文婷 , 吴必虎 . 旅游发展对乡村社会空间生产的影响——基于开发商主导模式与村集体主导模式的对比研究 [J]. 社会科学家 ,2017,240(4):96-102.
[61] 杨兴柱 , 孙井东 , 陆林 , 等 . 千岛湖旅游地聚居空间特征及其社会效应 [J]. 地理学报，2018,73(2):276-294.
[62] 孙九霞 , 苏静 . 多重逻辑下民族旅游村寨的空间生产——以岜沙社区为例 [J]. 广西民族大学学报 ( 哲学社会科学版 ),2013,35(6):96-102.
[63] 孙九霞 , 苏静 . 旅游影响下传统社区空间变迁的理论探讨——基于空间生产理论的反思 [J]. 旅游学刊 , 2014, 29(5):78-86.
[64] 龚伟 , 赵中华 . 乡村旅游社区景观空间演化研究 [J]. 世界地理研究 , 2014,23(3):140-148.
[65] 翟向坤 , 郭凌 , 张晓 , 等 . 旅游空间生产语境下的乡村文化景观失忆与重构研究——以成都市红砂村乡村旅游发展为例 [J]. 湖北民族学院学报 ( 哲学社会科学版 ), 2017, 35(2):101-105.
[66] 黄燕 , 赵振斌 , 张铖 , 等 . 旅游社区价值空间构成与人群差异 [J]. 旅游学刊 , 2016,31(9):80-90.
[67] 宗晓莲 . 旅游地空间商品化的形式与影响研究——以云南省丽江古城为例 [J]. 旅游学刊 , 2005, 20(4):30-36.
[68] 徐小波 , 吴必虎 , 刘滨谊 , 等 . 基于从业者的旅游历史街区商业空间发展特征及机理——扬州“双东”案例 [J]. 地理学报 ,2016,71(12): 2212-2232.
[69] 杨洋 , 蔡溢 , 何立翔 , 等 . 旅游开发影响程度判定下民族村寨社会文化差异性研究 : 以贵州肇兴侗寨为例 [J]. 西北师范大学学报 ( 自然科学版 ), 2015,51(3):105-111.
[70] 杨军辉 , 李同昇 , 徐冬平 . 民族旅游村寨居民文化补偿认知的空间分异及机理——以贵州西江千户苗寨为例 [J]. 地理科学进展 , 2015, 34(9):1167-1178.
[71] 褚玉杰 , 赵振斌 , 张铖 , 等 . 旅游社区多群体态度差异和冲突倾向的空间特征——以西安汤峪镇为例 [J]. 地理学报 , 2016, 71(6):1045-1058.
[72] 郭文 , 黄震方 , 王丽 . 文化旅游地空间生产背景下居民社会空间感知模型

与实证研究——基于对周庄古镇的调查 [J]. 地理研究 ,2015,34(4): 762-774.
[73] 席建超 , 王首琨 , 张瑞英 . 旅游乡村聚落“生产—生活—生态”空间重构与优化——河北野三坡旅游区苟各庄村的案例实证 [J]. 自然资源学报 , 2016,31(3):425-435.
[74] 桂榕 , 吕宛青 . 旅游—生活空间与民族文化的旅游化保护——以西双版纳傣族园为例 [J]. 广西民族研究 , 2012,109(3):188-195.
[75] 桂榕 , 吕宛青 . 民族文化旅游空间生产刍论 [J]. 人文地理 , 2013,28(3):154-160.
[76] 郭凌 , 阳宁东 , 王志章 . 民族旅游开发与民族文化的空间生产研究——基于对四川省凉山彝族自治州盐源县泸沽湖的个案研究 [J]. 西南民族大学学报 ( 人文社科版 ), 2014,35(2):150-155.
[77] 梁坤 . 社区参与旅游中的民族文化保护“二维空间”——以傣族园和巴厘岛为例 [J]. 旅游研究 , 2013, 5(3):33-38.
[78] 张毓峰 . 建筑学的科学 : 空间及其形式语言 [J]. 建筑师 , 2003,105(5) :71-73.
[79] 吕力 . 组织冲突论视角下的管理控制 [J]. 商业经济 , 2011,5(9):19-21.
[80] 刘润忠 . 试析结构功能主义及其社会理论 [J]. 天津社会科学 ,2005,5(5):52-56.
[81] 雷洁琼 . 家庭社会学二十年 [J]. 社会学研究 ,2000,(6):1-4.
[82] 渠改萍 . 符号互动理论述评 [J]. 太原大学学报 ,2010,11(3):96-98.
[83] 彭丽娟 , 徐红罡 , 刘畅 . 基于社会交换理论的西递古村落私人空间转化机制研究 [J]. 人文地理 ,2011,26(5):29-33.
[84] 冯必扬 . 人情社会与契约社会——基于社会交换理论的视角 [J]. 社会科学 ,2011,373(9):67-75.
[85] 郭志刚 , 司曙光 . 基于社会交换理论的劳动关系微观结构模型 [J]. 经济社会体制比较 ,2010,147(1):169-174.
[86] 李青霞 . 家庭系统理论视角下失独家庭困境及社会工作介入策略 [J]. 理论观察 ,2016,(9):82-83.
[87] 吴雨薇 . 论原生家庭对个体发展的影响——从家庭系统理论出发 [J]. 泉州师范学院学报 ,2017,35(3):88-92.

[88] 张永健 . 家庭与社会变迁 : 当代西方家庭史研究的新动向 [J]. 社会学研究 ,1999(2):97-96.
[89] 吴瑾嫣 . 女性游民研究：家的另类意涵 [J]. 应用心理研究 ( 台湾 ),2000(8):83-120.
[90] 陶伟 , 程明洋 . 地方性空间与旅游发展中的地方性研究 : 从空间与空间句法谈起 [J]. 旅游学刊 ,2013,28(4):15-17.
[91] 石崧 , 宁越敏 . 人文地理学“空间”内涵的演进 [J]. 地理科学 , 2005, 25(3):340-345.
[92] 庄友刚 . 何谓空间生产？——关于空间生产问题的历史唯物主义分析 [J]. 南京社会科学 ,2012, 23(5):36-42.
[93] 赵文 . 空间的生产 [J]. 国外理论动态 ,2006, 1616(1): 57-58.
[94] 姚华松 , 许学强 , 薛德升 . 人文地理学研究中对空间的再认识 [J]. 人文地理 ,2010,23(2):8-12.
[95] 苗长虹 . 变革中的西方经济地理学 : 制度、文化、关系与尺度转向 [J]. 人文地理 , 2004,19(4):68-76.
[96] 朱竑 , 高权 . 西方地理学“情感转向”与情感地理学研究述评 [J]. 地理研究 ,2015,34(7):1394-1406.
[97] 袁阳 . 中国传统文化的非整合性及其对现代化的社会负功能分析 [J]. 社会学研究 ,1991(3):74-75.
[98] 封丹 , 李鹏 , 朱竑 . 国外“家”的地理学研究进展及启示 [J]. 地理科学进展 ,2015,34(7):809-817.
[99] 杨滔 . 说文解字 : 空间句法 [J]. 北京规划设 ,2008(1):75-81.
[100] 丁传标 , 古恒宇 , 陶伟 . 空间句法在中国人文地理学研究中的应用进展评述 [J]. 热带地理 ,2015,35(4):515-521.
[101] 张晓瑞 , 程志刚 , 白艳 . 空间句法研究进展与展望 [J]. 地理与地理信息科学 ,2014,30(3):82-87.
[102] 张琪 , 谢双玉 , 王晓芳 , 等 . 基于空间句法的武汉市旅游景点可达性评价 [J]. 经济地理 ,2015,35(8):200-208.
[103] 李登飞 , 严贤春 , 余燕 , 等 . 基于空间句法的阆中古城游览空间可达性分析 [J]. 西华师范大学学报 ( 自然科学版 ),2016,37(4):456-460.

[104] 周佳颖，张景秋．基于空间句法的历史街区空间形态研究——以北京前门地区为例 [J]. 北京联合大学学报 ,2018,32(1):22-27.

[105] 王浩锋，饶小军，封晨．空间隔离与社会异化——丽江古城变迁的深层结构研究 [J]. 城市规划 , 2014 ,38 (10) :84-90.

[106] 陶伟，丁传标，古恒宇．空间句法理论在城市游憩系统空间规划中的运用 [J]. 规划师 ,2015 (8) :26-31

[107] 鲁政．认知地图的空间句法研究 [J]. 地理学报 ,2013,68(10):1401-1410.

[108] 吴荣华，张宏磊，张捷，等．城市历史文化旅游地的小尺度空间结构及关联——以南京夫子庙景区为例 [J]. 地理研究 ,2014,33(12):2427-2436.

[109] 刘盛和，吴传钧，沈洪泉．基于 GIS 的北京城市土地利用扩展模式 [J]. 地理学报 ,2000,55(4) ：407-416.

[110] 刘纪远，王新生，庄大方，等．凸壳原理用于城市用地空间扩展类型识别 [J]. 地理学报 ,2003,58(6):885-892.

[111] 赵振斌，褚玉杰，郝亭，等．汉长安城遗址乡村社区意义空间构成 [J]. 地理学报 ,2015,70(10):1606-1621.

[112] 罗光杰，李阳兵，王世杰．岩溶山区聚落分布格局与演变分析：以普定县后寨河地区为例 [J]. 长江流域资源与环境 ,2010,19(7):802-807.

[113] 朱竑，刘博．地方感、地方依恋与地方认同等概念的辨析及研究启示 [J]. 华南师范大学学报（自然科学版）,2011(1):1-8.

[114] 管健．社会表征理论的起源与发展——对莫斯科维奇《社会表征：社会心理学探索》的解读 [J]. 社会学研究 ,2009(4):228-242.

[115] 臧伟玲．莫斯科维奇的社会表征理论——试论社会表征对集体表征的超越 [J]. 才智 ,2009(18):199-200.

[116] 张敏，聂长久．“思考社会”的心理学理论——论莫斯科维奇的社会表征理论 [J]. 学术论坛 ,2007,195(4) :180-183.

[117] 彭建，王剑．旅游研究中的三种社会心理学视角之比较 [J]. 旅游科学 ,2012,26(2):1-9.

[118] 孙九霞，刘国果．广州居民对亚运会影响的社会表征研究 [J]. 旅游论坛 ,2012,5(3):75-79.

[119] 张淑华 , 李海莹 , 刘芳 . 身份认同研究综述 [J]. 心理研究 , 2012,5(1):21-27.
[120] 刘鲁 , 张静儒 , 吴必虎 , 等 . 身份认同视角下中国背包客的目的地选择偏好研究 [J]. 旅游学刊 ,2018,33(4):80-89.
[121] 周晓虹 . 认同理论 : 社会学与心理学的分析路径 [J]. 社会科学 ,2008(4):46-54.
[122] 毛江华 , 廖建桥 , 刘文兴 , 等 . 辱虐管理从何而来？来自期望理论的解释 [J]. 南开管理评论 ,2014,17(5):4-12.
[123] 颜亚玉 , 张荔榕 . 不同经营模式下的“社区参与”机制比较研究——以古村落旅游为例 [J]. 人文地理 , 2008,23(4):89-94.
[124] 左冰 . 共容利益 : 社区参与旅游发展之利益协调 [J]. 旅游科学 ,2013,27(1):1-14.
[125] 王纯阳 , 屈海林 . 村落遗产地社区居民旅游发展态度的影响因素 [J]. 地理学报 , 2014,69(2):278-288.
[126] 翁时秀 , 彭华 . 权力关系对社区参与旅游发展的影响——以浙江省楠溪江芙蓉村为例 [J]. 旅游学刊 , 2010, 25(9):51-57.
[127] 左冰 , 保继刚 . 从“社区参与”走向“社区增权”——西方“旅游增权”理论研究述评 [J]. 旅游学刊 ,2008,23(4):58-63.
[128] 郭凌 , 王志章 . 制度嵌入性与民族旅游社区参与——基于对泸沽湖民族旅游社区的案例研究 [J]. 旅游科学 ,2014,28(2):12-22,48.
[129] 郭凌 , 王志章 . 论民族地区旅游社区参与主体的培育——以泸沽湖里格岛为例 [J]. 广西师范大学学报 ( 哲学社会科学版 ), 2009, 45(3):110-115.
[130] 白凯 . 城市民族旅游社区的外部认同研究——以西安回坊伊斯兰传统社区为例 [J]. 中国人口・资源与环境 ,2009,19(3):169-174.
[131] 陈奕滨 . 旅游发展与少数民族职业女性的身份认同——以云南昆明、丽江高尔夫女球童为例 [J]. 广西民族大学学报 ( 哲学社会科学版 ),2012,34(12):127-130.
[132] 尹立杰 , 张捷 , 韩国圣 , 等 . 基于地方感视角的乡村居民旅游影响感知研究——以安徽省天堂寨为例 [J]. 地理研究 ,2012,31(10):1916-1926.
[133] 程绍文 , 张捷 , 徐菲菲 , 等 . 自然旅游地社区居民旅游发展期望与旅游影响感知对其旅游态度的影响——对中国九寨沟和英国 NF 国家公园的比较研究 [J]. 地理研究 ,29(12):2179-2188.

[134] 杜宗斌，苏勤．社区归属感对乡村旅游地居民社区参与的影响——以浙江安吉为例[J]. 旅游科学，2013, 27(3):61-71.

[135] 韩国圣，李辉．国外旅游发展社区响应的理论模型述评[J]. 资源学，2016,38(9):1643-1652.

[136] 许振晓，张捷，Geoffrey Wall，等．居民地方感对区域旅游发展支持度影响——以九寨沟旅游核心社区为例[J]. 地理学报，2009,64(4):736-744.

[137] 唐晓云．古村落旅游社会文化影响：居民感知、态度与行为的关系——以广西龙脊平安寨为例[J]. 人文地理，2015,30(1):135-142.

[138] 汪德根，王金莲，陈田，等．乡村居民旅游支持度影响模型及机理——基于不同生命周期阶段的苏州乡村旅游地比较[J]. 地理学报，2011,66(10):1413-1426.

[139] 张朝枝，曾莉萍，林红霞．社区居民对景区开发企业社会责任的感知——基于地方依恋的视角[J]. 人文地理，2015,4(8):136-142.

[140]陶伟，陈慧灵，蔡水清．岭南传统民俗节庆重构对居民地方依恋的影响——以广州珠村乞巧节为例[J]. 地理学报，2014,69(4):553-565.

[141] 唐文跃．皖南古村落居民地方依恋特征分析——以西递、宏村、南屏为例[J]. 人文地理，2011,26(3):51-55.

[142] 保继刚，杨昀．旅游商业化背景下本地居民地方依恋的变迁研究——基于阳朔西街的案例分析[J]. 广西民族大学学报（哲学社会科学版），2012,34(4):49-54.

[143] 封丹，李鹏，朱竑．国外“家”的地理学研究进展及启示[J]. 地理科学展，2015,34(7):809-817.

[144] 钱俊希，杨槿，朱竑．现代性语境下地方性与身份认同的建构——以拉萨“藏漂”群体为例[J]. 地理学报，2015,70(8):1281-1295.

## 二、英文文献

[1]Morley D, Robins K. No place like Heimat: images of home (land) in European culture[M].//Carter E, Donald J.Space and place: theories of identity and location. London, UK: Lawrence & Wishart, 1993.

[2]Gelles R J. Contemporary families: A sociological view[M].CA:Sage,1995.

[3]Lefebvre H. The production of space[M].Oxford: Blackwell,1991.

[4]Foucault M. Of other space(Translated from the French by Jay Miskowiec) [J]. Diacritics, 1986,16(1):22–27.

[5]Soja E W. Postmodern geographies: The reassertion of space in critical Social Theory[M].London:Verso,1989.

[6]Whitford M, Lisa R. Indigenous tourism research, past and present: where to from here? [J].Journal of Sustainable Tourism,2016, 24 (8): 1080–1099.

[7]Jon,Altman.Tourism dilemmas for aboriginal Australians[J].Annals of Tourism Research, 1989, 16(4):456–476.

[8]Blundell V. Aboriginal empowerment and souvenir trade in Canada[J].Annals of Tourism Research,1993,20(1):64–87.

[9]Wall G. Perspectives on tourism in selected Balinese villages[J].Annals of Tourism Research,1996,23(1):123–137.

[10]Ryan C. Tourists and aboriginal people[J].Annals of Tourism Research,2002,29(3): 631–647.

[11]Fuller D, Buultjens J, Cummings E. Ecotourism and indigenous micro–enterprise formation in northern Australia opportunities and constraints[J]. Tourism Management ,2005,26 (6) :891–904.

[12]Hillman B. Paradise Under Construction: Minorities, Myths and Modernity in Northwest Yunnan[J].Asian Ethnicity, 2003,4(2):175–188.

[13]Hipwell W T. Taiwan Aboriginal Ecotourism: Tanayiku Natural Ecology Park[J]. Annals of Tourism Research,2007,34(4): 876–897.

[14]Babb F E. Theorizing Gender, Race, and Cultural Tourism in Latin America: A View from Peru and Mexico[J]. Latin American Perspectives,2012,39(6): 36–50.

[15]Oakes T. Ethnic tourism in rural Guizhou. In M. Picard & R. Wood (Eds.), Tourism, ethnicity, and the state in Asian and Pacific societies[M].Honolulu: University of Hawaii Press, 1997.

[16]Cohen E. Authenticity and commoditization in tourism[J].Annals of Tourism Research,1988,15(3): 371–386.

[17]Wang N. Rethinking authenticity in tourism experience[J].Annals of Tourism Research, 1999,26(2):349–370.

[18]Yea S. On and off the ethnic tourism map in southeast Asia: the case of Iban longhouse tourism, Sarawak, Malaysia[J].Tourism Geographies,2002, 4(2):173–194.

[19]Chang J. Segmenting tourists to aboriginal cultural festivals: An example in the Rukai tribal area, Taiwan[J].Tourism Management,2006 (27):1224–1234.

[20]McIntosh A J. Tourists' appreciation of Maori culture in New Zealand[J]. Tourism Management, 2004, 25 (1):1–15.

[21]Yang L,Wall G. Authenticity in ethnic tourism: domestic tourists' perspectives[J]. Current Issues in Tourism, 2009,12(3):235–254.

[22]Whitford M, Ruhanen L. Australian indigenous tourism policy: Practical and sustainable policies?[J]. Journal of Sustainable Tourism,2010,18(4): 475–496.

[23]Weaver D. Indigenous tourism stages and their implications for sustainability[J]. Journal of Sustainable Tourism,2010,18(1):43–60.

[24]Higgins–Desbiolles F， Trevorrow G, Sparrow S. The Coorong Wilderness Lodge: A case study of planning failure in Indigenous tourism [J].Tourism Management, 2014 , 44 (13) :46–57.

[25]Ruhanen L, Whitford M, McLennan C L. Indigenous tourism in Australia: Time for a reality check[J].Tourism Management,2015, 48 (6):73–83.

[26]Bennett N, Raynald H L, Koster R, et al. A capital assets framework for appraising and building capacity for Tourism development in aboriginal protected area gateway communities[J].Tourism Management,2012,33(4):752–766.

[27]Strickland M J, Moore S. Indigenous involvement and benefits from tourism in protected areas: a study of Purnululu National Park and Warmun Community, Australia[J].Journal of Sustainable Tourism, 2013,21(1): 26–41.

[28]Higgins D F. Indigenous ecotourism's role in transforming ecological consciousness[J].Journal of Ecotourism,2009,8 (2):144–160.

[29]Nunkoo R, Gursoy D. Residents' support for tourism: An Identity Perspective[J]. Annals of Tourism Research,2012,39(1): 243–268.

[30]Nunkoo R, So K. K. F. Residents' Support for Tourism: Testing Alternative Structural Models[J].Journal of Travel Research,2016,55(7) :847–861.
[31]Liu J Y, Qu H L, Huang D Y, et al. The role of social capital in encouraging residents' pro-environmental behaviors in community-based ecotourism[J].Tourism Management,2014,41 (4):190–201.
[32]Park D B, Lee K W, Choi H S, et al. Factors influencing social capital in rural tourism communities in South Korea[J].Tourism Management,2012,33 (6):1511–1520.
[33]Hall C M, Williams A M. Tourism and Migration: New Relationships between Production and Consumption[M].Dordrecht: Kluwer,2002.
[34]Cohen E. Who is a tourist? A conceptual clarification[J].Sociological Review 1974,22 (4): 527–555.
[35]Wong K M, Musa G. Retirement motivation among "Malaysia My Second Home" Participants[J].Tourism Management,2014,40 (2):141–154.
[36]Wong K M, Musa G. Challenges of international retirees in second home destination: A phenomenological analysis[J]. Tourism Management Perspectives, 2015, 15 (7):81–90.
[37]Marjavaar R. The Displacement Myth: Second Home Tourism in the Stockholm Archipelago[J].Tourism Geographies,200,9(3): 296–317.
[38]Bieger T., Beritelli P.,& Weinert R. Understanding second home owners who do not rent: Insights on the proprietors of self-catered accommodation[J].Journal of Hospitality Management, 2007, 26 (2):263–276.
[39]Larsen J, Urry J, Axhausen K. Networks and tourism: Mobile social Life[J].Annals of Tourism Research, 2007,34(1):244–262.
[40]Hung K, Xiao H G, Yang X T. Why immigrants travel to their Homelands: Social capital and acculturation perspective[J].Tourism Management, 2013, 36 (22):304–313.
[41]Marschall S. Transnational migrant home visits as identity practice: The case of African migrants in South Africa[J]. Annals of Tourism Research,2017, 63 (5):140–150.
[42]Fox L. The meaning of home: A chimerical concept or a legal challenge[J].Journal of Law and Society, 2002,29(4):580–610.

[43]Despr é s C. The meaning of home: Literature review and directions for future research and theoretical development[J].Journal of Architectural and Planning Research,1991,8(2):96–115.
[44]Sixsmith J. The meaning of home: An exploratory study of environmental experience[J].Journal of Environmental Psycholog,1986, 6 (4):281–298.
[45]Cramer R D.Images of home[J].Journal of the American Institute of Architects,1960, 20(5):40–49.
[46]Parsons T, Shils E. Toward a General Theory of Action[M].Boston, Harvard University Press,1951.
[47]Duvall M E, Brent C, Miller. Marriage and Family Development[M].New York: Harper and Row,1985.
[48]Despres C. The meaning of home: Literature review and directions for future research and theoretical development[J].The Journal of Architectural and Planning Research,1991,8(2):96–115.
[49]Appleyard D. Home[J].Architectural Association Quarterly,1979,2(3):4–20.
[50]Finighan W R. Some empirical observations on the role of privacy in the residential environment[J].Man–Environment Systems,1980,(10):3–4.
[51]Werner C M. Home interiors: A time and place for interpersonal relationships[J]. Environment& Behavior,1987,19(2):169–179.
[52]Csikszentmihalyi M, Rochberg–Halton E. The meaning of things: domestic symbols and the self[M].New York: Cambridge University Press,1981:192–145.
[53]Duncan J S, Lindsey S, Buchan R. Decoding residence: Artifacts, social codes and the construction of the self[J]. Espaces et Soci é t é s 1985(47):29–43.
[54]Pratt G. The house as expression of social worlds. In JS Duncan (Ed.), Housing and Identity[M].New York: Holmes & Meier, 1981.
[55]Hartshorne R. The Nature of Geography: A Critical Survey of Current Thought in the Light of the Past [J]. Annals of the Association of American Geographers, 1968, 29(3):99–99.
[56]Dovey K. Home and homelessness[M]//Altman I, Werner C M, (Eds.). Home Environments. New York and London: Plenum Press,1985.

[57]Blunt A, Varley A. Geographies of home[J].Cultural Geographies,2004,11(1):3-6.

[58]Domosh M. Geography and gender: Home, again?[J].Progress in Human Geography,1998,22(2):276-282.

[59]Manzo L. Beyond house and haven: Toward a revisioning of emotional relationships with places[J].Journal of Environmental Psychology,2003,23(1):47-61.

[60]Blunt A. Domicile and diaspora: Anglo-Indian women and the spatial politics of home[M]. Oxford: Blackwell,2005.

[61]Massey D. A global sense of place[J].Marxism Today,1991,35(6):24-29.

[62]Smith N. The new urban frontier: Gentrification and the revanchist City[M]. London: Routledge,1996.

[63]Ducan J S, Lambert D. Landscape of homes[M]//Ducan J S, Johnson N C, Schein R H, eds. A Companion to Cultural Geography. Oxford UK: Blackwell,2004.

[64]Porteous J D. “Home: the Territorial Core” [J].The Geographical Review,1976,66 (4) : 383-390.

[65]Dupuis A, Thorns D. “Meanings of Home for Older Home Owners” [J].Housing Studies,1996,11 (4): 485-501.

[66]Rose G. Family photographs and domestic spacings: a case study[J]. Transactions of the Institute of British Geographers, 2003,28(1): 5-18.

[67]Massey D. Space, Place, and Gender[J].Minneapolis, University of Minnesota Press,1994:146-156.

[68]Saunders P, P. Williams.The Constitution of the Home: Towards a Research Agenda[J]. Housing Studies 1988,3 (2): 81-93.

[69]Relph E.Place and placelessness[M]. London, UK: Pion,1976.

[70]Blunt A, Varley A. Geographies of home[J].Cultural Geographies,2004,11(1):3-6.

[71]Domosh M. Geography and gender: Home, agai?[J].Progress in Human Geography,1998,22(2):276-282.

[72]Easthope H .A place called home[J].Housing, Theory and Society,2004,21(3):128-138.

[73]Tuan Y F. Space and Place: The Perspective of Experience[M]. Minneapolis: University of Minnesota Press,1977.

[74]Hillier B, Hanson J.The Social Logic of Space[M].London: Cambridge University Press,1984.
[75]Bafna S. Space syntax : A brief introduction to its logic and analytical techniques[J].Environment and Behavior,2003,35(1):17–29.
[76]Hiller B. Credible mechanisms or spatial determinism[J].Cities,2013,34 (10):75–77.
[77]Hiller B. Space is the Machine: A Configurational Theory of Architecture[M]. Cambridge: Cambridge University Press,1996.
[78]Wynveen C J, Kyle G T, Sutton S G. Natural area visitors' place meaning and place attachment ascribed to a marine setting[J].Journal of Environmental Psychology,2012,32(4): 287–296.
[79]Bricker K S, Kerstetter D L. Level of specialization and place attachment: an exploratory study of whitewater recreationists [J].Leisure Sciences, 2000, 22 (4) : 233–257.
[80]Kyle G, Graefe A, Manning R. Testing the dimensionality of place attachment in recreational settings[J]. Environment and Behavior,2005, 37 (2):153–177.
[81]Ramkissoon H,Weiler B,Smith L D G. Place attachment and pro–environmental behavior in national parks: The development of a conceptual framework[J].Journal of Sustainable Tourism,2012,20(2):257–276.
[82]Williams D R, Patterson M E, Roggenbuck J W. Beyond the commodity metaphor: Examining emotional and symbolic attachment to place[J].Leisure Sciences,1992,14(1):29–46.
[83]Hogg M A, Abrams D.Social Identifications: A Social Psychology of Intergroup Relations and Group Process[M]. London: Routeledge,1988.
[84]Yuksel F, Bramwell B, Yuksel A. Stakeholder interviews and tourism planning at Pamukkale, Turkey[J].Tourism Management,2002,20(3):351–360.
[85]Mead G H, Mind, Self, and Society[M].University of Chicago Press, Chicago,1934.
[86]Tajfel H. Differentiation between Social Groups: Studies in the Social Psychology of Intergroup Relations[M]. London:Academic Press, 1978.

[87]Palmer C. An Ethnography of Englishness Experiencing Identity through Tourism[J]. Annals of Tourism Research, 2005,32(1): 7–27.

[88]David M C, Richard S, Luloff A E. Permanent and seasonal residents’ community attachment in natural amenity-rich areas:Exploring the Contribution of Community and Place Factors[J].Environment & Behavior ,2009,41 (2):197–220.

[89]Hallak R, Brown G, Lindsay N J. The Place Identity-Performance relationship among tourism entrepreneurs: A structural equation modelling analysis[J].Tourism Management,2012 ,33 (1) :143–154.

[90]Teye V, Sönmez S F, Sirakaya E. Residents' attitudes toward tourism development[J]. Annals of Tourism Research, 2002, 29(3):668–688.

[91]Nicholas L, Thapa B, Ko Y. Residents' perspectives of a world heritage site: The Pitons Management Area, St. Lucia[J].Annals of Tourism Research, 2009, 36(3): 390–412.

[92]Granovetter M. Getting A Job:A Study of Contacts and Careers[M]. Chicago: University Of Chicago Press, 1995.

[93]Goudy W J. Community attachment in rural region[J].Rural Sociology,1990,55(2): 178–198.

[94]Lankford S V, Howard D R. Developing a tourism impact attitude scale[J].Annals of Tourism Research,1994,21(1):121–139.

[95]Choong K L, Soo K, Yvette R. Community attachment in two rural gaming communities: Comparisons between Colorado gaming communities,USA and Gangwon gaming communities,South Korea[J].Tourism Geographies,2010,12(1):140–168.

[96]Gustafson P. Meaning of place: Everyday experience and theoretical conceptualizations[J].Journal of Environmental Psychology,2001, 21 (1):5–16.

[97]Domosh M. Geography and gender: Home, again?[J].Progress in Human Geography,1998,22(2):276–282.

[98]Manzo L. Beyond house and haven: Toward a revisioning of emotional relationships with places[J].Journal of Environmental Psychology,2003,23(1):47–61.

[99]Roster C A, Ferrari J R, Jurkat P M. The dark side of home: Assessing possession

'clutter' on subjective well-being[J].Journal of Environmental Psychology, 2016,46(3):32-41.

[100]Mcandrew F T. The measurement of "rootedness" and the prediction of attachment to Home—towns in college students[J].Journal of Environmental Psychology,1998,18 (4):409-417.

[101]Oswald F, Wahl H W. Dimensions of the meaning of home. In G. D. Rowles & H. Chaudhury (Eds.), Home and Identity in Late Life: International Perspectives[M].New York: Springer,2005.

[102]Moore R L,Graefe A R. Attachments to recreation settings: The case of rail-trail users. [J].Leisure Sciences, 1994,16(1):17-31.

[103]Sparks P, Shepherd R. Self-Identity and the Theory of Planned Behavior: Assesing the Role of Identification with "Green Consumerism"[J]. Social Psychology Quarterly, 1992,55(4):388-399.

[104]Barbarossa C, Beckmann S C, Pelsmacker P D, et al. A self-identity based model of electric car adoption intention: Across-cultural comparative study[J]. Journal of Environmental Psychology,2015,42(10):149-160.

[105]Campbell J P, Dunnette M D, Lawler E E, et al. Managerial Behavior, Performance and Effectiveness[M].New York: McGraw-Hill,1970.

[106]Chiang C F, Jang S C, Canter D,et al. An Expectancy Theory Model for Hotel Employee Motivation: Examining the Moderating Role of Communication Satisfaction[J].International Journal of Hospitality & Tourism Administrati on,2008,9(4):327-351.

[107]Rasoolimanesh S M, Jaafar M. Sustainable tourism development and residents' perceptions in World Heritage Site destinations[J]. Asia Pacific Journal of Tourism Research, 2016,28(4):34-48.

[108]Jaafar M, Noor S M, Mostafa Rasoolimanesh S. Perception of young local residents toward sustainable conservation programmes: a case study of the Lenggong World Cultural Heritage Site.[J]. Tourism Management, 2015, 48(48):154-163.

[109]Gursoy D, Jurowski C,Uysal M. Resident attitudes: A structural modeling approach[J].Annals of Tourism Research,2002,29(1):79-105.

[110]Nunkoo R, Ramkissoon H. Residents' satisfaction with community attributes and support for tourism[J].Journal of Hospitality & Tourism Research,2011,35(2):171–190.

[111]Evans A M, Revelle W. Survey and behavioral measurements of interpersonal trust[J]. Journal of Research in Personality, 2008, 42(6):1585–1593.

[112]Smith V. Hosts and guests: The anthropology of tourism[M]. Philadelphia:University of Pennsylvania Press,1977.

[113]King D A, Stewart W P. Ecotourism and commodification: Protecting people and places[J].Biodiversity &. Conservation, 1996,5(3):293–305.

[114]Wall G. Perspectives on tourism in selected Balinese villages[J].Annals of Tourism Research,1996,23(1):123–137.

[115]Hohl A E, Tisdell C A. Peripheral tourism: Development and management[J]. Annals of Tourism Research,1995,22(3):517–534.

[116]King B. What is ethnic tourism? An Australian perspective. Tourism Management [J].1994,15(3):173–176.

[117]Li J.Tourism enterprises,the state,and the construction of multiple Dai cultures in contemporary Xishuang Banna, China[J].Asia Pacific Journal of Tourism Research,2004,9(4):315–330.

[118]M ü ller D K. Mobility, tourism and second homes[M]. Oxford:Blackwell Publishing Ltd, 2004.

[119]Lefebvre H. The Production of Space[M].Oxford UK &Cambridge USA: Blackwell, 1991.

[120]Lefebvre H. The everyday and everydayness[J].Yale French Studies, 1987 (37): 7–11.

[121]Davidson J, Bondi L, Smith M. Introduction: Geography's 'emotional turn'. In: Davidson J,Bondi L, Smith M. Emotional Geographies[M]. Burlington VT and Aldershot: Ashgate, 2005.

[122]Soja E W. Postmodern geographies: The reassertion of space in critical social theory[M].London:Verso,1989.

[123]Foucault M. Of other space [J]. Diacritics, 1986,16(1):22–27.

[124]Massey D. For space[M].London:Sage,2005.

[125]Bourdieu P. Social space and symbolic Power [J]. Sociological Theory,1989,7(1):14-25.
[126]Giuliani M. "Towards an analysis of mental representations of attachment to the home" [J].The Journal of Architectural and Planning Research,1991, 8 (2): 133-146.
[127]Gurney C. "I love Home: Towards a More Affective Understanding of Home" [C]. Proceedings of Culture and Space in Built Environments: Critical Directions/New Paradigms, 2000.
[128]Somerville P. "Homelessness and the Meaning of Home: Rooflessness or Rootlessness?" [J].International Journal of Urban and Regional Research,1992,16 (4): 529-539.

## 三、中文著作

[1] 现代汉语辞海编纂委员会 . 现代汉语辞海 [M]. 北京 : 党的日报出版社 ,2002.
[2] 费孝通 . 乡土中国 [M]. 北京 : 中华书局 ,2013.
[3] 舒新城 . 辞海 ( 第 6 版 )[M]. 上海 : 上海辞书出版社 ,2009.
[4] 约翰斯顿 . 哲学与地理学 [M]. 蔡运龙 , 江涛 , 译 . 北京 : 商务印书局 ,2000.
[5] 陆大道 . 区位论与区域研究方法 [M]. 北京 : 科学出版社 ,1988.
[6] 陈悦 , 陈超美 , 胡志刚 , 等 . 引文空间分析原理与应用 [M]. 北京 : 科学出版社 ,2015.
[7] 埃什尔曼 , 布拉克罗夫特 . 心理学 : 关于家庭 [M]. 徐晶星 , 等 , 译 . 上海 : 上海人民出版社 ,2012.
[8] 柴彦威 . 城市空间 [M]. 北京 : 科学出版社 ,2000.
[9] 金其铭 , 张小林 , 董新 . 人文地理学概论 [M]. 北京 : 高等教育出版社 ,1994.
[10] 包亚明 . 现代性与空间的生产 [M]. 上海 : 上海教育出版社 ,2003.
[11] 费正清 . 美国与中国 [M]. 北京 : 商务印书馆 ,1987.
[12] 费孝通 . 江村经济 [M]. 北京 : 北京大学出版社 ,2012.
[13] 李瑞 , 吴殿廷 , 殷红梅 , 等 . 民族社区旅游地居民满意度影响机理研究 [M]. 北京 : 科学出版社 ,2016.
[14] 黄燕玲 , 罗盛峰 . 旅游感知视角下西南少数民族地区农业旅游发展模式研究 [M]. 北京 : 科学出版社 ,2012.

[15] 卢松 . 历史文化村落居民对旅游影响的感知与态度模式研究 [M]. 合肥 : 安徽人民出版社 ,2009.
[16] 马庆国 . 应用统计学 : 数理统计方法、数据获取与 SPSS 应用 [M]. 北京 : 科学出版社 ,2005.
[17] 张文彤 . SPSS 统计分析教程 [M]. 北京 : 希望电子出版社 ,2002.
[18] 陈方樱 , 沈思 . 数据分析方法及 SPSS 应用 [M]. 北京 : 科学出版社 , 2016.
[19] 安东尼・吉登斯 . 现代性的后果 [M]. 田禾 , 译 . 南京 : 译林出版社 ,2000.
[20] 比尔・希利尔 . 空间是机器 : 建筑组构理论 ( 原着第 3 版 )[M]. 杨滔 , 张佶 , 王晓京 , 译 . 北京 : 中国建筑工业出版社 , 2008.

## 四、学位论文

[1] 范莉娜 . 民族村寨居民文化适应及其对旅游支持行为意愿的影响——以黔东南侗族村寨为例 [D]. 杭州 : 浙江大学 ,2016.
[2] 刘孝蓉 . 文化资本视角下的民族旅游村寨可持续发展研究 [D]. 武汉 : 中国地质大学 ,2013.
[3] 黄海珠 . 民族旅游村寨建设研究 [D]. 北京 , 中央民族大学 ,2007.
[4] 吴佩如 . 大学生家庭概念知觉之调查研究 [D]. 屏东 : 国立屏东教育大学 ,2010.
[5] 雷振东 . 整合与重构 [D]. 西安 : 西安建筑科技大学 ,2005.
[6] 候剑华 . 工商管理学科演进与前沿热点的可视化分析 [D]. 大连 : 大连理工大学 ,2009.
[7] 张丽 . 旅游参与对民族社区妇女家庭地位影响的研究——西部 3 个典型民族旅游社区为例 [D]. 西安 : 陕西师范大学 ,2015.
[8] 张巧风 . 旅游发展对女性居民社会角色变迁影响研究——基于栾川重渡沟的调查 [D]. 开封 : 河南大学 ,2016.
[9] 国珈 . 旅游参与对少数民族妇女社会幸福感的影响以四川桃坪羌寨为例 [D]. 西安 : 陕西师范大学 ,2014.
[10] 张丽琼 . 旅游发展对乡村社区和农户生计的影响研究——基于陕西三个乡村旅游社区的比较分析 [D]. 西安 : 西北大学 ,2016.

[11] 吴骁骁 . 旅游发展背景下周庄古镇居住社会空间变迁及其形成机制研究 [D]. 芜湖 : 安徽师范大学 , 2015.
[12] 赵选贤 . 基于社会网络的丽江古城社会空间变迁研究 [D]. 昆明 : 云南大学 ,2015.
[13] 姜辽 . 旅游发展背景下周庄古镇社会空间变迁研究 [D]. 芜湖 : 安徽师范大学 ,2014.
[14] 陈贤斐 . 权力视角下鼓浪屿旅游空间生产研究 [D]. 泉州 : 华侨大学 ,2017.
[15] 赵敏 . 旅游挤出效应下的丽江古城文化景观生产研究 [D]. 昆明 : 云南大学 ,2015.
[16] 施映 . 旅游影响下宏村、西递村镇空间景观发展研究 [D]. 昆明 : 昆明理工大学 ,2015.
[17] 戴政 . 基于文化消费的袁家村旅游商业空间生长模式研究 [D]. 西安 : 西安建筑科技大学 ,2017.
[18] 王丹丹 . 古村落旅游业态特征及变迁研究——宏村为例 [D]. 合肥 : 安徽大学 ,2017.
[19] 吴沛丽 . 旅游影响下西江千户苗寨村落群社会结构及其功能时空演变与机制研究 [D]. 贵阳 : 贵州师范大学 ,2016.
[20] 龚伟 . 空间视野下的乡村旅游社区演化研究 : 以 Q 村和 Y 村为例 [D]. 上海 : 华东师范大学 ,2014.
[21] 田丰 . 中国当代家庭生命周期研究 [D]. 北京 : 中国社会科学院 ,2011.
[22] 黄子云 . 湖南古镇建筑群形态的空间句法研究 [D]. 长沙 : 湖南大学 ,2013.
[23] 白艺佳 . 基于空间句法的荣巷古镇街区空间特征分析 [D]. 无锡 : 江南大学 ,2009.
[24] 杨凯 . 旅游影响下丽江古城空间演化研究——基干形态、功能及行为视角 [D]. 昆明 : 云南大学 ,2015.
[25] 刘文艳 . 基于空间句法理论的中日传统民居室内空间组织特征比较研究——以黟县屏山村和弘前市仲町为例 [D]. 合肥 : 合肥工业大学 ,2014.
[26] 钱冶澄 . 基于空间句法的城市游憩空间形态研究——以厦门岛为例 [D]. 厦门 : 厦门大学 ,2014.

[27] 蔡溢 . 旅游影响下民族村寨居民文化依恋的时空变迁机制研究 [D]. 贵阳 : 贵州师范大学 ,2015.

[28] 胡波 . 旅游社区原住民地方依恋对社区参与的影响研究 [D]. 长沙 : 湖南大学 ,2014.

[29] 石筱夏 . 居民的文化参与对城市认同的影响研究——基于深圳市公共文化服务的实证研究 [D]. 深圳 : 深圳大学 ,2017.

[30] 范莉娜 . 民族村寨居民文化适应及其对旅游支持行为意愿的影响——黔东南侗族村寨为例 [D]. 杭州 : 浙江大学 ,2016.

[31] 赵良成 . 居民旅游影响感知对其地方依恋作用机理的实证研究——以丽江市少数民族地区为例 [D]. 成都 : 成都理工大学 ,2014.

[32] 刘瑞卿 . 居民社区意识与社区观光发展认知之研究——以名间乡新民社区为例 [D]. 台中 : 朝阳科技大学 ,2003.

[33] 赵良成 . 居民旅游影响感知对其地方依恋作用机理的实证研究——以丽江市少数民族地区为例 [D]. 成都 : 成都理工大学 ,2014.

[34] 郭小涛 . 贵州西江千户苗寨旅游利益协调机制研究 [D]. 重庆 : 西南民族大学 ,2015.

[35] 司亦含 . 交换权利视域下的西南民族地区群体性事件分析 [D]. 重庆 : 重庆大学 ,2014.

## 五、网址

[1] 百度百科 . 村寨 [EB/OL]. [2018-01-20].https://baike.baidu.com/item/%E6%9D%91%E5%AF%A8.

[2] 百度百科 . 传统村落 [EB/OL]. [2018-01-20]. https://baike.baidu.com/item/ 传统村落 /654113?fr=aladdin.

[3]Wikipedia.Familia[EB/OL].[2018-01-26]. https://en.wikipedia.org/wiki/Familia.

[4]Wikipedia.Home.[EB/OL].[2018-01-25].https://en.wikipedia.org/wiki/Home.

[5] 百度百科 . 家 [EB/OL]. [2018-01-22].https://baike.baidu.com/item/% E5%AE%B6/14321442?fr=kg_hanyu.

[6] 百度百科 . 少数民族 [EB/OL]. [2018-01-28].https://baike.baidu.com/item/%E5%B0%91%E6%95%B0%E6%B0%91%E6%97%8F/117663?fr=Aladdin.

[7] 搜狗百科 . 西江镇 [EB/OL]. [2018-02-15].https://baike.sogou.com/v64361 644.htm;jsessionid=E6961612AED66F7C3BB8F634DD75D864.

[8] 雷山县人民政府 . 西江镇 [EB/OL]. [2018-02-16].http://www.leishan.gov.cn/wsfw/ztfw/lyfw/jdjs/201703/t20170324_1691766.html.

[9] 百度百科 . 苗族银饰 [EB/OL]. [2018-02-20].https://baike.baidu.com/item/%E8%8B%97%E6%97%8F%E9%93%B6%E9%A5%B0.

[10] 搜狐 . “西江模式”：西江千户苗寨十年持续跨越发展的经验 [EB/OL]. [2018-03-02]. http://www.sohu.com/a/236776832_637502.

[11]Wikipedia. Convex set[EB/OL].[2018-04-26]. https://en.wikipedia.org/wiki/Convex_set.

[12] 百度百科 . 社区参与 [EB/OL].[2018-07-5].https://baike.baidu.com/item/%E7%A4%BE%E5%8C%BA%E5%8F%82%E4%B8%8E/10674851.

# 附　录

## 附录 1　家园空间调查问卷

### 一、基本情况

W-1 位置（与遥感图对应序号）

W-2 房屋用途：居住 / 商用 / 混用，商用或混用开始时间

W-3 房屋类型：传统建筑 / 现代建筑 / 主动改良混合型建筑 / 被动改良混合建筑

W-4 房屋结构与用途：1 层（　　　）2 层（　　　）3 层（　　　）

### 二、家园：社会空间

S-1 日常生活中普遍使用方言（如苗话或侗话）：5 / 4 / 3 / 2 / 1

S-2 是否会本民族的歌舞：5 / 4 / 3 / 2 / 1

S-3 是否利用传统方式打发自己的业余生活（如刺绣、蜡染等）：5 / 4 / 3 / 2 / 1

S-4 学校课堂上有必要讲本民族发展历史：5 / 4 / 3 / 2 / 1

S-5 下一代是否通过家庭传承传统文化（如歌舞、银饰、建筑）：5 / 4 / 3 / 2 / 1

S-6 应该发展乡村旅游：5 / 4 / 3 / 2 / 1

S-7 本村寨农业生产应该由活路头指挥：5 / 4 / 3 / 2 / 1

S-8 原有村寨自然管理体制弱化（如寨老、地方榔头、鼓藏头）：5 / 4 / 3 / 2 / 1

S-9 与现在相比，还是喜欢原有管理体制：5 / 4 / 3 / 2 / 1

S-10 本民族文化资源值得开发：5 / 4 / 3 / 2 / 1

S-11 旅游者喜欢本民族文化：5 / 4 / 3 / 2 / 1

S-12 旅游发展使你感到村寨内部不公平：5 / 4 / 3 / 2 / 1
S-13 现在自己属于较为弱势的群体：5 / 4 / 3 / 2 / 1
S-14 村寨是否社会出现犯罪、赌博等不良现象：是 / 否
S-15 本民族特色性民族歌舞、节庆活动的目的：自我娱乐 / 节事需要 / 社交 / 赚钱 / 其他

## 三、家园：习惯 / 精神空间

J-1 保留传统婚恋习俗（如游方、抢亲、哭嫁、偷亲等）：是 / 否
J-2 保留传统丧葬习俗（如守孝、唱丧歌、送垫尸帛、扇魂赴阴等）：是 / 否
J-3 保留传统生育习俗（如送背带、送红鸡蛋和糯米饭等）：是 / 否
J-4 原始宗教祭祀：祭树 / 祭龙 / 祭岩 / 祭鼓 / 无
J-5 古藏头在内心的位置很重要：是 / 否
J-6 知道铜鼓平及其意义：是 / 否

## 四、家园：旅游功能 / 资本空间

G-1 家屋生产生活功能：传统农耕型 / 旅游客栈型 / 旅游餐馆型 / 旅游商品型 / 休闲娱乐型
G-2 雇佣人数：无雇佣 / 本村人 / 外地人 / 本村人和外地人
G-3 经营者或服务员是否着本民族服装：是 / 否
G-4 经营产品或商品来源：自产自销 / 当地批发 / 外来引入
G-5 旅游产品类型：土特产 / 银饰 / 蜡染 / 刺绣 / 其他

# 附录 2　主体心理重构机制调查问卷

尊敬的先生/女士，您好！

我是四川大学旅游学院的博士研究生，正在做关于旅游发展背景下民族村寨家空间重构的研究，非常感谢您对本次问卷调查的参与，本问卷为不记名调查，所有信息仅用于学术研究，不涉及个人隐私，其内容严格保密。请您不要有任何顾虑，根据自己的真实想法，放心填写。

祝您身体健康，工作顺利！

## 一、您的基本信息

| 1. 性别 | | | |
|---|---|---|---|
| □男 | □女 | | |
| 2. 年龄 | | | |
| □ 18 岁及以下 | □ 19 ～ 30 岁 | □ 31 ～ 55 岁 | □ 56 岁及以上 |
| 3. 学历 | | | |
| □小学及以下 | □初中 | □高中（含中专、中技） | □大学（含大专）及以上 |
| 4. 职业 | | | |
| □政府机关/企事业单位人员 | □服务业 | □学生 | |
| □个体从业者 | □自由职业者 | □农民/渔民/牧民 | |
| □家庭主妇 | □待业 | □其他＿＿＿ | |
| 5. 平均月收入 | | | |
| □ 700 元及以下 | □ 701 ～ 2000 元 | □ 2001 ～ 3000 元 | □ 3001 元及以上 |
| 6. 在本地居住时间 | | | |
| □ 10 年以内 | □ 10 ～ 20 年 | □ 20 ～ 40 年 | □ 40 年以上 |

## 二、问卷内容

| 题项 | 非常同意 | 同意 | 中立 | 不同意 | 非常不同意 |
|---|---|---|---|---|---|
| 1. 身份认同 | | | | | |
| （1）家是我自我形象的重要组成部分 | | | | | |
| （2）家是我作为一个人的重要组成部分 | | | | | |
| （3）我努力让自己成为一个有家庭意识的人 | | | | | |
| （4）家对我成为什么样的人并不重要（反向） | | | | | |
| （5）家对我自我感受几乎没有关系（反向） | | | | | |
| 2. 旅游预期 | | | | | |
| （1）总的来说，旅游对西江的经济发展至关重要 | | | | | |
| （2）旅游发展是一个较好的选择 | | | | | |
| （3）旅游发展对社区发展具有重要的战略意义 | | | | | |
| （4）旅游有助于增强社区的凝聚力 | | | | | |
| （5）旅游业的发展给你的社区带来了一种自豪感 | | | | | |
| 3. 社区获益 | | | | | |
| （1）我从社区旅游发展中获益 | | | | | |
| （2）我明显感受到从社区旅游发展中获益 | | | | | |
| （3）社区在旅游发展过程中获益显著 | | | | | |
| （4）西江从旅游发展过程中文化得以较好传承 | | | | | |
| （5）我从社区旅游发展中获益 | | | | | |
| 4. 旅游利益感知 | | | | | |
| （1）西江基础设施和公共设施得以改善 | | | | | |
| （2）居民的生活水平大大提高 | | | | | |

续表

| 题项 | 非常同意 | 同意 | 中立 | 不同意 | 非常不同意 |
|---|---|---|---|---|---|
| 4. 旅游利益感知 | | | | | |
| （3）社区居民的自豪感得以增强 | | | | | |
| （4）提高了西江的知名度 | | | | | |
| （5）促进了西江少数民族文化的保护 | | | | | |
| 5. 旅游成本感知 | | | | | |
| （1）贫富分化越来越明显 | | | | | |
| （2）生活成本增加（如物价上涨） | | | | | |
| （3）交通拥挤、噪声多、污染明显（如河水） | | | | | |
| （4）游客与居民之间的时有冲突与对抗 | | | | | |
| （5）西江传统文化被异化了（如敬酒歌等） | | | | | |
| 6. 家园依恋 | | | | | |
| （1）您觉得您离不开这个村子和这个村子里的人 | | | | | |
| （2）除非外出办事，平时您更喜欢待在村子里 | | | | | |
| （3）您对村子的喜爱程度超过其他任何地方 | | | | | |
| （4）出门在外时，您经常想起您居住的这个小村庄 | | | | | |
| （5）你从来没有想过搬出村子到其他地方居住 | | | | | |
| 7. 家屋依恋 | | | | | |
| （1）我花了很多时间和精力来建造家 | | | | | |
| （2）家里会摆放突出我喜欢的东西 | | | | | |
| （3）在家里感到是安全的 | | | | | |
| （4）我给我住的地方赋予了一些个人的感觉 | | | | | |
| （5）我为我住的家（地方）感到骄傲 | | | | | |

# 附录 3　国内民族社区旅游研究内容群组关键文献

| 作者 | 年份 | 代表文章 | 期刊 |
| --- | --- | --- | --- |
| 群组一：旅游开发与社会文化影响 | | | |
| 亚群组 1：旅游开发与保护辨析（首次被引：2002 年） | | | |
| 罗永常 | 2003 | 民族社区旅游发展问题与对策研究 | 贵州民族研究 |
| 徐新建 | 2000 | 开发中国："民族旅游"与"旅游民族"的形成与影响——以"穿青人"、"银水寨"和"藏羌村"为案例的评述 | 西南民族学院学报（社会科学版） |
| 杨昌儒 | 2004 | 贵州民族文化村寨旅游发展问题与对策研究 | 贵州民族学院学报（哲学社会科学版） |
| 唐雪琼<br>车震宇 | 2004 | 哈尼村寨旅游开发的社会文化影响的初步研究——以元阳县箐口村为例 | 红河学院学报 |
| 亚群组 2：保护与开发路径（首次被引：2002 年） | | | |
| 刘旭玲 | 2005 | 生态博物馆理念在民族文化旅游地开发中的应用——以喀纳斯禾木图瓦村为例 | 干旱区地理 |
| 单纬东 | 2004 | 少数民族文化旅游资源保护与产权合理安排 | 人文地理 |
| 余青<br>吴必虎 | 2001 | 生态博物馆：一种民族文化持续旅游发展模式 | 人文地理 |
| 群组二：社区参与旅游发展 | | | |
| 亚群组 1：社区参与的必要性（首次被引：2002 年） | | | |
| 刘纬华 | 2000 | 关于社区参与旅游发展的若干理论思考 | 旅游学刊 |
| 黄芳 | 2002 | 传统民居旅游开发中居民参与问题思考 | 旅游学刊 |
| 保继刚 | 2003 | 旅游规划的社区参与研究——以阳朔遇龙河风景旅游区为例 | 规划师 |
| 亚群组 2：社区参与的可行性（首次被引：2002 年） | | | |
| 保继刚<br>孙九霞 | 2006 | 社区参与旅游发展的中西差异 | 地理学报 |

续表

| 作者 | 年份 | 代表文章 | 期刊 |
| --- | --- | --- | --- |
| 孙九霞<br>保继刚 | 2006 | 从缺失到凸显：社区参与旅游发展研究脉络 | 旅游学刊 |
| 郑群明 | 2004 | 参与式乡村旅游开发模式探讨 | 旅游学刊 |
| 亚群组3：社区参与的反思（首次被引：2009年） | | | |
| 左冰 | 2008 | 从“社区参与”走向“社区增权”——西方“旅游增权”理论研究述评 | 旅游学刊 |
| 左冰 | 2009 | 旅游增权理论本土化研究——云南迪庆案例 | 旅游科学 |
| 左冰 | 2012 | 制度增权：社区参与旅游发展之土地权利变革 | 旅游学刊 |

# 附录 4　国外民族社区旅游研究内容群组关键文献

| 作者 | 年份 | 代表文章 | 期刊 |
| --- | --- | --- | --- |
| 群组一：民族社区旅游的可持续 | | | |
| 亚群组 1：利益相关者实践（首次被引：2008 年） | | | |
| Whitford &Ruhanen | 2010 | Australian indigenous tourism policy: Practical and sustainable policies? | Journal of Sustainable Tourism |
| Weaver | 2010 | Indigenous tourism stages and their implications for sustainability | Journal of Sustainable Tourism |
| Bennett | 2012 | A capital assets framework for appraising and building capacity for Tourism development in aboriginal protected area gateway communities | Tourism Management |
| 亚群组 2：社区居民视角（首次被引：2008 年） | | | |
| Nielsen | 2010 | From Invisible to Indigenous-Driven: A Critical Typology of Research in Indigenous Tourism | Journal of Hospitality And Tourism Management |
| Nunkoo | 2012 | Residents' support for tourism: An Identity Perspective | Annals of Tourism Research |
| | 2016 | Residents' Support for Tourism: Testing Alternative Structural Models | Journal of Travel Research |
| Liu | 2014 | The role of social capital in encouraging residents' pro-environmental behaviors in community-based ecotourism | Tourism Management |
| 群组二：民族村寨文化 | | | |
| 亚群组 1：文化产品及企业（首次被引：2002 年） | | | |
| Ryan | 2002 | Tourists and aboriginal people | Annals ofTourism Research |

续表

| 作者 | 年份 | 代表文章 | 期刊 |
|---|---|---|---|
| Fuller & Cummings | 2002 | Ecotourism and indigenous micro–enterprise formation in northern Australia opportunities and constraints | Tourism Management |
| Li | 2004 | Tourism enterprises, the state, and the construction of multiple Dai cultures in contemporary Xishuang Banna, China | Asia Pacific Journal of Tourism Research |
| 亚群组 2：本真性及体验（首次被引：2002 年） | | | |
| Hipwell | 2007 | Taiwan Aboriginal Ecotourism: Tanayiku Natural Ecology Park | Annals of Tourism Research |
| Hillman | 2003 | Paradise Under Construction: Minorities, Myths and Modernity in Northwest Yunnan | Asian Ethnicity |
| Babb | 2012 | Theorizing Gender, Race, and Cultural Tourism in Latin America: A View from Peru and Mexico | Latin American Perspectives |
| 亚群组 3：现代性与民族文化（首次被引：2002 年） | | | |
| Cohen | 1998 | Authenticity and commoditization in tourism | Annals of Tourism Research |
| Yang | 2009 | Authenticity in ethnic tourism: domestic tourists' perspectives | Current Issues in Tourism |
| McIntosh | 2004 | Tourists' appreciation of Maori culture in New Zealand | Tourism Management |

# 附录 5 不同阶段田野现场

图 1 深入家屋内部参与观察

图 2 家屋内部与农户交谈

图 3 麻料村家屋内部访谈

图 4 传统家屋农业生计祭祀景观

图 5 传统家屋（主卧）

图 6 家屋情感建构载体：照片

图 7　家园旅游接待——古歌展演

图 8　旅游家园——“高山流水”

图 9　调研组现场绘图

图 10　与麻料村银匠交流

图 11　调研组与政府交流

图 12　调研组每日调查总结